未来社会をつくる
女性の経営マネージメント

・・・・・

金谷千慧子
Kanatani Chieko

中央大学出版部

はじめに

　時代は急激な変化を迎え，若年労働者の減少や労働力人口の多様化，製造業からサービス業への大変革，企業とそのトップマネージメントの機能，構造，形態の変容が起こっています．このような時代には，単なる対応のうまさではなく，流れに沿った戦略がなければ成功は望み得ません．企業，起業，NPO，政府機関，いずれの組織にあっても，流れに振り回されるのではなく，流れの本質を知り，流れそのものをチャンスの機会にしなければならないのです．

　中央官僚を中心とするピラミッド型の統制型組織からNPOなどの小さな組織にいたるまで，マネージメントの質が問われるようになってきています．これからは，本書のキーワードでもある「マネージメント」の役割が，すべての組織においてさらに大きくなると予測されます．情報を知識に転換し，その知識を戦略と行動に具体化して適用していくことが，マネージメントの役割です．マネージメントは専門家に委ねられるべきものではなく，あらゆる個人が身につけねばならない一般教養ともいえるものです．そして，企業のみならず，起業においてもNPOにおいても不可欠なものでもあります．特に新たな社会的参入者である女性にとっては最も必須なスキルであり，スピードアップして獲得するべき力だと思われます．

　本書の第1章「社会の変化と女性の活躍」では，現在のマネージメントの課題について述べています．第2章「女性のための変革マネージメント」には，女性の管理職や経営側に立つ女性役員（取締役）の増加と質的変革を促す内容を盛り込みました．第3章・第4章では，企業以外のNPOや小規模事業経営とマネージメントに関して考察しています．かつてないほど関心が高まっている女性起業家やNPO・NGOの活動，経営革新に関する問題提起も行っています．

今後は，自治体でも民間企業でもない，第3セクターとしての社会セクターが増大してきます．非政府であり非営利でもあるNPOだけが，都市社会のもう1つのニーズである市民性の回復を実現できる唯一の機関として成長すると予測されています．NPOは1人ひとりの人間に対し，ボランティアとして自らを律しつつ，史上初めて女と男が対等なパートナー同士として世の中を変えていく場を与えるのです．

　元気に活躍している自分の姿がより具体的にイメージできるように，各章末にワークシートを付しました．1人でできる内容ではありますが，グループでも取り組んでいただければ幸いです．

　本書が事業と組織のマネージメントだけでなく，働く人1人ひとりに，なかんずく，次の社会で主人公に躍り出る女性のために役立つことを願っています．

金谷　千慧子

CONTENTS

はじめに　i

第1章　社会の変化と女性の活躍

第1節　社会が変わる，仕事が変わる

1　知的成熟社会の到来▶少子高齢化社会　3／知識社会　3／市場の個性化，多様化　4／消費市場の変化　4／女性の活躍する社会に　5
2　就業構造の変化と女性雇用者数▶就業構造の変化と専業主婦率　6／日本経済を担う女性労働　8／第3次産業中心の女性労働　9／女性の新たな仕事　10
3　女性の雇用者数と管理職数の推移▶相変わらずのM字型就業形態　11／女性の管理職比率　12／パートタイム労働の増加　14
4　「働きに応じた処遇」の確立▶「中間就業形態」としてのパート　15／働きに応じた処遇　17／行き来できる仕組　18／大手スーパーの事例　18

第2節　女性がビジネスを変える，家庭を変える

1　女性の力の復権―過去から現在へ▶古代，男女は平等だった　19／農業の発展で女性の地位が下落　20／力のバランスを変えた女性の賃金労働　21／職種の性別分離　21
2　フェミニズムの潮流▶『第二の性』から半世紀，『新しい女性の創造』から40年　22／女性差別撤廃条約　24／世界女性会議の意義　24／男女共同参画社会の未来　26／「チャレンジ支援」施策　27
3　女性の直感がビジネスを変える▶女たちの静かな革命　27／対等性の基盤

28／女性が変えていったビジネス界　29
4　女性の直感が家庭を変える▶生まれ変わっても，やっぱり女　32／少産少子時代は女性の選択　34／結婚率は低く，離婚率が高まる　34／女性がつくる新しい家族　35／女と男が闘うのではなく　36

第3節　女性がつくる市民社会

1　市民社会の萌芽▶第1次市民社会　36／生活者としての女性市民の登場—第2次市民社会　38／NPOの成長と女性の活躍—第3次市民社会　39
2　アメリカのNPOと女性リーダーの輩出▶NPOセクターと女性のリーダー　40／市民社会と女性のリーダーシップ　41

第4節　キーワードは「マネージメント」

1　マネージメントとは▶企業経営の理論　42／マネージメント概念の変化　44／女性の社会進出とマネージメント概念の変化　44／21世紀におけるマネージメントの役割　45
2　個人の生き方としてのマネージメント▶自分をマネージメントする　46／生き生きと働くために　47
3　社会的機能としてのマネージメント▶社会的責任を果たすために　49／イノベーションのためのマネージメント　49
4　女性とマネージメント能力▶エンパワメント　50／女性とリーダーシップ　51

第1章　ワークシート　①成功する女性に共通する10ポイント　53／②成功体験シート　54／③ノウハウ（技能・知識）シート　55／④上司の女性社員スキルチェックシート　58／⑤上司からのはげましのことば　59／⑥自分を活かし組織を活かすチェック　60

第2章　女性のための変革マネージメント

第1節　マネージメントの新しい機能

1　**企業内の男性中心主義**▶職場の男女格差　63／男性中心主義の企業文化とは　64／根底に「軍隊」と「競争」概念　65
2　**男性的企業文化の特徴**▶競争的闘争　66／攻撃的行動　66／冷静な分析と戦略能力　67
3　**男性的企業のマネージメント**▶組織を動かしているのは男性　68／日本的雇用慣行と男性中心主義文化　68／企業の中の機会と異動の意味　70
4　**新しいマネージメントの必要性**▶新しいマネージメント　71／マネージメントに柔軟性を　71

第2節　フェミニン・リーダーシップ

1　**新しい型のリーダーシップ**▶フェミニン・リーダーシップの特徴　72／ローデンが語るフェミニン・リーダーシップ　73
2　**過渡期にあるリーダーシップ**▶もう1つの経営管理方式　76／女性は管理職になりたがらないか　77
3　**適応への3段階**▶管理職への道　78／仲間になる誓い　78／女性本来の性質や才能を無視　79／正選手になる　80／すばらしき孤立主義　80
4　**人間中心的な能力の必要性**▶従来の管理方式への女性の抵抗　82／2つのリーダーシップ　83／男性的偏見　84

第3節　エンパワメントとリーダーシップ

1　**エンパワメントと自己肯定感**▶国連の定義　85／肯定する心　86／女性の人権概念の確立　87／女性への暴力徹廃宣言　88
2　**権力の行使とリーダーシップ**▶企業における2種類の力　88／否定的な力としての権力　89／組織の外的力としての権力　89／男性のリーダーシップ

と権力　90
3　個人の力とフェミニン・リーダーシップ▶個人に属する3つの力　91／個人の力の影響と効果　91
4　経営管理に効果的なフェミニン・リーダーシップ▶対人関係の能力　92／感情の管理と女性リーダー　94／革新的企業の注目点　94

第4節　チェンジ・リーダーの条件

1　黄金の3割，組織変化の必至の数▶女性は組織を動かしていない　95／少数派にはマイナスイメージ　96／3割は必至の数　98
2　トークニズム▶トークニズムで目立つこと，隠されること　99／方向転換を図る5つのステップ　100
3　女性のリーダーシップとメンター制度▶女性のキャリア形成とメンター制度　101／女性とメンタリングの関係　102／女性にとってのメンタリングの有効性　102
4　メンタリングとジェンダー▶メンタリングの実際　103／メンタリングの機能　104／メンタリング・プログラムの実例　104／メンタリングにおけるジェンダーの問題　106

第2章　ワークシート　①リーダーシップとマネージメント　109／②【個人のレベル】主体性を持って人生の責任を引き受ける　110／③【社会のレベル】相互共存でパラダイムの転換を　112／④企業における女性の働きやすさ指標　113

第3章　女性の起業とマネージメント

第1節　起業した女性たち

1　女性起業家の急増▶ビジネスの成功者になりたい　117／アメリカの女性起業家の成果　117／日本の女性起業家の実態　118

2　経営者を目指す！▶企業を抜け出て起業する　118／女性が起業に向かう動機　120／女性を起業に向かわせる市場構造の変化　122／女性起業家のビジョン　123

3　さまざまな起業のかたち▶協同組合やワーカーズ・コレクティブ　126／コミュニティビジネスとして　127／「もう1つの役場」づくり　128／NPOとしての活動　129

4　農村女性の起業▶農村女性の変化と起業　130／農村女性の起業の強み　131

第2節　女性経営者とマネージメント

1　明日を開く女性経営者たち▶女性にとって働きやすい職場環境とは　133／ファミフレか均等か　134

2　女性経営者と女性社員の働きやすさ調査▶女性経営者・中小企業での女性の働きやすさとは　135／ジャンプ調査対象企業の概要　137／女性管理職比率は女性経営者の企業が高い　137／女性経営者の企業の「女性の働きやすさ」評価指標　138

3　三重県企業調査との比較▶男性経営者の企業との働きやすさ比較　139／中小企業での女性の働きやすさ　140／ヒアリング調査（事例）　141

4　女性の働きやすい職場環境とメンタリング▶「女性の活用」項目と他の項目との相関関係　142／メンターとしての女性経営者　143

第3節　女性経営者の人材育成

1　女性経営者のマネージメントの特徴▶女性の管理職比率が高いわけ　144／人材育成マネージメント事例　145

2　女性経営者に学ぶ―企業経営の新たな視点▶人材活用条件　149／マネージメント・スタイル　150

3　女性経営者の人材育成▶きめ細かい配慮と雰囲気づくり　153／男性企業にはない厳しさ　153／商品・サービスの開発　153／仲間内の口コミ的な顧

客拡大　154／ネットワークによる社外の経営資源の活用　155／個人を重視し，達成感をもたらす評価体系　155

第4節　アメリカの女性経営者

1 　アメリカの女性経営者事情とネットワーク▶女性起業家によるリーダー育成組織　155／ハイテク大企業のトップに就く女性たち　157／未だに存在するガラスの天井　158／両性の資質をミックスした経営スタイル　159
2 　アメリカの女性起業の実態▶女性起業を支援する法律と執行機関　160／アファーマティブ・アクション実行の検査　162／差別のない融資システム　162／政府の仕事の5％は女性起業家に　163／女性の起業を支援する女性起業家法　163／各省庁ごとの支援プログラム　163
3 　アメリカの中小企業庁▶独立した中小企業庁の活躍　164／女性ビジネス・オーナーシップ・オフィス　165／政府機関の積極的支援　166

第3章　ワークシート

①起業家のための独創性チェック　168／②事業計画シミュレーション　169／③事業計画書（基本編）　170／④現在のあなたのメンターについてうかがいます　171／⑤メンタリングプログラム　173

第4章　女性とNPO・NGOの時代

第1節　女性と市民活動

1 　「国連女性の10年」と女性の市民活動▶世界の潮流の中で　177／世界女性会議「NGOフォーラム」への参加　178
2 　女性センターでの活動の展開▶さまざまな運動の展開　178／アジアへの視点の広がり　179／NPO育成の拠点に　180
3 　男女共同参画社会基本法とNPO・NGO▶NPO・NGOに求められるもの　181／M字型就業形態を崩す働き方　182／均等待遇に裏づけられた多様

な働き方　183／男性にも辛い働き方　183／NPO・NGO での新しい働き方　183

第2節　アメリカの NPO－事例としてのカタリスト

1　初期のカタリスト▶カタリスト設立の背景　184／フレキシビリティとジョブ・シェアリングの研究　185／初期の活動内容　186／2つの目標　186
2　第2期のカタリスト▶ガラスの天井を突き破れ　187／カタリスト賞を企業に　188／21世紀の課題　189
3　カタリストの果たすもの▶会員は企業　190／活動内容　190／カタリスト賞　192／さらに女性の活躍を　193／カタリスト訪問記（2004年）　193／NAWBO・NY 訪問記（2005年）　194

第3節　アメリカの NPO に学ぶ

1　アメリカの NPO と「人材」育成▶人材育成の背景　195／インターンシップ制度　197／ネットワークの力　197
2　NPO の活躍とアメリカ政府の人的資源開発▶グラスシーリング委員会　198／産業界への勧告　199
3　NPO がリーダーを育てる▶ネットワーキングを本物に　200／情報を市民のものに　200／政策提言力を　201／NPO・NGO で女性リーダーを育てる—カナダの場合　201／マネージメントを学ぶ機会を NPO・NGO が提供　202／日本は何を学ぶか—4つの提案　203

第4節　未来社会をつくる NPO

1　市民セクターと NPO▶NPO 法の成立　205／阪神淡路大震災をきっかけに　205／NPO 法の内容　207／市民セクターとは　208／21世紀の公益をつくる NPO　209／生活中心産業を NPO で　209／コラボレーションの重要性　210

2　NPO概論▶NPOの定義　211／設立手続き比較　211／非営利活動とNPO　212／有償か無償か　212／公益か共益か　213

3　ジェンダーの視点を持ったコミュニティビジネス▶自立意識の確立と維持　213／3つの支援プログラム　214／無担保資金融資制度　216

4　NPOの経営マネージメント▶NPOの経営マネージメントの難しさ　217／私企業・政府自治体のマネージメントとの相違点　219／よりよいNPOの経営マネージメントのために　219／独自のマネージメントの工夫　221

5　新しい組織の効率的なマネージメントのために▶3つの特異性を生かす　222／新しい働き方の可能性　223

第4章　ワークシート　①NPO活動プロフィール　225／②ネットワークチェックシート　227／③多様な人生と仕事図　228／④私のアクションプラン　229

おわりに　231
　参考文献　235
　索　引(Index)　239

第 1 章

社会の変化と女性の活躍

第1章では，女性の活躍が社会の大きな変化と深く関わっていることを実証します．これらは，「見えざる革命」とか，「静かな革命」ともいわれています．それは戦争や暴力革命など，「力」，「戦い」による政権交代等の激しい変化ではなく，歴史の表舞台には登場せず陰の存在だった「女性」が，気づいてビジネスを変え，家庭を変え，地域を変えてきたという，穏やかで柔軟性のある変化であり，闘いではなく，独立した個人として自分自身のマネージメントをしながらネットワークという協働関係によってもたらされるものです．

この変化によってもたらされた現象としては，少産少子，高齢化社会の到来，IT技術の進化などが目立ちます．ここでは男性と女性のいさかいが減り，性へのこだわりもなく，知的成熟の社会，新しい市民社会がつくり上げられています．

本章のキーワードは「個人の生き方としてのマネージメント」です．まず第1レベルは，独立した個人として自分自身のマネージメントを自ら慣習化すること，その発展段階として，第2レベルでは社会的機能としてのマネージメント力を持つことになります．社会的責任を果たすためのマネージメント，イノベーションのためのマネージメントなどです．言い換えれば，第1レベルが自分自身のマネージメント力，第2レベルが社会的機能としてのマネージメント力です．

第1節 社会が変わる，仕事が変わる

1 知的成熟社会の到来

少子高齢化社会

　現在最も影響力のある経済思想家の1人であるP・F・ドラッカーは，今，訪れている複合的変化は歴史上見たこともない規模のものであり，次に訪れる未来は「経済」の変化より「社会」の変化の方が大きな意味を持つ時代になるといっています．社会変動の最大の要因は「少子高齢化社会」です．少子化は，次の段階では若年人口を減少させ，さらに総人口も減少させる可能性を持ちます．例えば日本の場合は，このまま少子化が続き，大量の移民受入政策を採らない限りは，総人口が減少に向かうことは確実な状況になっています．一方で，先進諸国以外では人口の大爆発が起きており，先進諸国においては若年人口の減少と高齢人口の相対的増加，総人口の減少が予測される事態になっています．

　これが世界に大変動を起こしている第1の要因です．少子化・高齢化は現在，年金問題を中心にいろいろと論じられていますが，年金問題だけではなく，消費市場を多様化させ，雇用関係を根本的に変え，この社会の仕組みを大幅に変更させる要因になります．

知識社会

　知識社会（ナレッジ・ソサエティ）とは，現在の先進資本主義国がたどり着いたものです．19世紀，20世紀に中心的な位置を占めてきた工業社会に対して，脱工業化社会，ポスト資本主義社会，超資本主義社会，知価社会（堺屋太一氏）など，論者によって呼び方が違いますが，その根本的な意味は，知識が重視され，知識が付加価値になるということです．資本主義社会で中心的役割を担ってきたのは資本であり，資本所有者である資本家は，資本で生産手段（工場・機械など）を取得し，労働者を雇い，働かせ，搾取し，富を蓄積してきました．しかし，知識を中心とするこれからの社会では，中心的役割を担うのは，知的

に習熟した専門的職業人ということになります．コンピューター技術者，グラフィックデザイナー，設計技術者，コピーライターなど，製造業を担っていた肉体労働者とは別の層が，政治，経済，文化の担い手になっていくのです．

市場の個性化，多様化

　知識社会において資本の役割を果たすのは，知識です．知識の所有者は，知識労働者です．知識社会においては，資本よりも知識やアイデアの方が資金を集められます．資本に替わるものとして「知識」が生まれ，資本家に替わって，知識労働者が誕生しているのです．

　20世紀は企業側から見ると均質商品の大量生産の時代でした．同じ質の商品を多くの人に，より多く売る企業が成功を収めたわけです．これはアメリカ式資本主義の考え方であり，商品もサービスも，質が同じで大量に作り出せることが売れる条件でした．したがって，生産システム，商品開発，マーケティング戦略，人材育成など，すべてが同一企画・大量生産に合わせる仕組になっていました．個性的であることは，企業にとっては全く不要だったのです．

　ところが，20世紀の終わりごろから世界は大きく変化してきました．人々がモノの豊かさや量の多さに幸せを感じなくなってくると，同一企画・大量生産よりも個性化や多様化，情報化に注目が集まるようになり，今までの仕組は通用しなくなってきたのです．

消費市場の変化

　「安いものを提供してさえいれば，消費者は買ってくれる」などと思っていると，とんでもないことになります．消費者の購入動機は「安い」だけだった時代から，特定の「私」にとって「価値のある」ものだけがほしいという時代に変わったのです．今や生産方式も同品質・大量生産方式では立ち行かなくなりました．個別対応で，個性のある商品，サービスを提供する必要性が出てきたのです．そこでは，大工場ではなく，小規模でも独創性のある，個性豊かな専門職人のいる工房が重宝なわけです．例えば旅館業の場合，団体客だけを相手にそこそこのサービスしかしてこなかった観光旅館がさびれていくのは，当

たり前のことです．それを改め，個人客も重んじ，個性的なサービスに徹しなければならないのです．最近の例では，社員の内部告発を封じ込め，消費者の声を聞かずずさんな食品の製造管理をしていたブランドメーカーが，アッという間に解散となってしまいました．鳥インフルエンザにかかったことの告知を手控えたために，ひどい状況に陥ってしまった大手の養鶏場のケースもあります．ほとんど価格以外の原因で市場から敗退していく企業の多いのが事実です．

女性の活躍する社会に

　消費者の85％は女性であるといわれています．食料品や衣料品だけでなく，消費者の女性が消費行動に出るか，商品ボイコットに出るかに企業の命運がかかっています．生産は消費者に左右されます．しかし生産者の立場からは，自社商品をより多く消費者が買ってくれると，生産性のコストが安くつき利益が大きくなります．それゆえ広告・宣伝によって自社ブランドを確立し，単一の品目について流行を生み出し，消費者が流行に乗って買ってくれることを期待しているのです．ところが最近では，個性や自分らしさを求める傾向が強くなり，買い求める品目の種類が増えました．消費者はあまり知られていなかった零細企業，個人企業であってもインターネット情報で検索し，自分の足で情報の的確性を確認できるようになりました．事業者の方でも，消費の個性化・多様化に合わせてコンピューター技術をフル稼働させ，高品質，多品種の生産をせざるを得なくなっています．消費者としての立場にも，生産者としての立場にも，生活者の視点の導入がなければ，商品の設計をはじめとしてあらゆる企業経営が成り立たなくなってきました．企業の生産部門に生活者の視点・消費者の視点・女性の視点を入れる必然性が出てきました．今後の社会の変化は女性の活躍と大きな関連があります．

　従来，人類の歴史において女性と男性は対等の役割を持っていました．しかし，近代社会で資本が力を持ち，工場労働者の中心が男性となり，家族を養う義務を男性の主たる役割とされる時代が始まると，女性の地位は下落し始め，子どもを産み育てる仕事は，生産労働より低く位置づけられるようになってしまいました．「男は仕事，女は家庭」という役割分業は，単なる役割の固定化

ではなく女性の地位の下落を伴いました．特に日本的雇用慣行といわれる終身雇用，年功序列などの制度が，子育てや家庭責任を担う女性の企業の中での位置づけを不利にしてきました．

従来の企業経営では，男女の仕事内容が厳然と分けられており，重労働や重要なポストは男性のみ，補助労働や秘書的業務は女性と決まっていましたが，現在広がっている知識労働には，理論上は性別は関与するものではありません．しかし，これは理論上であって，実際には古いものをまだまだ残しています．企業の商品・サービスの個性化などの改革は進んでいますが，企業風土やパラダイムは男性中心社会の土壌がそのままの状態です．これでは女性の活躍する社会になるには，時間がかかります．

2　就業構造の変化と女性雇用者数

就業構造の変化と専業主婦率

就業構造の変化は，人々の働き方に大きな影響を及ぼします．そこでまず，前提として，戦後の就業構造の変化について見てみます．

わが国の経済は，1960年代半ばから長期にわたり高度成長を続け，第1次産業が中心であった産業構造，就業構造は，次第に第2次産業から第3次産業の比重を高めていきました．この成長は，70年代の2度にわたる石油危機（73，78年）等を経て，終わりを告げることとなりました．80年代以降の日本経済は，内需主導型成長路線への転換を迫られ，経済のサービス化が一層進み，第3次産業の就業者数は一貫して増加を続けました．

80年代後半以降，日本の経済はいわゆるバブルの発生と崩壊を経験します．その後，90年代には平均経済成長率が1％台になるなど，厳しい状況に直面し，企業はリストラの（「リストラクチュアリング」は，本来は雇用調整のための解雇を意味するものではない）動きを強めました．この結果，完全失業率は，95～97年は年平均3％台，98年以降は4％台で推移し，2001年7月には5％台に達しました．

1970年代，企業に雇用されて働くという働き方が一般化する中で，夫のサラ

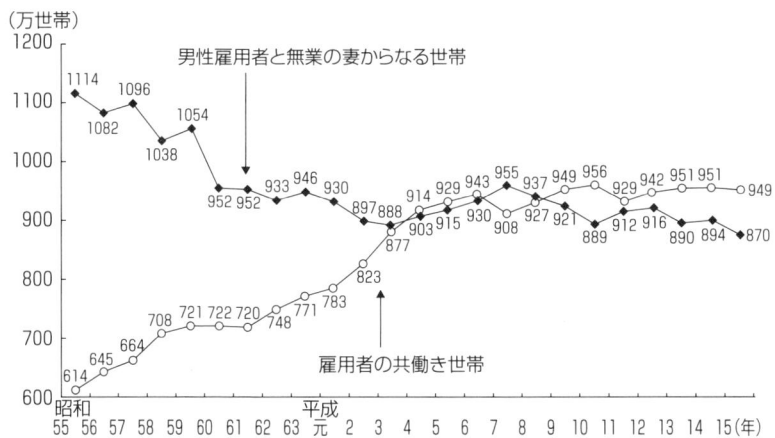

図1-1　共働き等世帯数の推移

（万世帯）

「男性雇用者と無業の妻からなる世帯」系列：
昭和55年 1114、56年 1082、57年 1096、58年 1038、59年 1054、60年 952、61年 952、62年 933、63年 946、平成元年 930、2年 897、3年 888、4年 914、5年 929、6年 943、7年 955、8年 937、9年 949、10年 956、11年 929、12年 942、13年 951、14年 951、15年 949

「雇用者の共働き世帯」系列：
昭和55年 614、56年 645、57年 664、58年 708、59年 721、60年 722、61年 720、62年 748、63年 771、平成元年 783、2年 823、3年 877、4年 903、5年 915、6年 930、7年 908、8年 927、9年 921、10年 889、11年 912、12年 916、13年 890、14年 894、15年 870

（注）1．昭和55年から平成13年は総務省「労働力調査特別調査」（各年2月），14年以降は「労働力調査（詳細結果）」（年平均）より作成．
　　　2．「男性雇用者と無業の妻からなる世帯」とは，夫が非農林業雇用者で，妻が非就業者（非労働力人口及び完全失業者）の世帯．
　　　3．「雇用者の共働き世帯」とは，夫婦ともに非農林業雇用者の世帯．
（出所）2004年版『男女共同参画書』内閣府，2004年6月18日，70頁．

リーマン化，妻の専業主婦化が進行し，夫1人の収入によってまかなわれる家計が増加しました．夫がサラリーマンである専業主婦〔非労働力（無業）〕の人口割合は，55年の517万人から70年には898万人と，30％から36％に増加しました．しかしその後は，雇用者として働く妻の割合が上昇しています．人口総数に占める雇用者の割合（雇用就業率）を妻について見てみると，82年の29％から97年には38％まで上昇しています．これについては，特にパート・アルバイトの比率が10％から18％まで高まったことが大きく影響しています．逆に夫がサラリーマンである専業主婦の割合は，87年の37％から2000年には27％まで減少しています．この要因としては，以下のようなことが考えられます．

まず，就業構造の変化です．近年の労働力の高齢化やIT化の進展等に伴い，女性就業者はサービス産業で雇用が拡大しています．家庭電化製品や外食，惣菜等の普及により，家庭内労働の省力化や外部化が進展してきたことも影響があります．さらに，近年における夫の雇用環境の変化も影響しています．高度

成長期には夫の就業形態は，いわゆる長期雇用保障（終身雇用制度）と年功的な賃金体系等のもとで，雇用や所得に不確実性が少ないと見られてきました．しかしその後，フルタイムで雇用されていた多くの夫に，失業率が高まるなど，夫の雇用環境に変化が出てきます．

このような社会情勢のもと，サラリーマン世帯においては，夫1人の収入に全家計を依存することの危険度を考えて，夫と妻双方が雇用者として働くという形へと変化してきたのです．

日本経済を担う女性労働

高度経済成長期以降は，技術革新の進展とサービス経済化が進みました．その中で女性労働は，職域・就業形態の拡大，長期勤続化などで質的変化を伴いつつ，量的拡大を続けました．今や女性労働は全雇用者の4割に達しており，日本経済の重要な構成要員として組み込まれています．1970年から20年間の女性雇用労働力は，有配偶の短時間雇用者の増加で特徴づけられます．増加の6割が有配偶であり，雇用者の3人に1人（強）はパートタイム労働者です．

女性雇用の増加のもう1つの大きな背景として，女性労働は低コストで雇用調整が容易ということがあります．さらに，サービス経済化による産業構造の変化，IT化を基礎とした技術革新に伴い，企業の求める労働力の質の変化で女性向きの仕事が増えたということがあります．女性でよい，あるいは女性の方がよいという職種が増え，女性雇用機会の増大が導かれてきました．女性の側からは，ライフスタイルの変化が主要な背景です．出生率の低下，核家族化による家族規模の低下，家事の機械化や家事サービス商品の普及，主婦の余暇時間増加とともに，家計支出の充足のために主婦の労働市場進出の意欲が高まりました．しかし育児・介護という家族的責任は依然として女性に課せられており，女性の就業選択はどうしても短時間雇用に集中することになります．パート，派遣などの就業形態は，女性のライフサイクルに適するといわれ，家族的責任を持つ女性のニーズに応える一方で，フレキシブルで安価な労働力を求める雇い主側のニーズにもマッチしていたのです．

第3次産業中心の女性労働

　産業別に女性雇用者の構成比を見ると，第3次産業，中でもサービス産業及び卸・小売業（飲食店を含む）の著しい伸びが目につきます．女性の第3次産業就業者は，80年代半ばには6割になり，その中での女性雇用者の割合も7割に増加しました．その後もますます肥大化の傾向にあります．

　これらの状況は需要側の要因が強く作用しています．技術革新の進展が第2次産業から第3次産業，いわゆるサービスの経済化を進めたといえます．それは，OA化・IT化として特に事務部門でも労働の情報化を推し進め，新たに多様な事業サービスを生みました．また求められる労働力も専門知識・技能・個性など質の高いものが重視されるようになり，従来の流れ作業・反復作業中心の労働からそれぞれのニーズに応じたサービスの提供が中心となってきました．さらに従来家庭内で処理されてきた教育，家事，介護などもサービス商品として，提供するサービス産業の分野が成長拡大するようになりました．特に第3次産業のうちでも卸売，小売，サービスなどでは，圧倒的に女性雇用，それもパートタイム労働が多数を占めています．それは女性労働のコストの低さに加えて労働需要量が時間的繁閑によって変動すること，さらにサービス商品は在庫不能であるためにフレキシブルな労働をパートタイム労働者に頼ることになるのです．このような第3次産業のサービス労働は女性に依存することになるのです．

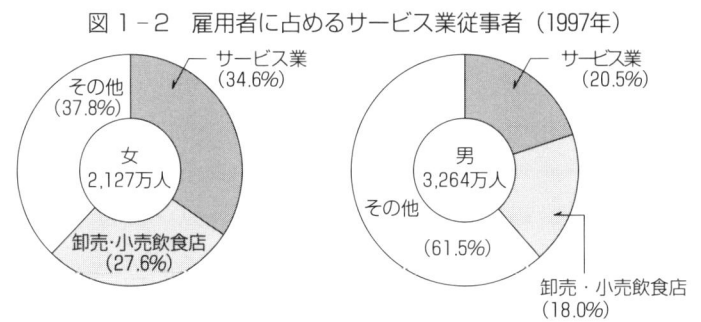

図1-2　雇用者に占めるサービス業従事者（1997年）

女 2,127万人
- サービス業 (34.6%)
- その他 (37.8%)
- 卸売・小売飲食店 (27.6%)

男 3,264万人
- サービス業 (20.5%)
- その他 (61.5%)
- 卸売・小売飲食店 (18.0%)

（出所）井上輝子・江原由美子編『女性のデータブック　第3版』有斐閣，1999年12月，101頁．

図1-3　女性の第3次産業比率の拡大

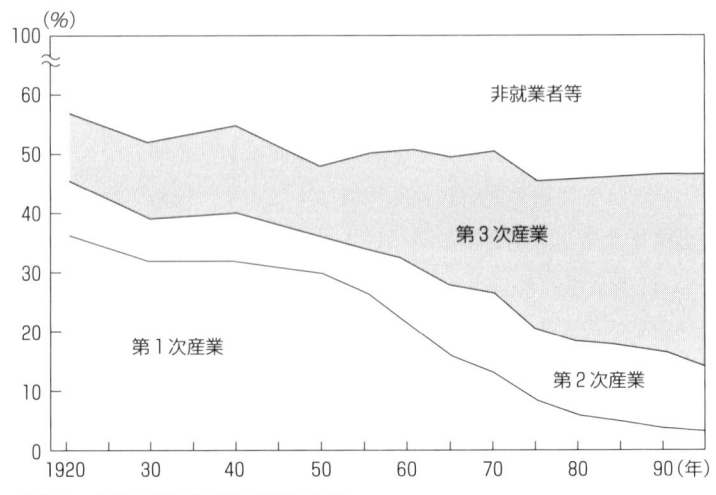

(注) 1. 産業3部門の区分は次のとおり.
　　　第1次産業……「農業」,「林業」,「漁業」
　　　第2次産業……「鉱業」,「建設業」,「製造業」
　　　第3次産業……「電気・ガス・熱供給・水道業」,「運輸・通信業」,「卸売・小売業,飲食店」,「金融・保険業」,「不動産業」,「サービス業」,「公務(他に分類されないもの)」
　　 2. 1920年および30年については,全年齢の有業者を15歳以上人口総数で割ったものである.
　　 3. 分類不能は非就業者等に含む.
(出所) 井上輝子・江原由美子編『女性のデータブック　第3版』有斐閣, 1999年12月, 101頁.

女性の新たな仕事

　女性の専門的・技術的職業は増大しています．この傾向は，企業の専門職制度の採用の広がりに大いに関係があります．これは複雑化する経済活動への対応，多様化する消費者のニーズに応えた商品やサービスの提供を専門的知識・技能を身につけたスペシャリストが行うことを目的としています．それに加えて，特に大卒女性の能力の有効活用を図る観点から，専門職の人材を女性に求める傾向が強くなっています．このように女性の専門職への拡大が進むにつれ，新しい仕事の創設は，カタカナによる新しい仕事名として出現してきました．
　インテリアコーディネーター，スタイリストなどは，女性の生活者としての

経験が生かされる分野に誕生した職種といえます．いずれも特殊な知識・感性に基づいたサービスを提供することを仕事内容としたものです．

　企業内における専門職以外に，企業に雇用されない自由な働き方として，自営業化していくカタカナ職業もあります．フェミニストカウンセラー，キャリアカウンセラー，カラーコーディネーター，消費生活アドバイザーなどです．これらは概して新しい職業につけられたというものではなく，一般事務・販売業務など従来からのある職種の中の1つの職務にポイントを置いたり，具体的な職務内容を名称化したものです（ファイナンシャル・アナリストなど）．そうすることによって女性の求職者に心地よく響くという求人側の戦法が見受けられるのです．そしてこれらのカタカナ職種は，一般事務職をいったん退職した女性の30〜35歳層がターゲットになっているといえます．本当に資格として磨きあげたものがなくても働ける，という甘言だともとれるのです．

3　女性の雇用者数と管理職数の推移

相変わらずのM字型就業形態

　日本の女性と雇用労働の特徴は，第1に，相変わらずのM字型就業形態といえます．「日本の」という場合，海外の場合と比較せざるを得ないのですが，わが国の雇用労働者に占める女性比率は40.7％（2003年）で，世界では高い方ではないのです．年齢層別で見るとM字型を示しており，結婚，出産，育児期に労働現場から離脱する形状は，2020年においても改善されないだろうという予測が出ています．女性が一生を通して仕事を続けることができないということは，就業形態が台形状になっていて生涯仕事ができる先進資本主義国とは決定的に違うところです．この事実はもういい古されてきた感がありますが，実態としては，女性が働きやすくなる改善はされていないといえます．日本の「女性の働きやすさ」指標はOECD加盟23カ国中19位で，1995年より低下しています．これがまず大きな課題なのです．

　しかし女性の就業継続意欲は年々高まっており，大卒女性の場合には「継続就業」型は57.1％と，「出産・結婚中断」型の28.7％を大きく上回っています

表1-1 「女性の働きやすさ」指標国際比較

1980年

順位	国名	指標値
1	スウェーデン	58.26
2	アメリカ	57.04
3	デンマーク	56.90
4	ノルウェー	56.73
5	カナダ	56.02
6	フィンランド	53.37
7	オーストラリア	52.35
8	イギリス	52.18
9	ニュージーランド	51.77
10	フランス	50.53
11	ドイツ	49.63
12	オーストリア	49.03
13	イタリア	48.80
14	スイス	47.18
15	ポルトガル	47.06
16	日本	46.99
17	韓国	45.59
18	ギリシャ	45.35
19	オランダ	44.35
20	アイルランド	43.11
21	メキシコ	42.79
22	ベルギー	42.39
23	スペイン	42.31

1995年

順位	国名	指標値
1	スウェーデン	61.81
2	ノルウェー	57.89
3	フィンランド	56.19
4	アメリカ	55.30
5	オーストラリア	54.72
6	カナダ	54.34
7	ポルトガル	53.50
8	フランス	51.99
9	イギリス	51.92
10	ニュージーランド	51.14
11	デンマーク	49.84
12	ドイツ	49.42
13	オーストリア	47.97
14	スイス	46.79
15	ベルギー	46.69
16	アイルランド	46.32
17	オランダ	45.60
18	メキシコ	45.45
19	日本	44.05
20	韓国	43.43
21	イタリア	42.99
22	ギリシャ	42.01
23	スペイン	40.65

(出所)経済企画庁『新国民生活指標』(1998年5月).

(「高学歴女性と仕事に関するアンケート」日本労働研究機構調査,1998年).今後は継続型就業への対策として,保育対策や賃金衡平策などが不可欠になります.

女性の管理職比率

　日本の女性労働の第2の特徴は,低い女性の管理職比率です.わが国の管理職全体に占める女性の割合を役職別に見ると部長1.8%,課長3.0%,係長8.2%.合わせても1割強程度です(2003年度「女性雇用管理基本調査」).

　女性の管理職が少ない理由として,「必要な知識や経験,判断力などを有する女性がいない」,「勤続年数が短く,役職者になるまでに退職」等となっています.このような事態は均等法が制定されてから20年近くも経たのに遅々とし

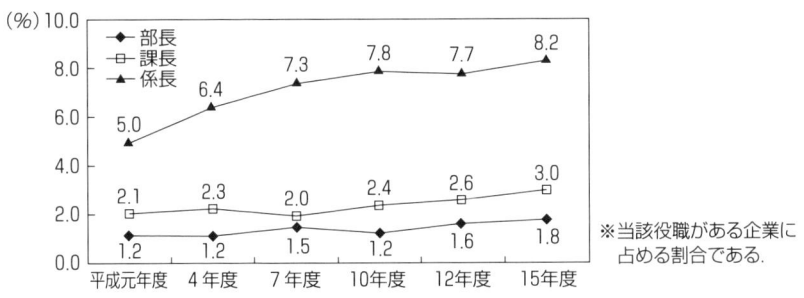

図1-4 役職別管理職に占める女性の割合の推移

（％）
- 部長
- 課長
- 係長

係長：5.0 → 6.4 → 7.3 → 7.8 → 7.7 → 8.2
課長：2.1 → 2.3 → 2.0 → 2.4 → 2.6 → 3.0
部長：1.2 → 1.2 → 1.5 → 1.2 → 1.6 → 1.8

平成元年度　4年度　7年度　10年度　12年度　15年度

※当該役職がある企業に占める割合である.

（出所）2003年度「女性雇用管理基本調査」厚生労働省，2004年7月23日.

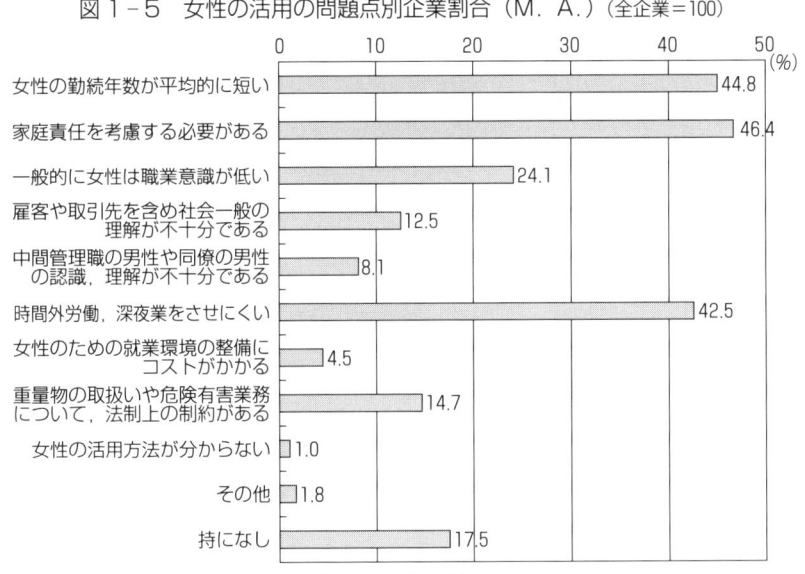

図1-5 女性の活用の問題点別企業割合（M.A.）（全企業＝100）

項目	（％）
女性の勤続年数が平均的に短い	44.8
家庭責任を考慮する必要がある	46.4
一般的に女性は職業意識が低い	24.1
雇客や取引先を含め社会一般の理解が不十分である	12.5
中間管理職の男性や同僚の男性の認識，理解が不十分である	8.1
時間外労働，深夜業をさせにくい	42.5
女性のための就業環境の整備にコストがかかる	4.5
重量物の取扱いや危険有害業務について，法制上の制約がある	14.7
女性の活用方法が分からない	1.0
その他	1.8
特になし	17.5

（出所）1998年度「女性雇用管理基本調査」労働省女性局，1999年8月.

て変わっていません．さらに大きな問題だと思うのは，女性の登用に対する企業の行動で，「女性の活用状況や活用の問題点の調査」は，「行っていない」が88.6％，「女性活用計画の策定」を「行っていない」も89.3％，「中間管理職や

同僚男性に対し，女性活用の重要性についての啓発」も，84.7%は「行っていない」のです．本当のところは未だ何も手がつけられていないのです．

一方アメリカでは，管理職比率は49.3%（1995年）と，ほぼ男女同数になりつつあります．またILO調査では日本の女性の管理職比率は21カ国中最下位になっています．日本は仕事に責任を持てる位置で働いている女性の比率が極めて低い国だということです．

パートタイム労働の増加

第3の特徴は，パートタイム労働の待遇の悪さです．パート問題は，今後の日本の女性雇用で最大の課題だと思います．わが国の女性たちは，今後もパートタイム労働で，年間103万円という非課税限度額，配偶者控除の枠内の年収で働くのでしょうか．いずれの先進国でも，経済成長期には労働コストの削減，雇用調節のために，女性が安価な労働力と位置づけられ，不安定就業ながら女性の働き方の主流になっていったのは事実です．わが国のパートは，1960年代後半から，家庭責任を一切背負ったままで，企業からも男性（夫）側からも女性（妻）自身も納得ずくで急速に広がっていきました．男性はフルタイム労働，女性はパートタイム労働（派遣労働・契約社員等）という，性による就業形態の区分けが明確になっています．近年の経済悪化で，第3次産業で7割，製造業で8割がパートになりました．ただ日本におけるパートは，他の国のパートとは比較にならないほど困難な問題を抱えています．パートには「雇用期間」が設けられ，それがいわゆる「雇止め」の役割を果たす一方，夫の配偶者手当受給可能な範囲内で就労する「103万円の壁」に阻まれ，税・社会保険なしという働き方が，低賃金構造の原因となっています．パートタイム労働者の7割が既婚女性で，労働者でありながら被扶養者という極めて特殊な存在です．年収65万円を非課税限度額にしようという新たな政府案も出ていますが，2004年の年金法改正でも解決の方向性は出ませんでした．既婚女性は配偶者控除の枠の中で劣悪な条件で働く「身分」差別を，そういつまでも我慢しないはずです．

4 「働きに応じた処置」の確立

「中間就業形態」としてのパート

　「中間就業形態」としてのパートの確立は重要です．パート等の多様な働き方の拡大は不可逆的な流れです．ただ，これが現在の雇用システムの中で無秩序に拡大すれば，労働市場全体の不安定化や処遇の低下，ひいては能力発揮への阻害につながります．それは企業の人的資源の活用という中長期的観点からも望ましいことではありません．従来の正社員の働き方に比べると残業，配転などの拘束性は少ないのですが，だからといって即，「非正社員パートで補助的な仕事」というのではなく，ある程度基幹的な仕事をフルタイムや短時間で行う「中間形態」の形成が，必要になっています．

　他方，パートであっても基幹的な役割を果たしている層も増えています．これらについては要求されている役割と処遇のギャップがパートのモラル低下に結びつく可能性は大きいのです．パートかフルかにこだわらず，できるだけ統一的な雇用保障・処遇の仕組をつくっていくことが重要と考えます．

　このように従来のフルタイム正社員とパート非正社員の働き方に限定されない「中間的就業形態」，それもパートとフルを行ったり来たりできる「連続的な仕組」をつくっていくことが，企業と働く側双方が求めている「柔軟で多様な働き方の実現」に必須の条件です．こうした仕組はすでに導入が進んでいる企業もあります．複線型人事管理の延長線上に位置づけられたものでもあります．これらの企業における中間形態的な働き方は，従来のフルタイム正社員に比べて，異動の範囲等において拘束性は少ないものの，フルタイム，パートタイムにかかわらず，基幹的な役割，責任ある役割を期待されており，企業にとって不可欠な存在となっています．

　パートを多く活用している流通業などでは，中間形態的な働き方を実際に導入して，パートの能力発揮に役立てている企業が少なくありません．例えば，ある百貨店では，パートタイム労働者と正社員との中間形態として，職種や勤務エリア・専門領域があらかじめ明確にされており，定められた領域の中で専門性を高めていく有期契約の準社員制度を導入しています．また，あるスー

パートにおいては，全国異動のフルタイム社員と異動がなく補助的業務のパートタイム社員の中間に，いくつかの社員群が異動可能範囲の違い等によって位置づけられており，やはり連続的な仕組となっています．これらの中間的な形態においては，パートタイムであっても，管理職に就くチャンスが開かれているなど，基幹的な役割を期待されています．

　実際，パートを多く活用している企業には，働きに応じた処遇に留意し，パートのモチベーション向上に役立てている例が多いのです．異動可能範囲の異なる社員群の間で役職に応じた手当（マネージャー手当等）を同じにし，職務に応じた処遇を行っています．ある金融業においては，スキルや知識のある人は，正社員やパート等の雇用形態に関係なく公正に扱い，その分責任も負ってもらうという考えに立ち，職能資格等級が同一の正社員とパートの所定内給与について同一処遇にしています．すなわち，パートの時給は，同資格の正社員の月給を労働時間で換算した額が支給されるのです．このような制度により，意欲，能力のあるパートのモチベーションを高めています．

　フルタイム正社員の働き方にも多様な選択肢を組み込むべく，正社員も含めた雇用システムについての新たな構想が求められています．

　今後，豊かで活力ある社会の実現に向かって，パートタイム労働の雇用形態に関して3つの課題があります．第1は，多元的な雇用システムの導入です．雇用システムの多元化をどう構想すればよいかということです．これまでのわが国の雇用システムでは，残業や配転などの拘束性は高いけれども，雇用保障や高い処遇に守られたフルタイム正社員グループと，拘束性は低いけれども雇用保障が不安定で，低い処遇のパートを含めた非正社員のグループという二者択一の構図が続いてきました．しかし，この二者択一を多様化に変え，拘束性と処遇や雇用保障を連続性と公平性によって組み合わせるべきです．格差の少ない3・4種類の雇用システムをつくり上げることです．

　パートタイム労働者の中にも，補助的な業務に従事するグループと補助的パートの指導的な立場に位置づけられるグループとが存在します．すなわち，補助パート，より基幹的なパート，準社員，正社員といった連続的な仕組の中で，それぞれの役割・業務等が明確に位置づけられることが重要です．

働く側の意識は変化しています．ライフステージに応じて柔軟に働き方を変えられる多元的な雇用システムがあれば，もっと働きやすくなることでしょう．

働きに応じた処遇

　第2に，「働きに応じた処遇」の確立が重要です．多元的な雇用システムが有効に機能するには，それぞれの働き方が納得して選択されることが必要であり，それが可能になるには，仕事と処遇の関係に公平性が確保されていることです．賃金処遇制度の考え方は企業によりさまざまでいいのですが，年齢や生計費などの属人的な要素，潜在的なものも含めた職能の要素，より顕在的な職務や成果の要素などを組み合わせて評価し，処遇する公平な人事政策が求められると思われます．基幹的な仕事を担いつつあるパートも，その働きに応じた処遇がなされるということが望ましいのです．

　「働き」の評価には，現時点だけでなく中長期的な観点からの評価も当然含まれます．現在，企業の賃金処遇制度に対する考え方は，年齢・勤続年数から職務遂行能力・業績・成果へと大きく変化しつつあります．それは，高齢化社会，企業のグローバル化，共働きの増加など，家族の多様化が進んでいることで，企業が賃金決定において何を重視するかが変わってきているからです．

　すでに公表された日経連のダイバーシティ・ワーク・ルール研究会の報告書でも，「職務や役割に基づき，与えられたミッションをどれだけ達成したかで評価・処遇することは，長期・有期といった雇用期間や，経営層となる基幹的人材，あるいは補助的業務を担う人材などの区分によることなく，公正・公平で納得性の高い制度といえる」とされています．企業としても，社内人材が多様化していく中で，それらの人材すべての能力を引き出しうる処遇制度を模索しているのが現状です．

　大きな方向性として，いわば生計費などの「必要に応じた処遇」から「働きに応じた処遇」に評価のウエイト変化の流れが窺われます．

　こうした流れの中で，賃金についての考え方がまず「世帯単位」から「個人単位」へと変化していくべきです．家族のあり方が多様化する中で，さまざまな労働者が納得して働けるための必須条件です．

行き来できる仕組

　第3に，多元化した雇用システムの中で，フルとパート，補助的役割と基幹的役割など，ライフステージに応じて，柔軟に行き来できる仕組が重要です．現状では，女性が家事育児と両立させて仕事を続けようと考えても，強い拘束を求められるフルタイム正社員の働き方では就業継続は難しく，また，いったん退職して，育児等が一段落したところで復帰しようとしても，フルタイム正社員などの内部労働市場には再参入できず，パート等の非正社員になるしかないのが現実です．まずは内部労働市場の中でのフルとパートの行き来の可能性が広がれば，子育て期は短時間で働き，一段落したところでまたフルに転換することにより，継続的に能力を発揮することができます．現在，「育児休業，介護休業等育児又は家族介護を行う労働者の福祉に関する法律」（1991年法律第76号．以下「育児・介護休業法」という）により，1歳に満たない子（2004年4月1日より3歳未満に引き上げ）を養育する労働者で育児休業をしないものに関して，事業主が講ずべき措置の選択肢の1つとして，短時間勤務制度を設けることが規定されており，約3割の企業が制度を導入しています．育児期間だけでなく「短時間で働くこと」の有効性をさまざまな工夫によって定着させることが重要です．高齢社会における職業生活からの引退の折にも有効です．

大手スーパーの事例

　大手スーパーのイオン，イトーヨーカドー，西友の3社は，最大14万人のパート従業員が正社員と同じ労働組合に加入できるようにする，と報道されています（日本経済新聞，2004年4月23日）．各社とも全従業員に占めるパート比率が6割に達し，店長なども一部パートに任せています．正社員と同じ組合を通じて職場環境などの要望に応え，パートの志気を向上させて店舗競争力を底上げしたいと経営者側は考えています．他の小売業も追随しそうな気配です．3社はこのほど組合側と基本的に合意しました．パート数約7万9,000人のイオン，同約5万人のイトーヨーカドーは2005年の早い時期にパートを組合員にする方針で，加入資格を与えるパートの範囲や組合費の負担率など，詳細な条件を決める予定です．西友労組は2004年6月をメドに約1万4,000人の

パートに資格を与えますが，全員加入が原則となります．筆頭株主の米ウォルマート・ストアーズにならい，正社員，パートといった雇用形態にかかわらず「同一労働・同一賃金」を掲げた人事制度を2004年度中に導入する計画で，組合費負担も正社員と同等にします．また，パートの組合費を給与から天引きするチェックオフ協定を締結します．西友では管理業務以外の日常作業をすべてパートに移管する方針です．パートの志気が業績に直結するため，経営方針の徹底や職場環境の改善など，組合を通じた労務管理が不可欠だとも判断しています．パートの組合員加入に関しても，西洋諸国のパートが労働組合に加入するのが当たり前であるのとは違って，日本ではやっと今始まったところだということです．

第2節 女性がビジネスを変える，家庭を変える

1 女性の力の復権──過去から現在へ

古代，男女は平等だった

　平塚雷鳥は『青鞜』(注1)創刊号の巻頭で「元始，女性は実に太陽であった」と謳い，「今，女性は月である．他に依って生き，他の光によって輝く，病人のやうな青白い顔の月である」と日本の女性の現状を嘆き，新しい女性の時代の到来を誓いました．また，与謝野晶子はこの創刊号で巻頭詩「そぞろごと」(注2)を書き，「山は昔，火に燃えて動きしを」，「山の動く日来る」，これを信ぜよ」，と女性たちの力で山が動くことを信じようと訴えたのでした．それから約1世紀を経た現在の女性たちは，どのように地位を回復したのでしょうか．

　多くの先住民族では，その昔は女性の経済力は大きく，また社会的地位も高かったという研究があります．採集民族の場合は，女性は普通，年少の子どもたちの「保育」を親族に任せて，木の実や野菜を求めて「出勤」していました．女性は通常の食事のすべてをまかない，ハレの日，祭りの特別食，おやつや薬

草やアルコールの醸造，常備食，衣服の縫製，出産に関わるすべての行為など，いのちに関わるすべての仕事をしました．女性は食料確保のための「出勤」で，さまざまな情報を手に入れます．飲める水がどこにあるとか，薬草はどこにあるかなど，さらに狩猟の情報もあるでしょう．それらの情報は大きな力になり，情報をもたらした者は，情報と交換に権限・権力を手に入れました．このように古代の狩猟民族における女性と男性とは，ほぼ平等な地位を確保していました．しかし，農業が世界中に広がると，男性は狩猟をやめて木々を切り倒し，土地を耕し，作物を育てて収穫し，余分の生産物を販売するようになりました．そしてその領土を守るために戦士を育成し，戦争を繰り返したのでした．

農業の発展で女性の地位が下落

　農業の発展は女性に破滅的な影響をもたらしました．狩猟社会から定住が原則の農業社会が到来すると，機械を使っての農業で圧倒的に男性優位の社会ができあがりました．生産手段を持つ男性と持たない女性とでは格差が大きくなり，やがて男性と女性との間で社会的な二重規範や二重基準ができ，文化的にも教育的にも宗教的にも女性は男性に従属する存在となったのです．

　農耕社会の何世紀かの間は，女性はろくに教育を受けることもできず，財産や子どもに対する法的な権限も持てませんでした．女性の一生の義務は，夫の子ども（男子）を産み，育て，死ぬまで夫を敬い，夫の家系の奴隷的存在となることでした．そこでは，女性は文化・文芸，芸術などの才能や，創造的知性などがなく，ビジネスや商売などには不向きで，ただただ感情的な存在だと思われていました．女性の中でも一部の賢い遊女たちは，支配層の男性を歌や踊りや性でもてなし，男性から受け入れられていました．キリスト教文明が広がっていく欧州社会では，教会で修道女として権力を握る女性もありましたが，何のゆえもなく魔女だとして，まやかしの魔女裁判で，火あぶりや水責めで虐殺された修道女が，どのぐらいすさまじい数だったことでしょうか．

　いつの時代にも，どこの地域でも，男性の性の対象としてしか生きることのできなかった遊女という女性は多かったのです．

力のバランスを変えた女性の賃金労働

　産業革命は男性・女性間の力のバランスを変えるきっかけになりました．
　わが国に初めて女性労働者が誕生したのは，明治5年（1872年），群馬県の官営富岡製糸工場の操業からです．待遇面での苦しみ(注3)は多大でしたが，最も大きな変化は，労働の対価として女性自身の名前で給料を得るようになったことです．女性が自分の力（カネ）で自分や家族たちを生活させることができるようになったことは，非常に大きな変化です．女工たちは農家を引きずりながらも，農家を離れて新たな時代を生きることになったのです．
　工場労働者としての待遇の悪さや差別の，最も大きな要因は賃金格差です．女性の平均賃金は世界のどの国においても，男性より低いのです．ILOの各国男女間賃金格差（2002年）では，最も男女の格差が少ないといわれるスウェーデンでも，男性100に対して女性が88.4であり，ついでオーストラリア，フィリピン，イギリス，ドイツとなっています．6割程度の日本は，格差が大きな国の1つです．女性が雇用の場で賃金格差をなくしていくことは，男性と女性の力のバランスを変えていくことになります．

職種の性別分離

　職種の男女差を見ると，女性の職業分野の分布とその変化は，社会・経済の構造変化，労働力の女性化，グローバル化等に重ね合わせることができます．伝統的な社会ではどこでも，男性の方がハードな肉体的労働や危険な作業についている場合が多く，また政治的権力が伴う地位も男性が多くを占めています．女性は子どもを育て，教育に携わり病人や高齢者を世話し守る仕事に多く就いています．洋の東西を問わず性による職種の分離では，女性は事務・販売，そして製造業，外食や食品加工に関する食品関連で多くなっています．
　またケア関連の仕事として，保健医療や社会福祉専門職の伸びも目立つところです．専門的技術的職業全般でみると，科学，法律，経済に関わる職種では女性が少なく，病人，乳幼児の世話に関わる職種には女性が多くなっています．また教職をとってみると女性教員は小中学校では多いのですが，高校・大学となると極端に少なくなります．女性職・男性職という職種の性別分離は，男女

図1-6 国別職業の性別分布

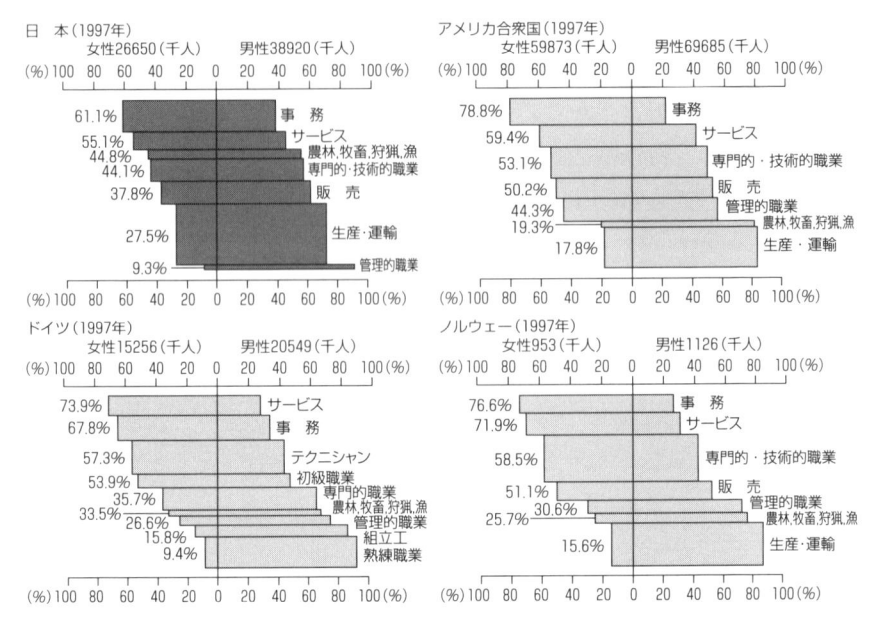

日本（1997年）女性26650（千人）男性38920（千人）
- 事務 61.1%
- サービス 55.1%
- 農林,牧畜,狩猟,漁 44.8%
- 専門的・技術的職業 44.1%
- 販売 37.8%
- 生産・運輸 27.5%
- 管理的職業 9.3%

アメリカ合衆国（1997年）女性59873（千人）男性69685（千人）
- 事務 78.8%
- サービス 59.4%
- 専門的・技術的職業 53.1%
- 販売 50.2%
- 管理的職業 44.3%
- 農林,牧畜,狩猟,漁 19.3%
- 生産・運輸 17.8%

ドイツ（1997年）女性15256（千人）男性20549（千人）
- サービス 73.9%
- 事務 67.8%
- テクニシャン 57.3%
- 初級職業 53.9%
- 専門的職業 35.7%
- 農林,牧畜,狩猟,漁 33.5%
- 管理的職業 26.6%
- 組立工 15.8%
- 熟練職業 9.4%

ノルウェー（1997年）女性953（千人）男性1126（千人）
- 事務 76.6%
- サービス 71.9%
- 専門的・技術的職業 58.5%
- 販売 51.1%
- 管理的職業 30.6%
- 農林,牧畜,狩猟,漁 25.7%
- 生産・運輸 15.6%

(注) 1. グラフの長さは当該職業における男女それぞれの割合を，グラフの幅は当該職業従事者の全職業従事者に占める割合をそれぞれ表している．
2. 日本は15歳以上．清掃業従事者はサービスではなく生産・運輸に含まれる．
3. アメリカ合衆国は16歳以上．
4. ドイツは15歳以上．
5. ノルウェーは16歳から74歳まで．
(資料) ILO "Yearbook of Labour Statistics" 1998により作成．
(出所) 1999年版『男女共同参画白書』総理府．

の平等待遇を事実上不可能にしています．全体的な女性の就業人口の増加に比して，わが国の場合は，欧米と比べて特に管理的職種の女性の比率が少なく，年功的な雇用管理の中での女性の地位の低さを物語っています．

2 フェミニズムの潮流

『第二の性』から半世紀，『新しい女性の創造』から40年

シモーヌ・ド・ボーボワールの『第二の性』(1949)[注4]は「人は女に生まれ

ない，女になるのだ」という衝撃的な冒頭から始まっています．ボーボワールは，「女性」を生物学，心理学，歴史学，民俗学，文学などの各分野にわたって研究し，結論として男女で性差はあるが，女性性というものは後天的・文化的につくられたものにすぎず，男性が第1の性，女性が第2の性という位置づけは誤りである，といいました．ボーボワールは，作家として世に出て以来，常に時代の先端に立って行動し，著述しました．私生活では，結婚という制度にとらわれない自由な男女関係を実践し，政治活動にも一貫した態度を貫きました．彼女は「結婚は2人が望めば自由に解消され，母となるのもまた自由である．結婚しているかどうかにかかわらず，どのような母子にも平等な権利が与えられる」社会が到来するであろうことを，50年も前に予測していました．『第二の性』は，アメリカから起こるフェミニズムに先立つこと20年，1970年代から世界中に広まる女性解放，女性地位向上の先駆けとなりました．

ベティ・フリーダンの『新しい女性の創造』(*The Feminine Mystique, 1963.*) の原題は，『女らしさの神話』です．女らしさは神話だという主張は，女らしさを規範とし，規範通り生きることを強制し，女性の生き方を枠にはめることを是としません．性を超越して個人の「らしさ」を重視しようという，「個」の時代への渇望を意味しているのです．男女の二重規範の中で「女らしさ」が押しやられ，「男は主，女は従」「男は優れ，女は劣る」「男は度胸，女は愛嬌」などと，女性の生き方が社会構造の中で下位へ，周辺へと固定されることを拒否しようというものです．女らしさが社会構造に組み込まれない社会が訪れたなら，女らしさも男らしさも1つの個性となるはずです．もっとも，そのときには，「女らしさ」という言葉は，やさしさ，柔軟性，きめ細やかさなどの性別を冠しない表現に変化しているでしょうし，「男らしさ」という言葉も強さ，たくましさ，理性的などという言葉に変化していることでしょう．なぜなら，性格特性は，男性も女性も共通に持ち合わせているものだからです．少し冷静に考えてみただけで，「女らしさ」「男らしさ」で個人を評価したり生き方のモデルにしようなどということがいかに恣意的であり窮屈なものかは明白です．だから1960年代のフェミニズムのスタートは，「女らしさ」という神話から脱却しようというところから始まったのです．

アメリカでは，ベティ・フリーダンが『新しい女性の創造』を著したのを皮切りに，女性を家庭での妻役割，母親役割のみに閉じこめることが性差別の最大の原因だといい，「女らしさの神話」を越える実践と行動の大きな流れが，いよいよ蕩々と世界を巻き込んでいったのです．

女性差別撤廃条約

1945年の国連憲章は，性による差別のないすべての者の人権の擁護を国連の目的の1つに掲げました．しかし，女性に対する差別が依然として存在していることから，国連は1967年女性差別撤廃宣言，79年には女性差別撤廃条約（「女子に対するあらゆる差別の撤廃に関する条約」）を採択しました．この条約の中心的理念は，男女の固定化された性別役割分担を変革するということです．家事・子育てを母親だけの責任とせず，父親もともに責任を負うものとしています．家族的責任を男女が平等に担うものとし，社会及び家庭における男女の役割の変更が必要だとしています．そしてこの条約を締結した国は，こうした性差別撤廃のためにあらゆる適切な措置をとらねばならないとしています．法律上の平等のみならず，事実上の平等が求められるのです．

わが国は1985年に条約を批准しました．批准するに当たって，男女雇用機会均等法の制定など国内法を整備しました．女性差別撤廃条約の義務の履行確保は，国家の報告制度によって行われます．

世界女性会議の意義

国連創設50周年に当たる1995年に北京で開催された第4回世界女性会議は，21世紀の女性の地位向上に向けた多くの課題を提起しました．政府間会議で採択された行動綱領では，エンパワメント，パートナーシップ，コミットメントがキーワードとなり，1985年のナイロビ会議以来，女性の地位の向上にとって障害となってきた12の重大問題領域が設定されました．そしてそれぞれの領域における戦略目標と政府・市民社会がとるべき広範な行動が提示されました．12領域には次のような項目があります．

A：女性と貧困，B：女性の教育と訓練，C：女性と健康，D：女性に対する

暴力，E：女性と武力紛争，F：女性と経済，G：権力と意思決定における女性，H：女性の地位向上のための制度的しくみ，I：女性の人権，J：女性とメディア，K：女性と健康，L：女児（少女）の権利侵害，です．

　会議では，世界のどの国においても政策・方針決定の大部分は男性によりなされており，政治的不安定，景気後退，国家財政危機，環境の悪化は，男性よりも女性により多くの負の影響を与え続けてきていることが確認されました．各国政府は，行動綱領で提起された課題の解決に主要な責任を負い，そのための実施戦略を96年末までに定めるよう努力するべきことを求められました．

　これまでの半世紀に近い間，各地域，国々の女性たちの活動団体やNGOがずっと取り組んできたことは，このような流れが土台になっています．行動綱領の中では，NGOの影響力と情熱，知的な説得力は，国連がジェンダーに関する課題を明確にする上で大きな役割を果たしたと評価しています．NGOに対する謝辞が示されたのでした．この30数年は，女性たちの力と努力で男女平等をつくりあげた時代であり，何百年もの努力に値するほど大きな影響を残した時期だったと思われます．

　国連を中心とした国際社会での女性の地位向上に向けたキャンペーンは，男女平等への取り組みに始まり，1960年代から1970年代へ進むにつれて，経済社会開発における女性の役割の重視へと焦点を移しました．従来の経済社会開発が発展途上国の女性の生活の改善にはならず，多くの女性は開発から排除され，貧困化していることが判明しました．開発と女性（women in develoment）をめぐる主たる政策アプローチとしては，①よき母としての女性を開発に取り入れること（福祉的アプローチ），②女性を開発における能動的参加者とみなすこと（公正アプローチ）等の視点が入ってきました．女性が社会経済の主人公になることが平等への近道であり，NGOや女性の参加で新しくできた社会こそが，今後求められる持続可能な社会だということです．女性たちがジェンダー間の格差解消をめざし，エンパワメントにより自発的に行動し，組織化を通じて自己管理能力を向上させ，社会・政治構造を変革し，持続可能な社会開発を達成するのです．そしてこの下からの改革，横並びの関係性の確立と自主的な自己確立こそが，本書のキーワードである「マネージメント」なのです．

女性たちは1975年メキシコシティで，1980年コペンハーゲンで，1985年ナイロビで，1995年北京で，女性問題に関するさまざまな課題を話し合いました．その他の国連の会議（92年にリオデジャネイロで開かれた環境会議，93年にはウィーンで開かれた人権会議，94年にカイロで開かれた人口と開発に関する会議など）でも女性が大きな役割を果たしていました．こうした会議はどれも女性たちが推進力となり，さらに政策的議論形成の主役となりました．これらの会議の影響は計り知れないほど大きかったのです．

男女共同参画社会の未来

　1995年の北京会議に出された「行動綱領」を受けて，日本でも男女共同参画審議会から2000年を展望した男女共同参画ビジョンが1996年に答申され，男女共同参画2000年プランが策定されました．このプランでは，推進のための社会システムの構築，職場・家庭・地域における男女共同参画の実現，女性の人権，地球社会の「平等・開発・平和」への貢献に向けて，大きな柱を立てています．①政策・方針決定過程への女性の参画の拡大や男女共同参画の視点に立った社会制度・慣行の見直し，意識の改革を実現する．②雇用等の分野における男女の均等な機会と待遇の確保，農山漁村におけるパートナーシップの確立，男女の職業生活と家庭・地域生活の両立支援，高齢者等が安心して暮らせる条件を整備する．③女性に対するあらゆる暴力の根絶，メディアにおける女性の人権の尊重，生涯を通じた女性の健康支援，男女共同参画を推進し多様な選択を可能にする教育・学習を充実する．④地球社会の「平等・開発・平和」への貢献——これらがそのまま施策になっています．計画の推進に当たっては，「男女共同参画の視点に立った社会制度・慣行の見直し」，「女性に対するあらゆる暴力の根絶」，「メディアにおける女性の人権の尊重」，「生涯を通じた女性の健康支援」などが新たな重点目標として掲げられています．

　これらの施策を進めるために「男女共同参画基本法」（1999年）を制定し，特に雇用の場での実施のために「改正男女雇用機会均等法」（1999年）を制定しました．また女性の活動拠点となる施設の充実など総合的な推進体制の整備強化も提示されています．

「チャレンジ支援」施策

　内閣府は，2004年から女性のチャレンジ支援策をスタートさせました．これは2020年に管理職など指導的立場の女性を30％にするという数値目標を明確にしたものです．世界的にも高レベルの教育を受けながら，実社会での活用が進まない日本女性の状況改善を目指し，世界的に見て活躍度が極めて低い日本女性を後押しすることをねらったものです．30％という目標数値は，1990年の国連ナイロビ将来戦略勧告における国際合意に添ったものです．雇用分野で公務員と民間企業の課長以上の管理職の30％を女性が占めることを目指すだけではなく，非営利組織（NPO・NGO）活動や農林水産，地域社会，行政，国際などの各分野でも女性の進出を支援する環境を整え，雇用分野と同様に30％の目標達成を目指します．そのための具体策が，情報ネットワーク化です．まちづくりや農業など他分野でチャレンジを試みる女性が，必要な女性支援情報を官庁の垣根を超えて簡単に入手できる仕組をつくりました．地方自治体にも同様の取組を促すことになります．

3　女性の直感がビジネスを変える

女たちの静かな革命

　日本経済新聞社が連載記事をまとめた『女たちの静かな革命—「個」の時代が始まる』は，各界に大きな波紋を投げかけました．単に女性の生き方の問題としてではなく，経済力をつけ，多様な生き方を選び始めた女性の動きを経済社会システムの中に組み込み，その方向へ移行することなくして，日本の停滞を破り再生の活力を引き出すのは不可能である，ということを主張したからです．女性の比重はあらゆる分野で高まっており，働く場においても，家庭においても，消費行動においても，社会の担い手としての女性の役割が大きくなっています．国の財政も，企業の経営も，家庭や地域のあり方も，女性のこの動きを理解することなしには，解決の糸口は見つからないだろうということです．長期不況，銀行や大企業の経営破綻，子供たちの心の闇を映し出すかのような凶悪犯罪など，21世紀を直前に閉塞感で押しつぶされそうになっていた日本の

深層で，地殻変動を起こしている震源は女性たちなのだと突き当てたのです．戦後日本は経済復興を成し遂げ，高度経済成長期というバブル時代を持ちました．製造業中心の産業構造においては，国や企業，教育現場から家庭にいたるまで，一律の価値観のもとに，均一な集団・組織の効率性に向かってひた走りました．一方でそれは，他と違う生き方をする「個性」を排除することにつながりました．一律の価値観のもとに生きるとは，鋳型をはめることであり，その鋳型とは「性別役割分業」というものでした．女性の場合に「個性的」とは何かというと，男女の性別役割分業のワクをはずれることでした．均一に性別役割，ジェンダーの枠組みに従う生き方ではなく，まず「わたし・自分」を大切にし，「個」として生き，そこから家庭や地域，企業，国との関係を築き直そうという大きな地殻変動だったのです．

　与謝野晶子が雑誌『青鞜』で，その昔火に燃えて動いていた山は今は動いていないけれど，女性たちの力で山が動くことを信じようと訴えてから約1世紀，やっとその時期になったのかもしれません．

対等性の基盤

　経済・社会における非常に大きな変化は，まず何よりもコンピューターによる新技術，新産業の出現から始まります．情報が瞬時に行き届くことから経済のグローバル化，政治や教育の変化，それらの総合として変化を遂げた知的な力が求められるようになります．ここに女性と男性の対等性の基本的な基盤ができました．P・F・ドラッカーによれば，「断絶」（全く新しい時代の到来の意）が起こってきたということです．情報化の進展による経済構造の変化，高度情報化や技術の変化に必須な知的力量（ドラッカーのいう「知識」）とは，実はマネージメント力ということです．マネージメントは，かつて高等教育においても1度もその必要性が認められず，経営管理能力など，経営者だけにあればいいということになっていました．しかし，「断絶」の時代を超えてしまった私たちは，経営者のみならず，あらゆる分野のすべての人が，個人としての知的力量と社会的な知的力量を持つ必要に迫られてきています．このような力量をマネージメント力といい，マネージメント力のある女性が，ビジネスの世界を

変えていっています（マネージメント力については第4節で詳述）．

　女性が知的な力量をつけ，マネージメント力を持つと，従来女性が活躍していた分野が，まず大きなビジネス変化の場となります．女性は歴史の深部で育まれてきた独特で優れた能力を多く持っています．

　その場に最もフィットする言語を選択して使用する能力はまずあげられるでしょう．ほかにも，態度やしぐさ，表情といった言語以外のコミュニケーションツールを使用する能力，感情に対する鋭敏さ，共感する能力，優れた触覚や味覚，嗅覚などの五感の鋭敏さ，忍耐力，同時に2つ以上のことを考えたり実行できる能力，全体的な広い文脈でものを見る能力，長期的な計画性を持てる能力，ネットワーク形成能力と交渉力，協力してコンセンサスをつくり上げる能力，できるだけ平等を損ねないようにしながらチームを率いていく能力など，かなりの特徴的な能力があると思います．それと同じように男性にも，歴史の表舞台に立ち続けてきたことから育まれた能力があります．集中力や感情をコントロールする能力，複雑でメカニカルな問題を説きほぐして解決していく能力などです．もっとも，すべての男性に男性の特性があり，すべての女性に女性の特性があるなどというつもりはありません．そのさまざまな能力の割合や程度が，個性なのです．

女性が変えていったビジネス界
●職種

　産業構造の変化に伴い，重工業とベルトコンベア産業が廃れて，高技能を有するサービス部門の仕事が増え，女性に有利になってきた職種がかなりあります．例えば書類仕事やコンピューターを使う事務，医療や技術専門職，教育や看護，家事サービス，育児，小売業，サービス産業などです．女性はすでに介護や治療の面で，共感する能力や忍耐できる能力で成功しています．女性の教員は学校の教室で豊かな想像力を生かしています．

●働き方

　働き方ということでは，女性はインターネット社会の隆盛に伴って，在宅ビジネスという世界を普及させ，組織にこだわらずコミュニケーションを楽しむ

という姿勢で仕事を始めています．男性の社員にありがちな「パソコンを使えない上司で恥ずかしい」という発想ではなく，自由な情報交流を通じて，硬直化した日本のあらゆるシステムを緩やかなものに，変えていく過程をつくっていると思われます．自宅を拠点としたSOHO（スモールオフィス，ホームオフィス）ビジネスは新しい働き方です．

●業界

社員の女性比率の高い企業を見ると，サービス業などの新業態が目立ちます．例えば自然志向化粧品会社であったり，販売方法に独特のセンスやサービスを打ち出したりなどです．また，成長産業の中に福祉や農業関連も多く見られます．一方，電鉄，建設業や深夜勤務，地方の建設現場への赴任にも，女性の就業機会が増えてきました．ロボット化をはじめとする労働環境の整備で，女性の就労を阻んできた「体力差」は姿を消しつつあります．

●メディアの世界——言語能力の優れたるひと，それは女性

メディアの世界も，女性の能力が大いに発揮される場です．アメリカでは，主要テレビ・ネットワークの最高経営責任者は男性ですが，中間管理職では女性が急増しています[注5]．また，現在ナショナル・パブリック・ラジオの記者の半数以上は女性であり，ラジオのキャスターやディレクター，プロデューサーにも女性が多いのです．テレビばかりでなくラジオも人気があるというのは，ラジオは現在の生活テンポに合っているということです．日本でもこれらの分野で女性の活躍が広がることでしょう．

●教育界でも——企業内大学や生涯教育にも

P・F・ドラッカーは，ブルーカラーに取って替わる「知識労働者」の多くは頭が良くて教養があり，コンピューターを扱える「ゴールドカラー」だといっています．自分の将来設計を自分で行いマネージメントできる，このような人材になるために，何ら筋力を要することのない時代に，女性たちはさらに次のステップへ突き進んでいくことでしょう．

世界の主要国と同じく，わが国においても，女性の高等教育進学率（大学・短大）は男性の比率を超えています．女性の中で短大よりも四年制大学への進学率の方が多くなって数年を経ています．ただわが国の場合には，修士課程

(前期) や博士課程 (後期) への進学がまだまだ諸外国に比較すると少ないのです．今後教育の分野では，女性が新しい教育手法を携えて，従来の公的教育機関ばかりではなく，生涯教育の場やインターネットによる教育などでも活躍するでしょう．教育は今よりさらに柔軟になり，創意工夫が重んじられ，現実的なものになるでしょう．そこでは教育は受ける者と授ける者といった格差もなくなるでしょう．

●人間相手のビジネス——女性は人の心を読む

長い子育ての歴史の中で，女性は触り，嗅ぎ，味わい，見つめる，という優れた感覚を身につけました．現在，女性のこのような能力は，職場で効果的に発揮されています．職場の同僚との話し合いでは，女性は，困惑顔や喜びの顔，怒りの表情などを感じとり，そこから多くのメッセージを察知します．カウンセラーなどの職種には最適の特質だといえます．このような特質は，警察や法曹界にも適していると思われますし，広告業界や会計士など，個人相手の専門職種には女性がもっと進出できる要素があると思われます．

●医療の場で——癒し手としての女性

女性は人を癒すという生まれながらの力が備わっているといわれます．確かに看護師や栄養士，薬剤師などのほとんどは女性です．医者の場合には圧倒的に男性が多くなりますが，これも次第に女性の数が増えていくことでしょう．女性医師は，心臓外科や放射線科，麻酔学，病理学など高レベル分野へと向かいがちな男性医師に比べ，内科，小児科，産婦人科，家庭医など，自分1人でも直接的な手厚い治療ができる分野を目指したり，社会的な医療問題にチームを組んで取り組むケースが多いようです．女性がさらに多方面の医療分野に進出していけば，医療はもっと患者の側にたった思いやりのある手厚い治療をするのが当たり前の制度に変化していくことでしょう．

●エグゼクティブ

企業の階層的な経営構造が解体し，平等なチームワークが強調されるにつれて，女性のネットワークづくりのうまさや優れたコンセンサス形成能力は，ますます貴重になってきます．長期的スパンで計画の実現性を見通すには，女性のエグゼクティブや経営者は有利であり，人間を扱う能力に長け，育み慈しも

うとする気持ちにあふれている女性たちは，チームのインセンティブ（やる気）を高めていくことには有利でしょう．また，企業組織より階層差の一層少ない市民社会では，女性の持つこれらの能力は，大きな役割を果たすことでしょう．

4　女性の直感が家庭を変える

生まれ変わっても，やっぱり女

　統計数理研究所が全国の成人を対象に実施しているアンケート「日本人の国民性調査」(注6)の「男女の差異」では，2003年度は，69％の女性が生まれ変わってもやっぱり「女」を選びました．「男」を選ぶ人は25％にすぎず，男性に生まれ変わりたいという願望が薄れて，4人中1人に減ったことがわかりました．1958年度の調査では「男」を選んだのが64％，「女」は27％でしたから，完全に逆転しています．

図1-7　生まれ変わるなら…〔女性の場合〕

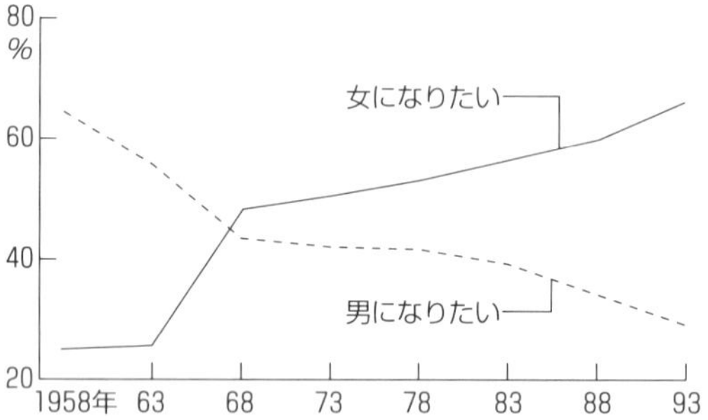

（資料）統計数理研究所．
（出所）『女たちの静かな革命　個の時代が始まる』日本経済新聞社，1998年8月，163頁．

　1958年時の調査で「男」という選択が「女」を上回っていたのは，女性の地位の低さ，不自由さを嘆き，いっそ男であったらどんなにいいだろうか，という自分の人生に対する憤りや自信のなさを表すものだったのでしょう．その後，女性解放運動の高まりと女性たちの頑張りが，次の世代へのロールモデルをつ

くり，女性の方が多様な生き方ができること，子育てにも肯定的な女性が増えてきました．女性たちの運動に一定の実りが生まれ，自らの力を積極的に評価するようになってきた現れだといえます．そして今,「女」を選ぶ女性がさらに増えてきているということは，女性の置かれている差別的構造を云々するよりも,「私は大丈夫，私だったら切り開いてみせるわ」という心意気を表しているかもしれませんし，差別の構造がわかりにくくなってきていることも，その背景にあるかもしれません．

それにしても男性が「男」の方を選ぶ比率は，1958年以来9割と高いまま，さほどの変化はありません．今回の調査でも「生まれ変わっても男性」を選ぶ男性は87％で，微減でした．今後の変化が楽しみです．「楽しみが多いのは男性か女性か」との質問では，かつては男女とも「男性の方が楽しみは多い」が圧倒的でしたが,「女性の方が楽しみが多い」が上昇しています．さらに「将来，生活が貧しくなる」と見る割合も47％,「戦争の不安を感じる」と答えた

表1-2 女性の働きやすさの指標値と出生率（1995）

順位	国名	指標値	出生率
1	ニュージーランド	51.14	2.13
2	アメリカ	55.30	2.05
3	オーストラリア	54.72	1.89
4	スウェーデン	61.81	1.88
5	ノルウェー	57.89	1.87
6	カナダ	54.34	1.83
7	デンマーク	49.84	1.81
8	フィンランド	56.19	1.79
9	イギリス	51.92	1.76
10	フランス	51.99	1.65
11	ベルギー	46.69	1.62
12	オランダ	45.60	1.57
13	ポルトガル	53.50	1.50
14	スイス	46.79	1.49
15	オーストリア	47.97	1.45
16	日本	44.05	1.43
17	ギリシャ	42.01	1.35
18	ドイツ	49.42	1.34
19	イタリア	42.99	1.33
20	スペイン	40.65	1.22

（出所）経済企画庁『新国民生活指標』（1998年5月）．

人も84％と，前回に比べて8％も増加しています．女性は自分の性を肯定的に捉えられて初めて，人生の選択肢も自主的に選ぶのでしょう．現在ではまだ，自発的選択にはなり得ていないところが問題です．

少産少子時代は女性の選択

女性は自分の性を肯定的に捉え出しました．しかし自衛策として，「少産少子」を選択してるのかもしれません．P・F・ドラッカーは，少産少子を「見えざる革命」と称しましたが，結婚や子育てと仕事が両立できないならば，結婚も子育ても選ばないというキャリアウーマンが増えてきました．国際的な比較で，女性の働きやすさと出生率を見ると，女性が働きやすい国ほど出生率が高いという結果が出ています．日本の働きやすさ指標は，経済協力開発機構(OECD)加盟国のうちの29カ国を比較すると，19位（1998年）．15年前の16位から後退しています．この比率の計算の指数は，管理職に占める女性の割合，男女間の賃金格差などで，他国より大きく遅れていることが原因です．この指数が高いほど，出生率も高くなっています（表1-1，1-2参照）．

結婚率は低く，離婚率が高まる

女性が人生の選択肢を自発的に選ぶようになる時には，「結婚しない」，「離婚する」の比率が高くなることでしょう．それは女性の男性への愛着やロマンティックな感情が少なくなるというのではなく，愛のない結婚とか，制度としての「家」がなくなるということです．多くのイスラム圏でまだ残っている一夫多妻制度などもなくなるでしょう．

現在日本でも，晩婚化・非婚化が増加しています．独身に利点を感じている者の比率は，女性が89％で，男性はそれよりやや少なく84％という状況です[注7]．結婚に利点を感じている割合（女性71％，男性67％）に比べて，独身の利点の方がかなり上回っています．日本の場合には，同棲経験者は非常に少ないにもかかわらず，男女交際は親密化していて，恋人としての交際が増えています．しかし，結婚はせず，行動や生き方の自由のために選択肢としてシングルを選んでいる人が増えているようです．

離婚率は増加していますが，諸外国に比べるとまだ低く推移しています．それは必ずしも良好な家庭生活関係が保たれているというよりも，夫婦関係としては冷え切っていても離婚せず，家庭内離婚，潜在崩壊家庭の状態のままとどまっているケースが多いということがあります．

　離婚率の増加，結婚率の低下は，女性の労働力率の上昇傾向と重なっています．これは，家庭は女性中心につくられるものという従来の家庭像が崩れてきているということです．現在わが国では夫婦別姓結婚をなかなか認めない風潮があり，法制度化されていません．男性の家の名字を名乗ることが結婚であるかのような因習もありますが，これは新しい家庭像の創造には貢献しないものです．労働力に占める女性の存在が大きくなり，離婚率が上がり，その他もろもろの社会的要因が働くと，女性を中心とする家庭が増えてくるでしょう．

　女性を中心とする家庭とは，子供がいて世帯主が女性という，いわゆるシングルマザーの家庭です．このような家庭では，母親はいずれ再婚をしたり，ボーイフレンドが同居するようになるケースも少なくありません．いずれにしても，女性の世帯主家庭は世界的に増加しており，男性を世帯主とする伝統的な家父長制的家庭はどんどん少なくなりつつあります．

女性がつくる新しい家族

　女性は結婚せずに子供をつくることが増えてきました．未婚の母は日本ではまだ比率は少ないですが，今後，働いて1人分の報酬で子育てが可能であれば，非婚の母と子供の家庭や，血縁によらない家族も増えてくるかもしれません．家族の多様化といわれるように，男性中心の家父長制的家族単位は，さまざまな形態の家族によって補完されています．伝統的な家父長制家族は，安定していて，持続性もあり，子供にとっての教育環境に良質な影響をもたらすというのは利点です．ただ，女性にとっては必ずしも自分の力や個性をのばせる環境ではなかったという面があります．

　結婚の基本そのものが変化している今，経済的自立と力を獲得した女性は，制度としての結婚や愛のないままでの家庭内離婚は避けたいと思うはずです．愛と親密さにあふれ，女性と男性が満足しあえる結婚が可能だとすれば，女性

はビジネスでも活躍でき，個人的ネットワークや職業的ネットワークも充実させることができるでしょう．

女と男が闘うのではなく

従来，女性と男性は普遍的に違い，男性が優れ，女性が劣ると位置づけされてきました．男性が優位に扱われ，女性は劣後に置かれてきたため，女性らしさ，男性らしさを認めることは，優劣の構図に投げ込まれる不安を伴いました．しかし今は，女と男が闘うのではなく，性の違いを尊重して新しい理解を築き上げ，ともに働く時代です．女性と男性の基本的な協力がなければ，男女は不毛な関係になるでしょうし，社会も不当な損失をこうむります．女性の天性の才能を，ビジネスにも家族の確立にも生かす時代になってきたと思います．

資質とは，男性だけのもの，女性だけのものではなく，男性にも女性的な資質があり，女性にも男性的な資質があります．現代の経済市場は，女性の心と技能を必要としています．女性は大きな経済的，社会的資源です．社会も変化しています．男性が支配する家父長制家族に代わって，新たにさまざまな家族が形成されています．この新しい家族が再現されるためには，男女両方の決意とスキルが必要です．それがマネージメント能力なのです．

第3節 女性がつくる市民社会

1 市民社会の萌芽

第1次市民社会

戦後の日本社会で「市民」という言葉が最初に登場したのは，市民運動という形でした．市民社会という言葉は，市民政治と重なっています．政治が市民化されないと，市民社会はあり得ません．

1960年代は市民政治の幕開けでした．「60年安保」当時，岸内閣が議会制民主主義を踏みにじって新安保条約を国会で強行採決したことに対して，すべて

の人は市民として抵抗の意志を表明すべきである，という声があがり，少数派ながら強烈に注目を浴びることになりました．抵抗のための市民運動ともいえるものでした．思想の科学研究会メンバーだった小林トミさんが，「誰でも入れる声なき声の会です．皆さんお入りください」と垂れ幕を掲げて国会議事堂の周辺を回り，そこにかけつけた人々を吸収し，大きなデモへと拡大していきました．その時が日本の市民政治の第1歩だったといわれています．それは「個」としての判断に基づいて，「個」として行動するところからスタートしています．

ところがこの市民政治，市民社会という言葉には，実は紛らわしいことがいくつかあります．私たちが学校の教科書で学んだ，近代ヨーロッパの市民革命という単語の「市民」には「市民」としての理念はなく，「ブルジョアジー」の翻訳として登場した「市民」だったものですから，錯覚がもたらされてしまったところがあります．ブルジョア社会はその後，ヨーロッパにおいて経済効率を追求することが中心となり，経済利益のためなら戦争も環境破壊もためらうことなくやってしまうという政治状況になっていきました．それは日本も同様で，日本を含めたアジアの歴史の中では，「個」の確立した論理的な対話や言論によって紛争を解決するという基本的合意が，形成されていないのが現実です．男性優位のブルジョア中心社会が女性の政治参加を認めるのは，労働者階級に参政権を与えるよりずっと後のことでした．わが国でいえば，1925年（普通選挙）と1945年（女性参政権）というギャップがあります．

議論は建て前だけ，本音は別のところで別のものが強力に作用して動いていくという現状があります．もっと核心的にいえば，基本的人権や法の支配という観念がないのです．未だにムラ社会の運命共同体的な発想で政治が進んでいます．

もう1つ面白いことには，「市民というのはどこの市のことなのでしょうか」とか，「ここは東京都だから都民運動ではないのでしょうか」といった，訳のわからない議論もあります．わが国の場合，「市民」という言葉が，地域的な行政単位以外の意味ではほとんど使われていなかったからです．「個」の確立した自主的・独立的，ゆるやかな組織で横並びの運動体という意味を持つ

「市民活動」での成功体験は1度もなかったのです.

　人口の半分を占める女性がまともな扱いをされない（例えばパートは平気で人権を無視される，何の故もなく女性の賃金の方が低いなど）とか，憲法を無視して戦争に参加しているわが国の現状は，基本的に自由な個人を前提に議論される習慣がなく，主体的な個人というカルチャーが成立していないといえます．日本では，未だに本格的な近代社会が成立しておらず，また議論の仕方をトレーニングすることにも積極的ではない状態です．

生活者としての女性市民の登場 ── 第2次市民社会

　1970年代になると，日本の市民運動の主流は，中央政府や自治体に対する抵抗運動というスタンスから，地域生活に密着した運動へと変わっていきました．この第2次市民運動を担ったのは専業主婦を中心とする女性たちで，地域での環境保護や生活直結の安全食品，祭りの復活などがテーマでした．

　多様な生活者の運動の中でも，市民運動の系譜を引き継ぎ，市民社会の構築を究極的な目標として自覚的に謳っているのは，東京・神奈川をはじめとする大都会の周辺で組織された「生活者ネットワーク」運動です．生活者と直結した安全な食品を入手するための主婦たちのネットワークから始まったこの運動は，地域の環境保全運動へと発展しました．そして自治体行政の監視，さらにはそれに積極的に参加することを目的として，数名の地方議員をも送り出しています．

　市民運動第2期ともいえる女性を中心とする生活型市民運動は，日本でも世界でも，女性の社会進出，男女の共同参画意識の高揚が基本的背景となっています．第2次市民社会運動は，性別役割を当然のこととしてきた戦後日本の社会構造や文化が，結局は男性優位社会でしかなかったことを明確にし，その文化構造を根本的に転換させました．

　この運動はしかし，かなりの弱点も持っています．例えば環境問題やゴミ問題と取り組んできた市民運動の人たちは，環境問題が個別の公害問題だけでなく，地球的な問題であることに思いをはせねばなりません．日本を含めた先進工業諸国の資源消費的な生活を変えない限り，問題を解決することはできない

のです．国益とかナショナリズムを乗り越え，地球的な共生という視点を持って立ち向かう幅を広げねばならないということです．さらにもう1つは，深まりということです．これからは男性市民が，社会でも家庭でも職場でも政治の世界においても自分たちの獲得していた特権にしがみつくのではなく，その枠を出ることが重要です．そして地球人としての共生の輪に加わり，ジェンダー視点を持って女性の権利を守り，共生社会の構築に励まねばならないのです．なぜなら，「市民社会」というのは，21世紀に残された人類最後の希望であり，実験であると思うからです．

NPOの成長と女性の活躍 ── 第3次市民社会

　経済思想家P・F・ドラッカーは，著書『ネクスト・ソサエティ』の結びとして，「NPOが未来社会をつくる」のであり，そのためには「女性の活躍がカギ」であるということを，以下のように述べています．

　　「NPOが答え」──ここにおいて，社会セクター，すなわち非政府であり非営利でもあるNPOだけが，今日必要とされている市民にとってのコミュニティ，特に先進社会の中核となりつつある高度の教育を受けた知識労働者にとってのコミュニティを創造することができる．（中略）20世紀において，われわれは政府と企業の爆発的な成長を経験した．だが21世紀において，われわれは，新たな人間環境として都市社会にコミュニティをもたらすべきNPOの，同じように爆発的な成長を必要としている．（中略）これらのことすべてが，特に女性にとって大きな意味を持つ．もともと人類の歴史において女性の役割と男性の役割は同等だった．サロンの有閑マダムなどは，19世紀の富裕階級においてさえ珍しい存在だった．畑，作業場，店のいずれであっても，夫婦で働かなければやっていけなかった．20世紀の初めでさえ，医者は独身では開業できなかった．予約をとり，患者を迎え，加減を聞き，請求書を書く妻を必要とした．仕事の内容は男と女で違っていた．男の仕事と女の仕事があった．聖書でも水汲みに行くのは女だった．ところが，今日の知識労働はフェミニズムとは関係なく，男女いずれでも行いうるがゆえに中性である．だから女性が史上初めて，男女平等に知識労働を担うべきなのである．

　第3次の市民社会とは，個々の男性女性が，行政や企業とパートナーシップ

を組める性にこだわらない「連携組織」をつくりあげることから始まります．

2 アメリカの NPO と女性リーダーの輩出

NPO セクターと女性のリーダー

　ここ2～30年にわたって，アメリカでもその他の先進国でも市民団体が急増しています．そして多くの団体で，女性は極めて重要な役割を果たしています．女性たちはコミュニティ団体や草の根団体で多数を占め，社会改革を求める運動で指導的役割を占めています．

　現在，アメリカの非営利団体は150万以上あり，60年代に比べると3倍以上になっています．拡大している全国的な草の根団体の1つに全米第3位の政治団体，エミリーズリスト（Emily's List）があります．この団体では，州や連邦政府の公職に立候補しようとする女性たちのために，選挙運動を開始する資金を集めています．そして，こうした運動で盛んになったリーダーシップがアメリカ社会を変えていきつつあります．暴力の被害にあった女性のためのシェルター，妻に暴力をふるう男性を教育するためのクリニック，非行少年少女の親のためのプログラム，銃規制を求めるロビー活動団体等の NPO 活動の中で，影響力ある地位に就いた女性たちがアメリカの新しい力になり始めているのです．こうした市民活動団体が，政府，企業社会に続く第3セクターと呼ばれ，そのネットワークが社会の接着剤となって市場経済と政府が効率的に働く環境を創造しています．この第3セクターに活力があって健全なら，国自身も繁栄するのです．

　NPO を含む第3セクターでの女性マネージャーや専門家の数は，営利追求のビジネス社会よりはるかに多いのです．それは一体なぜなのでしょうか．

　1つは，市民団体には気持ちを同じくする人々が共通の目的を持って集まるので，女性には居心地がよく，心を惹きつけるという傾向があり，積極的になれるということがあります．2つ目は，自発的に集まった参加者が，小さな規模で比較的対等なチームをつくっているので，自分の力を発揮するチャンスが多くなり，リーダーになりやすいということ．3つ目は，非営利組織の多くは

小規模で，階級的ではなく，意思決定は協調的に行われるので，参入機会が多くなるということ．4つ目は，NPOに求められる資金集めという重大な仕事において，その成功は相手の心の中へ入っていけるかどうかに関わっており，細かなところに気を配り，よき聞き手になり，相手の気持ちに添った反応をする必要があるのですが，このスキルは女性が特に心得ているということ．5つ目は，非営利組織なら，年中出張したり別の都市に転勤になったりしないので働きやすいということ．6つ目は，非営利組織では資金を得るということよりも，社会や環境の病理を癒し慈しむという，女性の得意な分野が主たる目標になるということがあげられます．

　以上のように，非営利組織では女性に傑出した社会的スキルを活用することを求めています．野心を持った教育水準の高い女性たちは，さまざまな市民団体の創設や参加，活動，指導に関わるのです．活動や団体がさらに拡大すれば，女性たちの価値観と関心が世論や社会習慣，政策に及ぼす影響はますます大きくなっていくことでしょう．

市民社会と女性のリーダーシップ

　1996年，インターナショナル・ギャラップ・オーガニゼーション（IGO）が，アメリカ，ヨーロッパ，アジアの22の地域で，男性と女性のどちらが野心的かという調査をしたところ，日本，中国，台湾，フランスでは男性の方がはるかに野心的だという結果が出ました．スペインでは女性の方が若干野心的だという結果であり，アメリカでは「男性の方」が37％，「女性の方」が26％．37％は「どちらも同じくらい」上昇志向が強いと答えました．調査対象となった14カ国では，約40％が「男女とも同じくらい野心的だ」という答えだったとのことです．企業のトップや政治の世界では男性ばかりという日本の現状からは，他の国で「女性も男性も同じくらい野心的」が多いというのは，なかなかイメージしにくいものがあります．

　女性が選挙に出馬し，政治の世界に進出する機会はあるのですが，政府の最高の要職をねらうのは，世界のどこにおいても圧倒的に男性の方が多いのが事実です．しかし今，国家・政府は多国籍企業，グローバルな金融市場，インター

ネット，非政府組織（NGO）などの新しい社会的勢力によって権力が浸食され，補完されるようになっているといわれています．これら新勢力の存在がますます世論に影響を及ぼし，各国政府の政策に影響を及ぼすようになってきているのです．そして，その勢力の中心で女性のリーダーが活躍しています．女性が力を持ち，リーダーシップを発揮する場は，もはや政治の世界だけではなくなってきているのです．

第4節 キーワードは「マネージメント」

1 マネージメントとは

企業経営の理論

　企業経営のための従来のマネージメントとは，どのようなものだったのでしょうか．『現代マネジメントの基本——女性のための経営学』（泉文堂，2000年）は経営学のテキストです．マネージメントとは企業経営の理論であり，女性が労働力として企業に入ったら戦力化（能力発揮）されるので，企業のマネージメントの仕組を学んでおこうという前書きがあります．

　マネージメント概念は，20世紀の初めごろ，工場や会社の経営に関わっていたテイラー（F.W.Taylor）やファヨール（H.Fayol）によって，初めて体系的に明確にされました．テイラーは，アメリカのミッドブエール製鋼会社の工場現場の監督者としての経験に基づき，工場労務者を指導する現場監督者のマネージメント職能として，「課業を定め，課業を示し，課業の結果を評価する」という一連の活動過程を明確にしました．一方ファヨールは，フランスのコマントリーフールシャンボ社の社長としての経験をふまえ，企業が存続していくための必要不可欠な活動として，技術，営業，財務，保全，会計，管理の6つの職能を並べ，マネージメントの職能をあげています．

　マネージメント・プロセスは，「経営管理過程」と邦訳されていました．テイラーやファヨールが指摘したマネージメント概念は，マネージメント・プロ

セスとしてとらえたものです．

　今日では，計画，組織，動機づけ，統制，という4つの過程が，マネージメント・プロセスの基本要素とされています．一般に，プラン，ドゥ，シー（またはコントロール）(注8)で表しているのは，この4つのマネージメント・プロセスの基本要素を簡略に示したものです．

　計画過程とは，経営環境を分析し，企業の将来を予測して，活動目標や方針を示し，計画戦略や実行計画，活動予定などを立てる過程です．組織過程とは，企業の中の人と仕事を結びつける過程です．そのためには，人々が行う仕事の分担を定め，仕事を遂行するための責任と権限を明確にして，仕事と仕事の相互関係を合理的に編成することが必要になります．動機づけ過程とは，企業の中の人々が自らすすんで仕事を行い，よい結果が生じるように，人々を動かす（命令・調整）過程です．統制過程とは，計画と仕事の結果を比較し，差異を認めた場合には，その原因を調べて，差異を是正する過程です．

　このように，マネージメント・プロセスとは，計画過程を起点として，組織過程，動機づけ過程，統制過程で終わる連続的な過程であり，統制過程で得られた差異情報は，次の計画過程に生かされるほか，組織過程，動機づけ過程，そして統制過程自体にも反映され，それぞれの過程を是正し，結果を確保していくために活用されます．終わりのない循環的な過程であることが，マネージメント・プロセスの特徴ともいえます．

　企業規模が拡大していくにつれて，マネージメント職能は担当者と一体となり，階層的に分化していきます．一般には，トップ・マネージメント，ミドル・マネージメント，ロワー・マネージメントの3階層に分けられています．

　トップ・マネージメントは，全般経営者によって，企業全体の観点からマネージメント・プロセスを遂行する職能です．ミドル・マネージメントは，購買，製造，販売などの部門管理者によって，各部門の効率化をめざしてマネージメント・プロセスを遂行する職能です．ロワー・マネージメントは，作業現場の監督者によって，日常業務の効率化を目指してマネージメント・プロセスを遂行する職能です．

マネージメント概念の変化

　今やマネージメントは企業経営のためだけのものではありません．P・F・ドラッカーは『明日を支配するもの』の中で，「マネージメントは企業のためのものだけではない」，「マネージメントの理論を最初に適用したのは，企業ではなく，政府機関や非営利組織である」，「組織形態の違いによってマネージメントの仕方は異なるが，違うように見えているのは，ほとんど用語が違うからである」，「21世紀の成長分野が経済（企業）ではなく非営利組織であるから，この部門こそ，マネージメントが最も必要とされ，かつ体系的な理論が大きな実りをもたらしうる分野だ」といっています．

　今後の成長分野が非営利組織であることを考えると，マネージメントを企業独自のものだと考えるのは，誤りです．企業も公的機関も社会の機関組織であり，それ自身のために存在するのではなく，それぞれの機能を果たすことによって社会や地域や個人のニーズを満たすために存在します．問題は，「その組織は何か」ではなく，「その組織は何をなすべきか．使命は何か」．そして，それらの組織の中核となるのがマネージメントなのです．したがって，次に問うべき問題は，「マネージメントの役割は何か」となります．われわれはマネージメントを，その役割によって定義しなければなりません．

女性の社会進出とマネージメント概念の変化

　19世紀，20世紀においてはマネージメントの実践者としては男性だけが想定され，女性は企業や公的分野，あるいは非営利組織においてもマネージメントを担う対象としては考えられていませんでした．賃金労働者として女性が増えてきても，それはマネージメントされる対象であり，担う側ではありませんでした．女性の職域は男性とは分けられ，肉体的能力の違いや妊娠・出産のせいで男性より劣後に置かれているのが普通でした．マネージメント概念に使用される用語（例えば「リーダーシップ」，「経営戦略」など）も，女性を全く排除した上でつくられていったものです．しかし，知的サービス産業が中心の経済社会になってくると，ここで活躍する知的な力を持った労働者は，男性とは限らなくなってきました．そのかなりの部分はフェミニズムの普及と女性たちの自力

によるものであり，それ以外の産業構造の変化，技術情報環境の変化，少子・少産，高齢化社会の到来も大きく影響しているということは，先述の通りです．男性だけでなく，女性にも共通のマネージメント理論や概念が必要になってきたということなのです．

21世紀におけるマネージメントの役割

　21世紀は転換の時代です．日本ほど転換を迫られている国はないともいわれています．新しい社会ニーズに基づいた転換がやってきています．新しい社会ニーズに基づいたマネージメントが必要とされているわけです．この新しいニーズに基づいた社会組織のマネージメントには，組織におけるマネージメントと個人におけるマネージメントがあります．マネージメントは企業という組織だけの問題ではなく，組織と組織を構成する個人にとって必要不可欠のものです．マネージメントの研究は19世紀以降，企業，政府や軍隊などの大組織が現れたときから始まっています．20世紀の成長分野は非営利の政府，教育，医療等の分野でした．日本が戦後の荒廃の中から経済大国といわれる国にまで発展し，「日本型経営」という企業におけるマネージメントが確立した時期です．しかし，21世紀の成長分野は非営利組織であり，女性が活躍するであろうこの部門こそ，今日的マネージメントが最も必要とされています．

　マネージメントは，自らの組織を社会に貢献させる上で，次の3つの役割を持っています．

●組織の使命を果たす

　第1に，マネージメントは組織が使命を果たすために存在します．企業の場合は，経済的な成果を上げることです．企業と他の組織との違いは，使命すなわち果たすべき成果の違いにあります．具体的な使命として経済的な成果を上げなければならないのは，企業だけです．経済的な成果を上げることが企業の定義であり，それこそが存在理由であり目的です．

　経済的な成果を生むことができなければ，企業としては失格です．消費者が欲する財とサービスを，彼らが進んで払う価格で供給できなければ失敗です．企業以外の非営利組織では，経済性が組織の目的ではありませんから，失敗で

はありません．

●働く人を活かす

　第2に，マネージメントには仕事で働く人たちを活かす役割があります．企業でも企業以外の組織も，経営資源は人なのです．どんな組織でも，働く人たちを活かすことは重要な意味を持ちます．仕事を人に合わせ，人を仕事で活かすことができなければなりません．

●社会的責任を果たす

　第3に，マネージメントには，自らの組織が社会に及ぼす影響を把握するとともに，社会の抱える問題の解決に貢献するという役割があります．いかなる組織も，社会的機関として社会のために存在します．例えば企業は，人に仕事を与え，株主に配当を与えるためだけに存在するのではなく，社会的責任も果たさねばなりません．すべての組織は，心理的にも地理的にも文化的にも，社会の一部です．その使命を果たすには，個々の人間あるいは地域，社会一般に対し，影響を与えるのです．

2　個人の生き方としてのマネージメント

自分をマネージメントする

　これからはますます多くの人が，自分をマネージメントしなければならなくなります．自分の最も貢献できるところがどこかを見つけ，常に成長していかねばならないのです．

　少子高齢社会が現実になり，またライフサイクルの変化で，子どもや家庭にどっぷりと浸っていられる時期は短くなり，子育て後の人生が極めて長くなりました．大学を出てから仕事に就くとして，70歳ぐらいまで仕事ができるとすれば，仕事をする年月は半世紀に達するかもしれません．したがって，退職後に別の職場で第2の人生を送ることもあれば，自ら起業するということもあるでしょう．個人の職業の変化もさることながら，企業そのものが半世紀も続くかどうかわからないというのが実態です．個々人にとって今後は，同時にまたは時を経て，いくつかの組織構造に関わる時代になると思われます．ある仕事

のためにチームの一員として働き，同時に別のある組織では指揮命令を発する管理職の立場として，また，ある場合にはボランティアとして仕事をしているかもしれません．各組織によって変化する1つではないマネージメントを自分で取捨選択し，自分の生き方とつなげていくことが重要です．

生き生きと働くために
●自らの強みを知る

　知的力量を持つこれからの知識労働者は，自らの組織よりも長く生きるかもしれない時代を迎えているため，他の仕事を準備しておかなければなりません．キャリアも変えられるように，自らをマネージメントできることが重要です．これまで存在しなかった問題を考えなければならない時代なのです．

　そのためには，まず第1に，どこにでも通用する自らの強みをよくわかっている必要があります．自分でいえるのは，たいていは「弱み」ですが，何ごとかをなし遂げるのは「強み」です．多様な強みを持っている多様な人材のマネージメント力によって，仕事に成果が出てくるのです．数十年前までは，自らの強みを知っても意味がありませんでした．それは，仕事が生まれながらにして決まっており，農民の子は農民に，職人の子は職人になるしかなかったからです．今日では選択の自由があるからこそ，自らの成果を上げられる場がどこなのかがわかり，自分の強みを知り，それを磨くことが不可欠なのです．強みに集中すべきなのです．しかし，今までの日本の組織はマイナスをなくすことに躍起になり，例えば学校においても，すべての学生・生徒に100点であることを求めてきました．他の強みは捨ててもいいから，弱みをなくすことに力を入れてきたのです．これは時間の無駄，人生の浪費ではないでしょうか．

●価値観を優先する

　自らをマネージメントするためには，強みや仕事の仕方とともに，自らの価値観を知っておかなければなりません．組織には価値観があります．そこに働く者にも価値観があります．組織において成果を上げるためには，働く者の価値観が組織の価値観になじまなければなりません．同一である必要はないのですが，価値観は共有できなければならないのです．さもなければ，他の人と心

楽しく仕事ができず，成果も上げられません．

● 時間を管理する

　自分の強みをつくることは，自分の時間をどう使うかということと連動してきます．時間が管理できるかということです．時間の使い方についての自己診断として，まず何に時間がとられているかを明らかにすることが必要です．時間は，最も重要な資源です．借りたり雇ったり買ったりできず，代わりになるものもない「時間」を無駄に使うのは，最も意味のないことです．

● ミーティングの重要性

　いずれの組織においても，話し合いは重要です．ミーティングがなければ知的力量を持っている知識労働者は熱意を失い，ことなかれ主義に陥るか，自らの精力を専門分野にのみ注ぎ，組織の機会やニーズとは無縁になっていきます．話し合いは，急がずにくつろいで行われなければならないだけでなく，ゆとりがあると感じられなければならないので，時間の切りつめが重要です．会議ばかりしているのは仕事ができない組織です．もし会議に執務時間の4分の1以上が費やされているとしたら会議過多症で，組織構造に欠陥があると見てよいでしょう．

● 仕事を整理する

　時間の使い方は，練習によって改善できます．しかし，絶えず努力をしない限り，仕事に流されます．時間を浪費する非生産的な活動は，排除していくべきです．そのためには第1に，不必要な仕事，すなわち，いかなる成果も生まない，完全に時間の浪費となるような仕事を見つけ，捨てることです．第2に，「他の人がやれることは何か」を考え，人にできることは任せることです．自らが行うべき仕事に取り組む上で必要なことです．

● 最も重要なことに集中する

　自らの強みを生かそうとすれば，その強みを重要な機会に集中する必要があります．人は集中すれば驚くほど多様な能力を発揮します．多様な能力を1つの仕事に集中することが不可欠です．仕事を定期的に見直し，「今これに手をつけるか」を問い，不要なものを整理するのです．もはや生産的でなくなった過去のもののために，時間を投じてはならないのです．

3　社会的機能としてのマネージメント

社会的責任を果たすために
　1960年代からは，企業の社会的責任の持つ意味が変わってきました．以前は企業が私的な倫理と公的な倫理とに関わることが大きな課題でしたが，今では，社会の問題に取り組み，解決するために企業は何を行うのか，ということに変わってきたのです．例えば環境問題，人種問題，働く人たちの労働環境の問題，特に女性を含むマイノリティの処遇の問題等の解決にどんな貢献をしているのかということが，社会的責任の内容になってきました．企業は社会的責任をマネージメントしなければならない時代を迎えているということです．

イノベーションのためのマネージメント
　従来は組織の内部におけるマネージメントに焦点を当てていましたが，間近に迫ったグローバル化への国内外での対処，情報技術への即応をめざして，パラダイムの変換への対応は一刻の猶予も許されないところまできています．
　企業のマネージメントはグローバルに行う必要が出てきました．先進社会は今日，経済的には1つの市場を形成しています．しかも途上国社会と先進社会との違いは供給能力の差だけです．全世界はたとえ政治的には分裂していようとも，需要，欲求，価値の観点からは1つのショッピングセンターとなっています．したがって，国境を越え，生産資源，市場機会，人的資源を最適化すべくグローバル化することは，必然的かつ正常な対応です．そして最も重大な変化は，社会の願望，価値，存続そのものが，マネージメントの成果，能力，意志，価値観に依存するようになったことです．
　幸い，起業家精神とイノベーションはすでに1つの体系として，マネージメントの一部になっています．

●マネージメントを取り巻く環境の変化
　① 21世紀の組織環境は，変化することが前提です．
　② 21世紀の組織は自立的かつ機動的な小規模組織が連携するネットワーク型になります．

③ 年功序列と終身雇用ではなく，経済的貢献と報酬によって動機づけられます．
④ 定型性の高い業務から，非定形性の高いプロジェクト的な業務の管理へ．
⑤ 固定性の高いメンバーから，流動的で多様なメンバーの管理へ．
⑥ 目に見える行動・時間・結果から，目に見えない情報・付加価値の管理へ．

●新しい組織のための組織の原則
① 組織は透明でなければなりません．
② 組織には最終的な決定権をもつ者がいなければなりません．危機には，その者が指揮を取らねばなりません．
③ 権限には責任が伴わなければなりません．
④ 誰にとっても，上司は1人でなければなりません．
⑤ 階層の数は少なくしなければなりません．組織の構造は可能な限り平板にしなければなりません．

4 女性とマネージメント能力

エンパワメント

　女性にも男性にもマネージメント力が求められる時代になっていますが，女性の場合には，エンパワメント，意思決定能力，コミュニケーション能力，リーダーシップ能力というマネージメント能力を，少し丁寧なトレーニングで獲得するという過程が必要です．

　1995年9月に北京で開催された第4回世界女性会議では，これまでの世界女性会議の3つのテーマ，平等・発展・平和のスローガンに"アクション・フォー"という言葉が加わり，結果の平等をめざすための行動をどう起こすかが焦点になりました．キーワードは，女性のエンパワメントと男女のパートナーシップです．エンパワメントというのは，変革に向かって女性たち自らが力をつけるという意味ですが，国連女性開発基金代表ノィリーン・ヘイザー氏（当時）は，女性のエンパワメントを次のように定義しています．それは，エ

ンパワメントには4つの段階がある，ということです．

　第1段階は，「自分自身の価値を認める意識」です．女性は歴史的にも自分の価値を低く捉えがちです．そこを克服して自分の値打ちを高く持つという段階が最も重要であり，それにはコンシャスネス・レイジング（自己発見法）というトレーニングが効果的です．これは4つの段階の中でも最も重要で，約7割のエネルギーをこの段階に注ぐのが有効だということです．第2段階は，「選択を決める権利」です．1つの行動に移る前には，さまざまな選択肢があります．特に情報が複雑な現在においては，選択肢の絞り込み過程にエネルギーが必要になります．第3段階は，「家庭の内外での自分自身の生活をコントロールする力をつける」ということです．そして第4段階で，社会変革の方向に影響を与え，国際的に公正な社会経済秩序を創造する力を持ちます．

　これらの4つの段階を経て，エンパワメントが達成されるのです．

女性とリーダーシップ

　リーダーシップの質が変革され，女性にも男性にも共通するリーダーシップが重要になります．統率力や決断力というより，協調性や受容性などがリーダーシップ概念に包含されてくるにつれ，女性の登用・成功・野心の成就をめざす活動が活発になります．新たな企業文化の構築や経済社会での女性の活躍を目標に，女性が力を発揮し，多様性（diversity）を力に，豊かな人間らしい社会をつくることになります．

　そこで，女性に対しては，キャリアアップトレーニングやカウンセリング，情報の提供を行い，女性のやる気のアップ，所得のアップ，職業スキルの高度化を実現し，役割モデルとしての女性管理職を大幅に増加することが課題となっています．企業のトップに対しては，人材資源を開発調査し，既存の能力をフルに活用し，企業の成長につなげ，企業イメージを高めることが極めて重要です．企業トップと女性社員の両者への能力発揮のトレーニングによって，21世紀型リーダーシップは両性に共通する資質を持ち合わせるようになるでしょう．そして企業における女性リーダーの数は，男性と同比率になってくることでしょう．

注

(注1) 1911年9月，日本初の女性の女性による女性のための文芸雑誌として創刊された．このとき平塚雷鳥は26歳．創刊の辞「元始，女性は実に太陽であった」は今でも，女性解放運動の原点を示すモニュメントとなっている．発起人は雷鳥，中野初，保持研子，木内錠子．『青鞜』は時代の要請で文芸雑誌から女性解放誌へと徐々に方向を転換し，女性たちはこの雑誌をスプリングボードに評論家，社会活動家，作家として育っていった．

(注2) 与謝野晶子作
　　　山の動く日来る，かく云へど人われを信ぜじ．山は姑く(しばら)眠りしのみ，
　　　その昔彼等皆火に燃えて動きしものを．されど，そは信ぜずともよし，
　　　人よ，あゝ，唯(ただ)これを信ぜよ，すべて眠りし女今ぞ目覚めて動くなる．

(注3) 『女工哀史』1925年（大正14年）刊．著者細井和喜造は，自らも機屋の小僧として1日12時間労働をするかたわら，「日本300万女工の生活記録」を綴った．

(注4) Simone de Beauvoir "*Le Deuxieme Sexe*"．「女の神話」の欺瞞を暴き，女性の解放を訴える古典的評論．

(注5) ヘレン・E・フィッシャー著／吉田利子訳『女の直感が男社会を覆す』（上）115頁参照．1994年アメリカの主な映画会社とテレビ・ネットワークでは中間管理職の35％から50％が女性だった．

(注6) 文部科学省所管統計数理研究所は1953（昭和28）年から5年ごとに「日本人の国民性調査」を行っている．2003年で11回目の調査になる．

(注7) 厚生省人口問題研究所「独身者調査」1992年度．

(注8) Plan プラン，Do ドゥ，See シー→最近では，循環型で修正しながら進めていく PDCA（Plan プラン，Do ドゥ，Check チェック，Action アクション）という表記が多い．

第1章 ワークシート

①成功する女性に共通する10ポイント

	年　　月　　日 合計点　　　　　点	できている	ほぼできている	ややできている	あまりできていない	できていない
1	意見の違いを楽しみ，混沌状況や困難な状況をチャンスととらえる方である	5	4	3	2	1
2	自分に自信を持っており，「自分って大した者だ」と内心思っている	5	4	3	2	1
3	少し背伸びをする環境に身をおいている方が好きだ	5	4	3	2	1
4	人生の主人公は自分であると信じ，失敗を人のせいにはしない	5	4	3	2	1
5	攻撃的でもなく，ネガティブでもなく，アサーティブ（積極的）に自己主張できる	5	4	3	2	1
6	人間的魅力を高めるよう努力している	5	4	3	2	1
7	信頼できる友人が多くいて，人的ネットワークを広げている	5	4	3	2	1
8	仕事の優先順位をつけ，時間管理をするのがうまい	5	4	3	2	1
9	仕事を通して社会に貢献していると実感している	5	4	3	2	1
10	ポジティブシンキングを身につけている	5	4	3	2	1

Ⓒ女性と仕事研究所

②成功体験シート

1. これまでの職業生活（家庭生活）の中で特に印象に残っている成功体験を具体的に記述してください．

   （成功したこと・周囲から評価されたことなどの成功体験を選んで「出来事」欄に，また，なぜ成功したのか，あなたが何をしたから成功したのかを「要因」の欄に書いてください．）

出来事	
要因	

出来事	
要因	

出来事	
要因	

2. 次ページのノウハウ（技能・知識）シートの項目を参考にあなたのどのような能力が成功につながったのか，記載してください．

©女性と仕事研究所

③ ノウハウ（技能・知識）シート

Ⅰ：個人的能力

率先性／活動性　・他人に先んじて積極的に行動し，目的に対して能動的に取り組む．気力，
　　　　　　　　　活力を持って高いレベルの成果を目指す．現状打破の姿勢

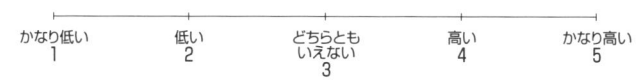

```
かなり低い    低い    どちらとも    高い    かなり高い
   1         2      いえない      4        5
                     3
```

対面影響力　　　・好い印象，自信ある態度，明朗率直，人柄，開放的などで他者へ強い印象
　　　　　　　　　を与える

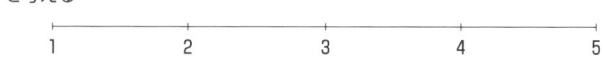

```
   1         2         3         4         5
```

自主独立性　　　・依存的でなく，自分の考え方や信念に基づいて主体的に行動できる能力

```
   1         2         3         4         5
```

ストレス耐性　　・時間的，集団的圧力，目標達成の困難さなどに耐え，安定した力を発揮
　　　　　　　　　する

```
   1         2         3         4         5
```

Ⅱ：対人関係能力

リーダーシップ　・個人・組織に対し，達成すべき目標や手段を明示し，課題達成に向けて
　　　　　　　　　影響を与えていく能力

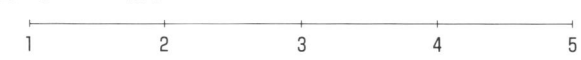

```
   1         2         3         4         5
```

説得力　　　　　・言いたいことを整理し，効果的に理解させ動かす力

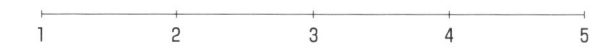

```
   1         2         3         4         5
```

感受性　　　　　・相手や周囲の気持ちや期待を的確に理解し，適切に反応する力，共感性，
　　　　　　　　　自己客観性，カウンセリングマインド

```
   1         2         3         4         5
```

柔軟性　　　　　・状況に応じて，自分の行動を修正し，適応していける力，順応性，適応性

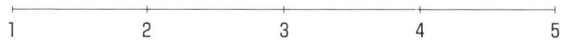

```
   1         2         3         4         5
```

Ⓒ女性と仕事研究所

Ⅲ：意志疎通能力

アサーティブな主張ができる ・相手の立場も考慮に入れながら，自分の考え方を率直に表現する力

かなり低い	低い	どちらともいえない	高い	かなり高い
1	2	3	4	5

文章表現力 ・文章で，自分の考え方や事実・情報を明確・効果的に伝達する力

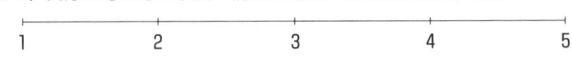

| 1 | 2 | 3 | 4 | 5 |

傾聴力 ・相手の言いたい事を正しく理解し，必要に応じて復唱・要約できる力

| 1 | 2 | 3 | 4 | 5 |

プレゼンテーション力 ・事実を踏まえ，自分の考えや思いをわかりやすく提案し，相手を説得することかできる力

| 1 | 2 | 3 | 4 | 5 |

Ⅳ：問題解決能力

問題分析力 ・現状分析，想定されるリスク分析ができ，行動に移せる力

| 1 | 2 | 3 | 4 | 5 |

創造力 ・ユニークな発想や，新しい解決方法を考え出したり，他人の創造的な考えも柔軟に認め，行動に移せる力，創意工夫，アイデア力

| 1 | 2 | 3 | 4 | 5 |

判断力 ・情報や事実を統合し，合理的・論理的・多面的に物事を捉え，判断し，行動することができる力，最適案の展開

| 1 | 2 | 3 | 4 | 5 |

決断力 ・個人及び組織活動において，適切なタイミングで明快に意思決定し，行動できる能力，決断心，挑戦

| 1 | 2 | 3 | 4 | 5 |

Ⓒ女性と仕事研究所

Ⅴ：業務遂行能力

専門性　　　・業務を効果的に進める専門知識・技術を有し，行動できる力

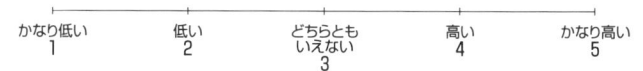

```
かなり低い      低い    どちらとも    高い    かなり高い
   1           2      いえない       4         5
                        3
```

計画・組織力　・目標と優先順位の明確化や時間の有効的活用を行い，高い成果を実現できる力，企画力，段取り，体系化，システム化

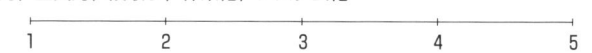

```
   1           2         3         4         5
```

人材活用　　　・仕事を行う際，誰が，いつ，どのように行うのが最適かを考える．適切な職務割当や権限委譲を通して，メンバーを有効に活用できる力，部下育成，権限委譲

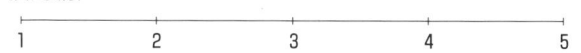

```
   1           2         3         4         5
```

マネジメント　・課題進行に際して，自らのPDCAを適切に回し，また，メンバーの行動が順調に推移しているかを効果的に修正・統制できる力，調整力

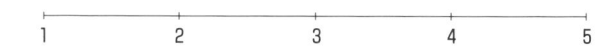

```
   1           2         3         4         5
```

5つの能力ごとの合計得点を，次のレーダーチャートにプロットしてください．

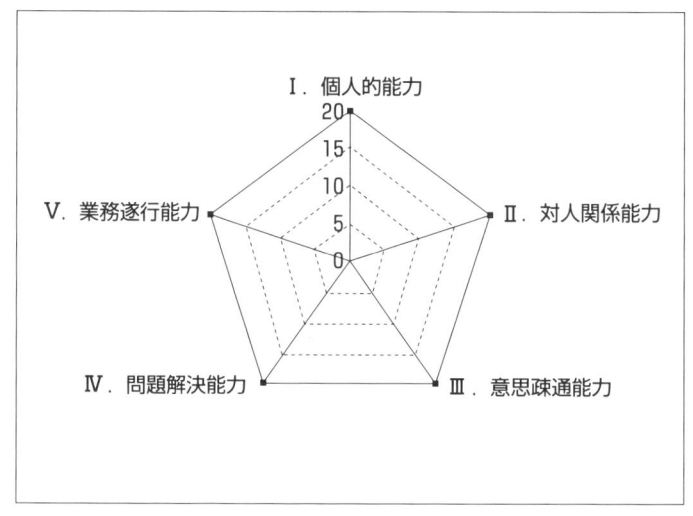

Ⅰ．個人的能力
Ⅱ．対人関係能力
Ⅲ．意思疎通能力
Ⅳ．問題解決能力
Ⅴ．業務遂行能力

Ⓒ女性と仕事研究所

④上司の女性社員スキルチェックシート

できていない：1　あまりできていない：2　ややできている：3
ほぼできている：4　できている：5　として○をつけてください．

		項　目	点　数					合計点
テクニカルスキル	1	パソコン活用力	1	2	3	4	5	
	2	企画プレゼン力	1	2	3	4	5	
	3	財務・経理or英語力	1	2	3	4	5	
ヒューマンスキル	社会性	協　　調　　性	1	2	3	4	5	
		傾　聴　能　力	1	2	3	4	5	
		交　渉　能　力	1	2	3	4	5	
		渉　外　能　力	1	2	3	4	5	
		動　機　づ　け	1	2	3	4	5	／25
	情操性	感　情　抑　止　力	1	2	3	4	5	
		忍　　耐　　力	1	2	3	4	5	
		責　　任　　感	1	2	3	4	5	
		柔　　軟　　性	1	2	3	4	5	／20
コンセプチュアルスキル	創造性	独　　創　　力	1	2	3	4	5	
		発　　想　　力	1	2	3	4	5	
		先　　見　　性	1	2	3	4	5	
		判　　断　　力	1	2	3	4	5	
		企　　画　　力	1	2	3	4	5	
		計　　画　　力	1	2	3	4	5	／30
	分析実行力	経　営　管　理　力	1	2	3	4	5	
		論　理　的　思　考	1	2	3	4	5	
		要　求　分　析　力	1	2	3	4	5	
		課　題　達　成　力	1	2	3	4	5	
		変　化　認　識　力	1	2	3	4	5	
		統　　率　　力	1	2	3	4	5	／30
	情報力	表　　現　　力	1	2	3	4	5	
		説　　得　　力	1	2	3	4	5	
		情報収集・伝達力	1	2	3	4	5	／15

Ⓒ女性と仕事研究所

⑤上司からのはげましのことば

```
          はげましのことば

          さんへ

................................................................

................................................................

................................................................

................................................................

................................................................

................................................................

                              より
```

```
          仕事をするうえで必要な基本的スキル

1  テクニカルスキル
     いわゆる定型業務能力のことをいいます．職務に関する専門知識や語学力，
   事務処理能力など，正確性や迅速性が求められるスキルです．
2  ヒューマンスキル
     いわゆる対人関係能力のことをいいます．接客，営業，リーダーシップ，コ
   ミュニケーション能力など，相手のニーズや状況に応じて対処できることが求
   められるスキルです．
3  コンセプチュアルスキル
     物事を大局的に読みとる能力，「考える力」をいいます．問題解決能力，状
   況判断力，洞察力，戦略立案能力など論理的・体系的に把握できることが求
   められるスキルです．
```

Ⓒ女性と仕事研究所

⑥自分を活かし組織を活かすチェック

以下の項目をチェックしてみよう

1　自分への視点
- □・現状に満足せず，ポジティブシンキングでトライしている
- □・仕事のプロと呼べる領域をつくっている
- □・心身共に健康維持を心がけ，仕事と生活の時間配分を考えて行っている
- □・自分の人生のテーマや人生のアクションプランをつくり，年に一度更新をしている
- □・チームプレーでの自己表現を工夫しグッドコミュニケーションをこころがけている

2　上司への視点
- □・上司の補完をし，いつでも代行できるように能力アップを図っている
- □・仕事の目的や意図を理解し，期待以上の成果を出している
- □・自分の意見を進んで提言し，疑問点をあいまいにせず反論も行っている
- □・報告連絡相談を的確に行っている

3　部下への視点
- □・部下の意見や提言に耳を傾けている
- □・つねに良いところを見いだし，伸ばす努力をしている
- □・仕事の指示は目的，内容，期日，コストなど明確にし仕事を任せている
- □・権限と責任をできるだけ広く持たせ，最終責任をとっている

4　未来への視点
- □・変化を察知し，多面的な視点を持っている
- □・市場や顧客に目を向けマーケティングセンスを磨き，将来に活かしている
- □・幅広い視野で良質の人脈をつくりあげている
- □・さらに高い目標を設定し，目標に向かって継続して行動している

あなたはどの分野にどのくらいチェックがつきましたか？

Ⓒ女性と仕事研究所

第 2 章

● ▶ ● ●

女性のための変革マネージメント

ビジネス環境や組織構造が激変している現在，リーダーのスタイルが従来のままでいいはずはありません．第2章では，新しい創造型ネットワーク社会をつくる女性のリーダー像を提示します．特にわが国の企業に少ない女性の管理職や経営側に立つ役員（取締役）の増加と質的変革を促すための新しいリーダー像です．

　1980年代，アメリカで女性リーダーが大幅に増加したときに普及したフェミニン（女性の）・リーダーシップ概念は，示唆に富むものです．

　フェミニン・リーダーシップは，コミュニケーションなどの人間関係に関する技能に優れており，共感や直感，共有，横並びや納得の合意形成などが，中軸になるものです．80〜90年代のアメリカ企業が成功したという力強い証明がフェミニン・リーダシップです．

　フェミニン・リーダーシップの特徴としては，1）話し合いによる協力関係に基づく経営管理方式，2）チーム型（横並び的）の組織構造，3）高品質の商品・サービスの提供を基本目的とすること，4）本能的ならびに合理的，情緒的要素を含む問題解決方式──などをあげることができます．

第1節 マネージメントの新しい機能

1　企業内の男性中心主義

職場の男女格差

　男女雇用機会均等法制定以前では，経営の世界は全くの男性支配の場で，ほとんどの組織体も同じようなものでした．日本の場合，高度経済成長期には，従来の男性的経営管理方式が極めてうまく機能していました．企業社会は，男は外（仕事），女は内（家庭）という性別役割分業に基づき，男性は終身雇用，女性は退職後パート雇用という組み合わせで経済大国にのし上がったのです．しかし，その後冷戦構造の崩壊をはじめとする経済のグローバル化，情報化な

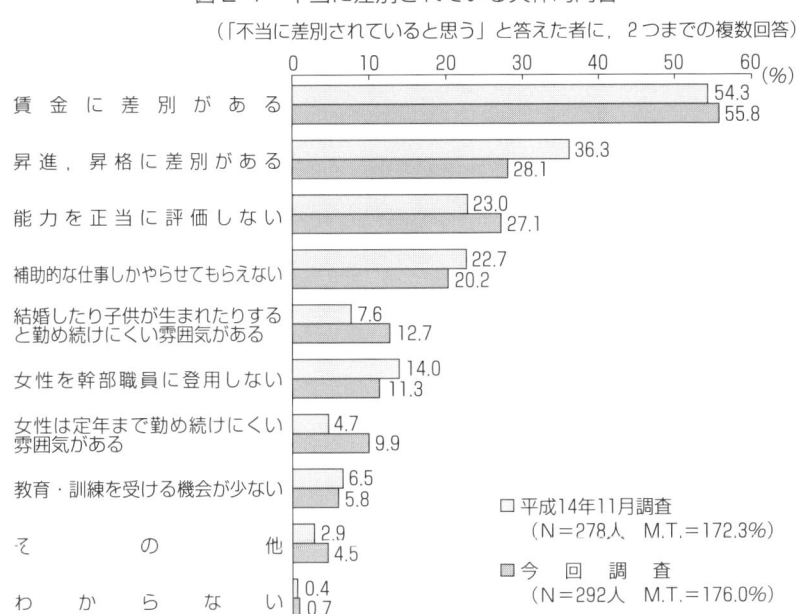

図2-1　不当に差別されている具体的内容

（「不当に差別されていると思う」と答えた者に，2つまでの複数回答）

項目	平成14年11月調査 (%)	今回調査 (%)
賃金に差別がある	54.3	55.8
昇進，昇格に差別がある	36.3	28.1
能力を正当に評価しない	23.0	27.1
補助的な仕事しかやらせてもらえない	22.7	20.2
結婚したり子供が生まれたりすると勤め続けにくい雰囲気がある	7.6	12.7
女性を幹部職員に登用しない	14.0	11.3
女性は定年まで勤め続けにくい雰囲気がある	4.7	9.9
教育・訓練を受ける機会が少ない	6.5	5.8
その他	2.9	4.5
わからない	0.4	0.7

□ 平成14年11月調査（N=278人　M.T.=172.3%）
■ 今回調査（N=292人　M.T.=176.0%）

（出所）内閣府，「男女共同参画社会に関する世論調査」2002年．

どで，すべてが以前のような男性中心主義のままでは運ばなくなりました．

男女雇用機会均等法制定で，会社は性別によるあからさまな差別はできなくなりました．さらに，1999年に改正男女雇用機会均等法が改正され，性差別は禁止されることになりました．しかし，アメリカなどの性差別撤廃のスピードに比べると，非常にゆっくりしたテンポです．

アメリカでは，1960年後半から始まった政府との契約相手に適用される政令で，性別による差別待遇を禁止することになり，賃金の差別待遇やその他の差別は許されなくなりました．性差別の撤廃は，多くの企業にとって経済的使命になったのです．その結果，女性は企業活動の主流になり，女性管理職も増大しました．政府の仕事をしている企業だけでなく，していない会社でも，女性問題を真剣に考え始めたのです．アメリカでは憲法第7編の修正で，1972年までに，従業員が14人を超える企業全て，大きい雇用主にも小さい雇用主にも同じように，アファーマティブ・アクション（積極的平等措置）が適用されるようになりました．

男性中心主義の企業文化とは

企業文化の価値を形づくるのは，それを支配する人で，そうした基本原理は全社員に対して共通の方向感覚を与えます．価値観によって基本的信念のシステムがつくられ，そのシステムが企業活動の方向づけ，目標設定，適切な行動基準を決定します．男性的企業風土の経営組織に，新たに参入する女性に要求されるのは「適応」ということです．女性が管理職という経営陣に加わるのは，異質文化に侵入するということです．この異質の環境の中で成功するためには，その習慣や標準的行動様式を理解した上で，それに従って行動しなくてはならないのです．企業内の文化も社会集団の文化と同じようにつくられて，存続を期待されるので，新しい参入者による変化を拒否するのです．

新しく参入した女性管理職が出会う企業文化は，男性が中心となってつくり上げた文化であり，女性には違和感があります．

企業の光景として，次のようなことがあります．男性は自分の椅子でタバコをふかしています．仕事場中に煙がもうもうと立ちこめます．女性は「いや

だ」ということもできず，ひたすらその煙を吸引してきました．女性社員がタバコを吸うときは，トイレで隠れてふかします．また，真夏のオフィスでずっと留守番をしている女性社員は，制服のスカートの膝を膝掛けで覆って寒くてたまらないのに，営業から帰ってくる男性社員に，ちょうどいい室温が設定されていたりします．毎日何度かのティーサービスの時間帯が決められていて，パソコンのなかった時代の男性社員の机に女性社員がお茶を運ぶ，お茶くみというサービスがありました．そんなことがまかり通ってきたのは，ジェンダーを介した企業文化だったからでした．男性管理職に女性社員がティーサービスをすることを職務内容だといって違和感のない時代があったのです．

　組織によって男性中心主義の表れ方の程度は異なりますが，その根本的な価値観は全て，男性だけが管理職，上層部を独占し作り上げてきた結果生まれたものです．そして，女性の管理職が成功するか否かは，全てこの男性中心の企業文化に「適応」できるかどうかにかかっていたのです．

根底に「軍隊」と「競争」概念

　男性中心主義の根底には競争の概念があります．男性中心主義の世界観では，ビジネスも人生も絶え間なき競争的闘争で，勝者と敗者しかありません．本来の一番重要な目標は，敵に勝つことです．この点に関して企業の男性中心主義は，軍隊の価値，目標，構造と極めて似ているといえます．

　男性中心主義の企業文化には，競争スポーツの精神も流れています．作戦，チーム・プレイヤー，得点などの表現は，ビジネス用語として定着しました．実際，ビジネスをゲームと考えるのは，成功したビジネスマンの間では常識的なことです．

　日本の経営層に好評の『プレジデント』誌の特集では，「リーダーは家康型か秀吉型か」というテーマを何年も繰り返しています．その中心的関心事は「挑戦」，すなわち自分を勝者と証明できる競争活動にあります．卓越した決断力を持ち，個性が強くカリスマ性があり，信奉者を動かし，勝利する立場に立つ，そんな男性をイメージさせます．

　このようなリーダーのイメージが行動の動機になり，自分でリスクを負い，

他の人を自分の思う方向へスピードを速めるように動機づけていくのを好みます．そして仕事と人生に対する態度を重ね合わせ，仕事も人生もゲーム化します．人生を，ゲームに対する態度と同じであると，よくいいます．用心深い人には我慢ができず，攻撃します．

2　男性的企業文化の特徴

競争的闘争

　男性的企業文化の第1の特徴は，「競争的闘争」ということです．男性中心主義の文化ではビジネスを競争的闘争と考えるので，勝利に合致すると考えられる価値と行動を助長し，強化することになります．このような価値の中で最優先するのは，厳しい管理の必要性です．この価値に従って出てくる行動様式は権威主義的経営管理で，軍隊方式に従い，厳格な上下関係を形成していきます．ピラミッド型の会社組織は，大企業の基本構造です．このピラミッドの底には多くの社員，頂点には会社の最高責任者がいます．中間は上にいくにしたがって狭くなりますが，何段階もあり，その他の管理職がいるのです．

　このピラミッドを上手に登っていく，あるいは，少なくともそこにとどまるためには，すぐ上の層にいる人の機嫌取りや絶対服従が必要です．地位は必ずしも才能や専門能力に比例しませんが，地位に対して敬意が表される必要があります．組織の点から考えると，直属上司だけが階層組織への鍵を握っているのです．上司に対して追い越し，追い討ち，無視，挑戦，反抗，批判などをしたら，必ずその罰を受けることになるのです．

攻撃的行動

　男性中心主義の第2の特徴は，「攻撃的行動」です．組織の上に対しては絶対服従が要求され，下には断定的ないしは威圧的行動が要求されます．男性的企業文化組織のリーダーは，自分の下にいる者の行動を指示ならびにコントロールしなくてはなりません．上司として部下に対して何をするかを伝え，部下はその指示どおり行動するのが当然とされています．管理職の同僚関係では

競い合う行動が期待され，強調されます．ビジネスは内外の競争相手との戦いですから，同僚同士はピラミッドの次の層の数少ない椅子を狙って競うことになります．1人が上に昇ると，その陰で同僚が犠牲になるのです．

冷静な分析と戦略能力

　男性的企業組織で重視されている第3の特徴は，冷静に分析し，「戦略」を考えていく能力を重視することです．好まれるのは，新しい考えや技術，新鮮なやり方や近道であり，きびきびしていてダイナミック，時には冗談も入り，一瞬のひらめきのある話し方や考え方です．人生の主たる目的は勝つことであり，大事なのは会社という競技場での自分の戦術や戦略です．男性中心主義の価値体系では，綿密な組織化と計算による管轄は極めて価値があります．戦略立案担当者は，ほとんどの大企業で重要な幹部の地位につきます．わが国の労働組合の幹部は，労組活動で鍛えた管轄能力に，多くのネットワークを持っているということで，これまた重要な地位につきます．

　以上の3つの特徴のほかに，男性的企業文化は，ビジネスに対して客観的，非感情的な態度を保つことを極めて価値があると考えます．組織全体の目的を達成するためには，個人的なことを犠牲にしなくてはならないのであり，子ども等，家族に手がかかるという状態があって人と感情的な関わりを持つのは，非生産的と見なされます．企業は，社員の満足度を経営効果の尺度とせず，数字の上の業績を唯一の基準とすることが多いのです．

　男性的リーダーシップ方式をまとめると，次のようになります．

```
                男性的リーダーシップ

    ●仕事のし方………競争

    ●組織構造…………階層制

    ●根本目的…………勝利

    ●問題解決方法……理性的

    ●主な特徴…………高度な管理　戦略的　非感情的　分析的
```

3　男性的企業のマネージメント

組織を動かしているのは男性

民間企業の部長相当，課長相当職に占める女性の比率は，近年においても数％にすぎず，均等法以前とさしたる増加は見受けられません．

表2-1　管理職女性の比率

(民間企業)	部長相当	課長相当	係長相当
1985年	1.0%	1.6%	3.9%
2001年	1.8%	3.6%	8.3%
2003年	3.1%	4.6%	9.4%

(出所)「賃金構造基本統計調査」．

この現象が民間企業においてだけではないことは，管理的職業（国会議員，国家公務員上級職，自営業主，オーナー社長，民間企業部課長職などを含む）に占める女性の比率が8.9%であることからも明らかです．わが国においては，組織を動かしているのは男性であり，女性は所属してはいても，決して組織を動かしてはいないのです．

日本的雇用慣行と男性中心主義文化

日本的な雇用慣行（終身雇用制，年功序列・年功賃金，企業内教育，企業内労働組合）ができ上がったのは，1930年頃だといわれています．それが完成型になるのが高度経済成長期です．この時期，男女の性別役割分業が明確になります．「男は外で仕事，女は家で家事・育児」という意識が，女性は結婚後専業主婦，男性は同じ企業に働き続けて昇進するというライフスタイルとなって定着し，それが理想的な働き方だとされるようになりました．男性を中心とする現在の管理職像ができ上がったのです．産業革命はすでに明治維新から始まっていましたが，男性を中心とする企業文化が明確に確立するのは，戦後もかなり時間を経た高度経済成長期です．その頃ブルーカラー職（製造業など）以外にホワイトカラー職が生まれ，女性が事務職を，男性は管理的な職務を担うようになります．この男性的企業のマネージメントは，以下のような5つの特徴を持ちます．

1）排他的で同調性を求めるマネージメント

　現管理職は自分たちと類似した人物を次の管理職に選定します．序列の少ない共同体的組織では，信頼関係の相互確認がなされ，異質な人物でも愛すべき存在として寛大に扱われますが，閉ざされた集団の中での管理的業務を実行する場合には，人物の選考基準は外的基準に置かれ，管理者は自分たちと同種類と思える人物のために権力と特権を保証しようとします．同窓などといって学歴にこだわるなどは，その典型的な例です．男性たちは自分と同じイメージの中に自分を再生産しているのです．これをウイバート・ムーア[注1]は「同性愛的な親族的システム」と呼んでいます．

2）評価の曖昧性と拡大する裁量のマネージメント

　経営管理業務に必要とされる能力の評価基準は，あったとしても一般的な表現でしか規定されず，明確な評価基準がないことが少なくありません．企業における報酬の分配の曖昧さを反映しているのが，給与をめぐる，「秘密」です．不明瞭な評価基準や明らかに不公平な収入格差という現実があります．給与の情報は秘密事項で，等級などの範囲はわかるものの，給与体系の全体は誰にもわからないのが実態です．管理職の評価基準はさらに曖昧です．管理職の職務は非規則的であり，自由裁量がきき，仕事と私的行為の区別さえ曖昧な場合があります．そうなると有能な管理者の特性をはかることは困難になります．このように明瞭に客観的な基準がない状態では，組織は規則的なシステムに依存することになります．規則的システムでは，出世・昇格はスケジュールに沿って自動的に進められます．

3）同一性重視で，楽にコミュニケーション

　管理者の仕事は，人との折衝や打ち合わせなど，無数のコミュニケーションの集合だともいえます．管理者は間違いのない情報をもとに，テーマごとのコミュニケーションを迅速に進めねばならないのです．その際には，共通の言語や共通理解を得やすいことが重視され，そのことでコミュニケーションは楽になります．社会的に似た背景を持つ仲間への支配権の委譲や同調性を重視することから，社会的に異種と見なされる人物との関わりから生まれる緊張関係を嫌い，コミュニケーションの楽な方を選ぶことになります．

4）忠誠が優勢するマネージメント

　同調性を求める組織，「部外者」を排除する組織で，内部の信頼関係を証明するのは，組織への忠誠心です．自分のすべてを捧げるという意味では，個人の時間や家族との時間より組織を優先することになります．仕事や上司にすべてを捧げることが要求されるのが管理業務です．接待ゴルフや夜の宴会が交渉の決め手となることが多いのも，そういった背景に原因があります．

　組織内での統率力を委譲するに際しては，管理者たちは，自分たちが信頼でき，納得できる者を管理職に選びます．このようにして同一性の同一種類の管理者を再生産することになっていくのです．

5）女性を排除したマネージメント

　この管理的業務には，女性は排除されてきました．経営支配者（社長）の家族の女性が経営の内部集団に入ることはままありますが，多くの女性は取り残されます．信頼性とはすべてを会社に捧げ，組織に関わるあらゆるものに忠誠心を持つことを意味しますので，女性のみならず，会社に対してそのように一本気な愛着を感じることのできない者は排除されるのです．これは，男性中心組織においては起こるべくして起こることです．集団が閉鎖的になればなるほど，部外者がそこに入り込むのは難しくなります．そして入ろうとして入れない状態は，彼ら（彼女ら）に能力がない証拠ととらえられ，内部にいる者がその集団を閉じておくことは正しいと判断する根拠となります．集団が閉鎖的であればあるほど，その力を多くの人で共有することは困難になります．また，あるグループの人間たちが自分たちと同じ人間を再生産しようとすればするほど，同調性を求める力は他の人たちにとっては拘束的になります．

企業の中の機会と異動の意味

　ヒエラルキー的な大組織では，成功のポイントは「異動」以外の何ものでもありません．やる気を喚起する報奨は，異動です．1つの仕事を長く続けるとか同じ仕事でよい成果を上げ続けるということは，明らかに目立たない位置にいることを意味します．

　長期間にわたって勤めていることも，それが地位や権威の上昇と結びつかね

ばほとんど意味をなしません．退職時に25年間勤続表彰の時計が贈られ，祝いの昼食会が開かれたとしても，それは高い地位に付随する報奨とは比べものになりません．肩書きの変更，つまり昇格は，社内報や内部の会話の中で人の注目を得る重要な出来事です．

　昇進の階段を登ること以外に成功への道が開ける可能性はありません．自律性や独立心，成長やチャレンジ精神，学習の機会などは，序列的な地位を高めることで得られるのです．

4　新しいマネージメントの必要性

新しいマネージメント

　新しいマネージメントが必要だという認識は，ますます増えています．主要企業の多くはこの事実を認識し，問題解決に必要な手段をいくつか取り始めました．もっとも，企業の活性化に多大な寄与ができる，新しいマネージメントも，まだまだ従来の画一的なマネージメントを打ち破るまでには至らず，経営側は従来の同質的やり方を好んで使っています．従来型の経営管理方式は，過去においてはうまく機能したのですが，今日直面している重大問題に関しては責任が果たせなくなってきました．現在の企業危機の解決には，新しい経営能力や必要な技能の多くを新たに見つけることが早道です．企業がしなくてはならないのは，従来の偏見を持たずに，可能性を秘めている人材として深く，広く，女性たちを見つめ，掘り下げて考えてみることです．経営能力をもつ女性の90％以上が充分に活用されないでいる日本の現状では，企業の危機は今後も続きます．企業はこれから出てくる女性リーダーたちを失うわけにはいかないはずです．

マネージメントに柔軟性を

　活性化を取り戻すために必要な新しいマネージメントとは，どんなものなのでしょうか．新しい組織構造には今までよりも柔軟性のあるシステムが必要です．画一的に当てはめるだけの問題解決能力は，今後は通用しません．

新しい経営構造は，日々改良される技術や急速に変化する競争社会に対して，最大限に反応ないし適応するように設計されねばなりません．

　今成功しつつある企業では，「フレキシブル」は1つの大きな戦略となっています．新しく要求されているものと，それを扱うのに必要な能力を，直ちに結集できなくてはならないのです．フレキシブルの例を，以下にあげてみます．

　ある200人程度の規模の製造業（医薬品）に例を引くと，初めての女性係長の誕生をと願っていた矢先，妊娠が判明しました．本人からは退職願が出されましたが，どうしてもこの女性をと思った会社側は，話し合いの末，育児休業後，再度係長試験を受けた結果で昇格を判断することになりました．もちろん彼女は合格，母親を呼び寄せて同居に踏み切り，仕事を続けているそうです．

　また，ある大手の水産加工業の会社では，昇格試験の受験に，上司の推薦を条件にしない枠組みをもうけ，年齢や継続就業年数を問わず受験資格を与えました．さて応募する人があるのだろうかと思っていたところ，推薦受験の枠より多かったということです．それ以降，企業が進めようとしているポジティブ・アクション政策に大きく弾みがついたということでした．

第2節　フェミニン・リーダーシップ

1　新しい型のリーダーシップ

フェミニン・リーダーシップの特徴

　フェミニン・リーダーシップの特徴は，経営管理方式が強制ではなく協力的であり，縦型ではなく横型です．基本目的は勝利（営利獲得）ではなく，高品質の商品やサービスの提供です．また，問題解決方式は，理性的，規則的ではなく，本能的，感覚的，合理的な手法を取ります．

　このリーダーシップに不可欠な要素は，コミュニケーションなどの人間関係に関する技能です．経営方式の変革が迫られる現在，厳しい教訓で管理するのではなく，互いに共有，共感，横並びで，直感的な言語を交換し合えるコミュ

ニケーション能力に裏づけられたリーダーシップが重要なのです.

> **フェミニン・リーダーシップの特徴**
> ●経営管理方式－協力的
> ●組織構造－チーム－横並び的
> ●基本目的－高品質の商品，サービスの提供
> ●問題解決方式－本能的ならびに合理的

ローデンが語るフェミニン・リーダーシップ

マリリン・ローデン著／山崎武也訳『フェミニン・リーダーシップ』(1987年：アメリカのランダム・ハウス社刊行の FEMHNINE LEADERSHIP How to Succeed in Business Without Being One Of the Boys の全訳書）は，現在の日本にとって，最も有効な書籍だと思われるのですが，今のところ再版待ちの状況です．そこで，最も重要と思われるところ，感動した部分を訳者である山崎武也氏の断りを得て，紹介したいと思います．山崎氏は，翻訳にかかろうとした動機を次のように書いています．

> 女性と男性という二種類の人間があり，生物学的な面では，当然のことながらそれぞれの特質は上手に活用されていて，家族という単位でも，男女の違いを生かし，お互いに補いあって成功している例は多い．しかしビジネスの社会ではどうかというと，一方の性，男性だけが幅を利かせ，女性に関しては未開発という以外はないのではないか．人間はコンピュータをつくり，効率のよい便利なビジネス社会をつくるという点ではかなりの才能があるようだが，もっとグローバルな見地からみて，バランスのとれた人間性の豊かなビジネス社会にして，そこで働く人間にとって抵抗がなく居心地のよいものにしていく点については，どうも努力が足りないというか，才能に欠けているのではないか，と考えていた時に，この本が目に入り，おもしろい，と実感した．女性は男性の真似などしないで，女性の特質を生かしてビジネスをすべきで，女性には女性独特のリーダーシップ方式があるという考え方が新鮮だ．(「まえがき」より）

著者のマリリン・ローデンはニューヨークを本拠に活躍しているコンサルタント．直観力や感受性を充分に利用して，研究やインタビュー，直接観察などの結果をまとめており，女性が得意な直観力，感受性，創造性，協調性などの人間的な才能を充分に生かしていくところに，ビジネス社会及び個人の今後の発展があると主張しています．また，従来の男性中心主義の企業社会では，女性や男性に対する固定観念などが大きな弊害となっている点も指摘しています．そして女性の能力を女性本来の姿に従ってフルに生かしていかない場合は，企業も個人も今後の繁栄は期し難い，と言い切っています．

女性は何が得意か，男性は何が得意かを原点に帰って虚心坦懐に考え，フレキシブルな観点から見直していく．その上で女性と男性が互いに補いあい，協力し，ビジネス社会を楽しいものにしていかなくてはならないということです．

マリリン・ローデンの著作の動機は，5つに分けられると思います．

第1にあげられるのは，焦点を女性管理職の弱さにではなく，女性の強さに当てるということです．近年，管理職にある女性について次々と本が出版され，新聞雑誌には数々の記事が書かれ，働く女性のためのセミナーも最近増えてきています．従来のリーダーシップに関する本は，男性のリーダーシップをまねることを主張するのみで，特に男性の強さを見習うことで女性の弱さを克服することを目的としています．しかし，ローデンのこの本は違うのです．これまでに書かれた本や記事はどれも，女性管理職の弱さに焦点を当てるのではなく，本書は女性の強さに焦点を当てています．

第2には，女性の本来持つ能力を認め，それを生かし，組織に役立たせるということです．女性は一般に，従来の経営管理方式に合わせていくにはどうしたらいいかを教えられます．しかし本書は女性に，どのようにして女性本来の能力を生かし，自分の能力を組織に役立たせるようにするかを教えます．従来書かれたものはどれも今までの男性的リーダーシップを模範としてあげていますが，この本はそれとは異なり，男性的方式と対峙するものではなく，補完しあうもので，男性的方式よりももっと効果的な「フェミニン・リーダーシップ」のスタイルがあることを宣言しています．

多くの男性にとって，「女性的」と「リーダーシップ」という2つの言葉は

矛盾するものであり，相容れないものですらあります．リーダーは攻撃的で感情に動かされず，物事にとらわれないものでなくてはならないと考えているからです．また別の観点からは，一部の女性には，「フェミニン・リーダーシップ」という言葉は不快感を与えます．男女間には違いはなく，経営管理方式からすると男性と女性は完全に交代できるという「男女平等」を説いている真っ最中に，男女の違いを指摘することになるからです．

　第3に，あえて女性にも男性にも不快感を与えるかもしれない「フェミニン」という言葉で，男女の違いを正当化することになる危険性も伴いながらも，女性の本来持つ能力を再評価したいということです．それも，従来男性向きとされてきた経営管理の分野においてです．さまざまな反応があるのは承知で，多くの女性管理職の独自性と特徴を明確にし，本当の意味で，女性も男性の場合と同じように，生まれながらにしてリーダーだと明言したいからです．多くの女性管理職のやり方と，その組織に対する積極的な影響を明確に定義し，成功するために男性の真似をする必要がないことを，より多くの女性が認識しなくてはならないからなのです．女性がビジネスに持ち込む女性独特の技術や考え方は，経営管理に対する今までの男性的な方式に取って代わるものではなく，それを補い修正するものです．

　第4は，今日の日本企業の中で一番確かな現実は「変化」です．変化に対応できる経営管理方式（マネージメントやリーダーシップ）が求められるということが動機になっています．さまざまな変化が生じている現在，変化に対応できるよう今までのリーダーシップの考え方も変える必要があります．よりよいものへ向かっての変化で，より生産性が高く，もっと活気があり，さらに人間的な職場を生み出すためのものです．この変化を実現する時に中心的な役割を果たすのは，フェミニン・リーダーシップなのです．女性の直観力，感受性，創造性，協調性などの人間的な才能を充分に生かしていくところに，ビジネス社会及び個人の今後の発展があるのです．従来の男性中心主義の企業社会，女性や男性に対する固定観念などが今，大きな弊害となっているのです．

　第5は，女性がリーダーとして活躍するのが困難な背景を取り除くということです．女性が経営管理に参入しようとする時に起こる激しい欲求不満を取り

除くことなのです．

　女性管理職は男性ばかりの組織の中で自分の道を見つけようと努力する時，激しい欲求不満に陥ってしまいます．女性に対して，「男性をまねろ」という助言は，女性が実際に直面している問題との間に，大きな食い違いを生むのです．この「まねろ」という解決方法は女性の直面する問題の複雑性を軽く見ていて，女性が経営機能にもたらした付加価値を全く無視していると思われます．激しい欲求不満を抱えた女性は，まねるための「適応の3段階」（後述）の過程を踏むのですが，そのような苦難の適応は，かえって有害です．女性は男性をまねなくても，そのままで，リーダーたり得るという応援メッセージを「フェミニン・リーダーシップ」として提供します．

2 過渡期にあるリーダーシップ

もう1つの経営管理方式

　女性管理職がビジネスの成功と成長のためにどんな貢献をするかについては，従来の男性中心のリーダーシップでは見えてきません．男女双方に対応できる「フェミニン・リーダーシップ」型を運用することによって，可能になります．「フェミニン・リーダーシップ」が，今までの経営管理方式と異なっている最も重要な点は，生産性の向上に関する問題点を，従来の解決法とは違った個人や生活に視点を当てた解決策で，実現していくところにあります．それは従業員モラルの向上や停滞している組織の活性化につながります．

　フェミニン・リーダーシップを今までの経営管理方式を補い修正するものとすれば，女性的な方式や考え方の導入によってどのように経営効率が上がり，企業の成長繁栄が助長されていくかが見えてきます．女性管理職が男性管理職と全く同じように行動するというのでは，決して企業にも補いや修正にならないし，女性にとっても能力発揮にならないのです．

　フェミニン・リーダーシップの内容は女性だけに限られた性質のものではありません．男性にもある特性です．全く男性的なリーダーシップ型の方が抵抗を感じない女性もいれば，女性方式が自然だと思う男性もいることは確かです．

しかし大きな違いは，女性は男性と比べて，フェミニン・リーダーシップの特徴を発揮する程度がずっと強いということです．フェミニン・リーダーシップは普遍的概念ですが，女性であっても個人としては当てはまらない場合もあります．

女性は管理職になりたがらないか

　女性管理職は1986年制定の男女雇用機会均等法（以下均等法）以前にもいましたが，組織の機能に対する影響力はさほど大きいものではありませんでした．管理職で成功した女性の多くは，自分の子どもの話などの人間味を職場に持ち込むことは一切せず，従来の男性管理職のコピーでした．ピンクのスーツにハイヒールという女性的な服装であったとしても，実のところこれらの女性は男性と競争し，男性をたたきのめして，男性より男性的手法で成功した人ともいえるのです．しかし，このやり方は企業で大いに成功したほんの一部の女性に人気があったものの，多くの成功しなかった女性，はじめからあきらめてしまっている女性にとっては，「そんなにしなくては管理職にはなれないの？」と心痛むことです．女性は管理職になりたがらない，その自覚のなさが問題である，とよくいわれてきました．しかし女性たちは，今の男性管理職たちに魅力も感じないし，そこまで家庭を顧みないで企業に尽くし，忠誠心を持つことが，自分の人生目標と重ならないと思っているのです．それはある意味では自然なことであり，そんな自然体の女性たちにとって，フェミニン・リーダーシップ方式は極めて有効だと思われます．

　先日セミナーの休憩時間に，男性管理職（製造業人事担当）が嘆いていました．「やっと初めて，将来の係長候補として総合職に抜擢した女性が，一般職と同じ制服をそのまま着させてほしいというのです．みんなと違う服装になると浮いてしまうから，と．会社としては，際立たせて，一般職の女性たちのモデルになってもらおうと考えているのですが．もっとも，経費削減で制服はやめる方向になりそうですが……．」

　概ね，一般職女性には同じ制服，男性と総合職には制服なし，というマネージメントがなされています．制服の持つ意味をマネージメントから考えてみる

と，管理職の階段を上がる女性の側に，とまどいと不安があります．それは，自分だけが制服を脱ぎ，服装の自由な管理職にしてもらうことへのとまどいと，一般職女性たちの仲間意識を裏切ることになるのではないかという不安です．企業における一般事務職の女性の制服が，一人勝手な振舞をしないように拘束することと，みんなが同じ行動をすることへの平穏感のために役割を果たしてきたのは事実です．この事例は，次項の女性が管理職になるために経験する「適応への3段階」の初歩で経験するものです．

3　適応への3段階

管理職への道

　女性が企業の中で管理職の階段を上がりながら自分の主体性・自発性を覆い隠し続けるときに取り組まなくてはならないのは，「適応への3段階」です．
　第1段階は「仲間になる誓い」，第2段階は「正選手になる」，第3段階は「すばらしき孤立主義」．これはマリリン・ローデンの命名です．

仲間になる誓い

　第1の段階「仲間になる誓い」とは，女性が管理職（リーダー）になろうと誓いを立てることです．日本の多くの企業の場合のように，同期入社，同じ職種で同じ制服で何年も一緒に過ごしていると，突然管理職希望の誓いを立てるというのは非常に難しくなり，前述の例のように，今までと同じ制服を着たいというようなことが起こりますが，諸外国のように中途採用，職種別採用，制服なしといった職場環境では，日本ほど困難なことではありません．例えば転職する時にMBA（経営学修士号）を取得し，管理職風の服装や物腰を身につけて颯爽と乗り込むことが可能になります．そして，第2段階（正選手になる）に進むまで，じっくり準備します．ただ，その間にフェミニン・リーダーシップのいいところ，人の話をきちんと聴ける（傾聴能力）とか，共感する能力とか，諍いを鎮める能力などを全部捨ててしまい，代わりに模範だと示された男性的リーダーシップを取り込む訓練をします．その上，自分でかなりの金額を

払ってコミュニケーション，プレゼンテーションなど話し方を学び，スキルも磨きます．日常会話でも決して男性の機嫌を損ねないように，男性の感じていること，考えていることに話を合わせ，自分が感じていることが話の中心にならないように最大の神経を使います．男性の同僚たちと一緒に会議に出て1人除け者にされたように感じることがあると，それは自分に非があるのだと思ってしまい，男性は優れたやり方で楽々とやっているように見ます．自分がうまくできないのに年下の男性でもうまくやれるのは，やはり女性がビジネスに向いていないのだと不安になりつつ，「しかし私は決意したのだから，他の女性はともかく，私だけは成功しなければ」と再度誓いを固めます．

女性本来の性質や才能を無視

　適応途上の女性は，自分のやり方はまだ，「プロ」とはいえないと思っています．部下の扱いについては，言い分をよく聞く人のいい上司であってはならないし，感情を表に出してもいけないと思っています．また大事な問題に対する動機づけや感情については露骨にならないようにします．そのやり方を知るために経営戦略に関する書物を読み，成功した管理職に関する書物は必ず手に入れます．成功に対する助言を熱心に取り入れ，服装，関心事，行動様式などを進んで変え，管理職の型にはまるように努力しています．こうした適応によって誓いを固めた女性管理職は，男性中心の未知の環境で，男性の同僚に対して与えるかもしれない影響はどんどん少なくなっていきます．しかし同時に，リーダーとしての女性本来の本能を開発する能力も制限を受け，どんどん減少していきます．「適応」の誓いを立てたために，自分の感情を信頼し，自分の感覚を重視して効果的に管理をすることができなくなり，本当に考えたり感じることを，否定するようになります．この初期段階の誓いの教訓を身につけた者は，多くの男性的特徴をその管理方式に持ち込み，女性リーダーにとっては役立ったはずの女性本来の性質や才能を無視し，捨てていきます．この変身が終わったことが自他ともに認められると，適応サイクルの次の段階にいつでも進める状態になっています．

正選手になる

　最初の変身に成功すると,「仲間になる誓い」をしたばかりの頃とは異なり,今度は正選手の地位を狙う立場になります. 正選手にとっては勝つことが全てです. 彼女は初めは女性の同僚ともつき合っていましたが, 今はもう女性の同僚の支持はいらなくなりました. 女性たちの中から出た正選手候補ですが, 今や大きく立場が違うと感じるので, 他の女性とつき合うと, むしろ自分のイメージに傷がつくとさえ思っています. この時点で関心があるのは, 競争相手になる可能性のある少数の女性だけ. 女性のネットワークは, 自分が鍛錬し, 蓄積してきたことを簡単に盗もうとしているのではないかと疑い, 嫌います. フェミニズムも, 男性が嫌うからなおのこと嫌いであり, そのことを男性にわかるような形で表明しておこうと努力します.

　この戦略は, 機会均等を口先だけでいっている企業で一番支持されています. 最初の女性は男性と同じようになろうとし, また男性に好かれようとして働きます. 他の女性は競争相手としか見えず, 男性的リーダーシップ方式を信奉しているために, 多くの女性に本来の管理職に必要な才能が存在することを見逃します. その上, 男性中心主義の価値観に対する忠誠心を示すため, 適応しようとしないでフェミニン・リーダーシップを開発しようとしている女性に出会うと, 真っ先に非難しなくてはいけないと思うのです. そして, 適応への段階は第3レベルの「すばらしき孤立主義者」に移行します. 陽の当たる地位を確保するため, 男性中心主義のマイナスの問題を無視し, 女性的リーダーシップのすばらしさを手放す結果になってしまうのです.

すばらしき孤立主義

　適応の第2段階で他の女性とのつき合いがなくなってしまうため, 支援と助言は今や, 周囲にいる男性が頼りです. しかしその男性たちは, 女性の実力を本当に認めているというより, 彼女が「幸運」だったからだと思っているので, 本当に打ち解けるとか応援するという場面には至りません.

　女性管理職の増加についての講演を依頼されれば, 話すのは,「女性は甘えている. 男性の努力に比べて, まだまだ足りない. 私は甘えを努力で克服した.

だからあなたも可能性があるにはあるのです」といった内容です．自分としては管理職に向かおうとする女性の模範になると考えていても，このような話では，続こうとする女性の勇気を砕くことになります．支援のつもりの発言も自分の思い通りの評価にはならず，時には，全く害のない意見についても批判的な評価を受けることもあります．そして，孤独感を感じることが多くなり，非公式なインタビューは受けなくなり，講演も受けなくなります．

会社では本当の支持は得られないのがわかっているので，自分１人でものごとを処理するようになります．公式の場では，上級管理職にある孤独な女性として，過不足なく過ごしていきます．

自分に対する他の女性の要求や依頼を時々重荷に思います．職場の試練と挑戦に１人で耐えてこなくてはならなかったので，他の女性が社内でぶつかる問題に対しては，非同情的です．自分は女性の役割モデルもなく昇進してきたので，他の女性にも必要ないと考え，役割モデルやネットワークの必要性について皆が必要だと騒ぎたてているのも馬鹿らしいと思っています．

ここに「すばらしき孤立主義」ができあがってきます．職場ではなく家族との関わりということでは，男性の場合には，仕事における出世と満足な家庭生活を簡単に両立させ，互いに強い絆を結ぶことができます．女性の場合は，特別な手助けも受けずに出世したことを誇りに思い，強い絆ではなく，自分の孤独な努力のたまものであり，他の女性も自分と同じようにしなくてはならないと信じています．

上級管理職としての女性が現在の地位を築いたのは，男性的経営管理方式に適応していったからに間違いありません．また，この女性たちが自分の適応の過程は正しかったと見ている点も確かです．

今までは，経営陣に出世しようと思えば，フェミニン・リーダーシップ方式を捨てて，男性的行動規範に適応していかなくてはならず，これができた女性は，すばらしき孤立主義者として成功する可能性が大でした．その出世の過程において，この３つの段階のそれぞれを実際経過していく者もあれば，そうでない者もあります．多くは，適応の初期段階の１つでひっかかります．そしてどんどんふるいにかけられ，数は絞られていきます．適応サイクルと企業社会

の両方を捨てることを選ぶ女性もいます．今までのところ，大企業にいるほんの一握りの女性だけ，適応という形をとらずに，フェミニン・リーダーシップ方式を展開して成功した例があります．

均等法施行後20年近くが経過した今，適応という行動によってビジネス社会の女性が得たものは何でしょうか．表面上の統計ではこの20年間，部長が1.2％，課長が2.6％という低レベルがずっと継続しています．アメリカでの女性管理職比率は，1970年の18.5％から1980年には30.5％を占めるまでになり，現在では，男性と女性の管理職比率はほぼ同率になりました．特に，健康管理，ジャーナリズム，公共機関などで急成長しました．1980年代以降は，民間のビジネス部門こそ管理職比率が重要だと力を入れています．あらゆる分野で，女性管理職は多数派になりつつあるという状態にまでなりました．

わが国の，現在の女性管理職比率はまだ1970年代のアメリカよりも低いのです．ただし，アメリカにおいても，この数値は白人の女性に関する数値で，民族的なマイノリティやカラードの女性の問題が解決に向かって進んでいるかというと，難しいことの多いのが実態です．現在のアメリカでは，役員クラスの女性の比率が問題にされています．

4　人間中心的な能力の必要性

従来の管理方式への女性の抵抗

男性管理職は大多数が，効果的リーダーシップは男の場合も女の場合も同じであり，軍隊的管理と競争的行動の型に基づいたリーダーシップと全く同じ路線で女性管理職もやっていくことができる，ないしは，そうやっていくべきだと考えてきました．ほとんどの企業も同様でした．

多くの女性管理職もまた，この考え方に賛成していました．自分たちに男性と同じ能力があることを証明するためには，今までの路線に従ってやっていかなくてはならないと思っていたのです．ところが，10年間も管理階層のはしごを登ってきた女性に起こることは，多くの女性にとって今までの経営スタイルが効果的ではないように思われることです．成功した女性の中には，男性と同

じように効率よく働いた人や，同僚男性のほとんどを凌駕した者も何人かはいましたが，女性管理職の大多数は，ほとんどの企業で行われている今までのリーダーシップ方式には抵抗があるのです．

　自分のビジネスにおける道を切り開き，自分自身の管理方式を編み出そうと努力すると，成功するためには従わなくてはならないとされている従来の管理方式に抵抗があると自覚するようになったのです．彼女たちは「自分のアイデンティティがなくなる」とか，「能力が落ちる」「男のコピーになる」などと不満を持つようになります．

　従来の方式は女性の生まれつきの才能を高めることもなければ，その生来の女性的技能や直観力を最大限に利用することもないままでした．それどころか，多くの女性が不自然な働き方をするようにしてしまい，管理職としても効果的に動けないようになってしまったのです．

2つのリーダーシップ

　女性のための従来の管理職教育は，女性の管理職の弱さを指摘し，それを強さに変えることに焦点に当てていました．女性本来の経営管理方式ではだめなのであり，そのスタイルを，従来の男性中心のやり方にどのくらい変えられるのか，どこをどう変えればいいのかを指南するものでした．実際どれもが，男性的リーダーシップを模範としてあげています．

　私は，女性が男性のリーダーシップをまねて変更するのではなく，本来，女性も男性と同じように，生まれながらにリーダーなのであり，女性がそのまま

**従来の男性的リーダーシップと
フェミニン・リーダーシップの比較項目**

- ●力の使用
- ●職場内関係の管理
- ●問題解決
- ●摩擦の管理
- ●従業員の動機づけ
- ●目標設定
- ●意思決定

で管理職をやることこそが望まれているということを主張します．女性管理職独特のやり方と，その組織に対する積極的な影響を明確に定義し，女性が男性化することがリーダーになるということではないということです．

　しかしこの問題は，微妙なニュアンスの違いを含んでいます．男女共同参画社会の実現が叫ばれている折，「男らしさや女らしさを否定して中性化することが男女平等だとはき違えている」という声に迎合しているのではないかということですが，決してそうではありません．

　2つの型を一緒にすると，実によく機能します．「相補う」＝「バランスがとれる」＝「変わり行くビジネスの要求によりよく適応できる」ということです．修正が可能になります．両方の型を奨励する企業は強くなります．しかし組織はまだ経営管理に対する女性方式を認め，進めようとするところまでは行っていないのが現実です．

　女性本来のリーダーシップの才能を生かせないのは，女性管理職個人にとってもその企業にとっても不幸なことです．今までのやり方では何の得もないのに，企業はなぜ変えることができなかったのでしょうか．また変えようとしなかったのでしょうか．その原因は単なる男女差別主義だったのか，それとも他にもっと複雑な要素が働いていたのかもしれません．

男性的偏見

　現在，変革を求められている企業社会では，従来の男性的リーダーシップ方式では適応できない何万人もの女性のリーダーが，充分には活用されていないということがあります．この女性たちの，経営及びリーダーシップの発揮に対する生来の能力，企業効率をよくする潜在的な力は極めて大きいものです．しかしこの可能性を引き出すには，まず企業内でフェミニン・リーダーシップを妨げ押さえつけている力が何であるかを知ることが必要です．

　女性が企業に大量に流れ込んだのに，企業の文化や運営方式に与えた影響がほとんどなかったのは，今でもほとんどの会社にしみついている男性的偏見に関係があると思います．この偏見は個人を超え，企業文化の形成に影響を及ぼします．女性が有能な管理職になれない組織は時代遅れの形骸なのですが，

違いを強調すると結果的には敵対関係が生じると考える人が多くいます．しかし，フェミニン・リーダーシップ方式が企業内で認められ，成長と活力に貢献できるようになるためには，男女のリーダーシップの違いをはっきりと認識する以外に方法はないと思われます．管理職が意識的に努力してその利点の認識を高め，この新しい補完的な経営管理方式が企業に与える積極的な効果が見えるようにしなければならないのです．

第3節 エンパワメントとリーダーシップ

1 エンパワメントと自己肯定感

国連の定義

　1995年の北京会議では，政府間会議に先行して「女性NGOフォーラム'95」が開催されました．そのオープニング・スピーカーは，約6年間の幽閉から解放されたノーベル平和賞受賞者，アウン・サン・スーチー（AUNG SAN SUU KYI）のビデオ・メッセージから始まりました．彼女は再度の幽閉で活動ができず，「そのときは幽閉を解かれたが，NGO大会には参加できないので」と前置きをして，平和，安全，人権そして民主主義，特に女性の政治と統治への参加について，次のような感動的なメッセージを伝えました．

　　女性が始めた戦争などあったでしょうか．それなのに女性は，戦争で最も苦しめられてきました．今こそ，世界中の女性が教育を得，『力』をつけるなら，人類にとって，もっと愛情深く，寛大で平和な暮らしが実現します．今年は国際寛容年ですが，真に寛容であるためには，他の人々の見方，考え方を理解しようとする積極的努力がなければなりません．『寛容』というコインの裏側には，人々の安全を脅かす『暴力』がないという状態が確保されなければなりません．不寛容は，安全でない状態で起こり，安全でないという状態は『暴力』を誘発することになるのです．参加している人にとっても参加できない人にとっても，このフォーラムが，寛容で，暴力が排除され，交流と会話を通して地球上の対決をなくしていける場であると確信し

ています.

　NGOの目標は,独自の多様な活動を展開することと,政府会議に影響を与えることにあります.世界会議の成功は,先行するNGOの会議の成功にかかるとされるほど,NGOの果たす役割は大きいのです.

　それまでの会議では,「国連女性の10年——平等,発展,平和の宣言」や「女性差別撤廃条約」の署名,女性の地位向上のための将来戦略を採択するなど女性に対する障壁を取り除くための動きを展開してきました.北京での世界会議では,女性の地位向上について,ナイロビ会議（1985年）で採択された「西暦2000年に向けての女性の地位向上のためのナイロビ将来戦略」の実施に関する評価と再検討が行われるとともに,2000年に向けて国連や国際社会がとるべき行動の優先順位,そのための12項目の「行動綱領」が採択されました.アクションをどう起こすかというのは,「エンパワメント」という言葉に象徴されるように,変革に向かって女性たちが自ら持てる力を存分に発揮することにかかっています.国連女性開発基金代表ノイリーン・ヘイザー氏は,女性のエンパワメントを次のように定義しています.

女性のエンパワメントの4つの段階

1. 自分自身の価値を認める意識
2. 選択を決める権利
3. 家庭の内外での自分自身の生活をコントロールする力
4. 社会変革の方向に影響を与え,国内・国際的に公正な社会経済秩序を創造する能力

肯定する心

　1995年の北京会議以降,日本では急に「エンパワメント」という言葉が聞かれるようになりました.「女性たちがさまざまな分野で積極的に力をつけていくこと」と解釈されています.女性は力が不足しているので,自立のために,または管理職を目指すためには,もっと頑張って力をつけるべきだということです.本当に女性には本来的に力がないのでしょうか[注2].

アメリカではすでに1970年代に，性暴力への介入や治療の分野で，理念としてではなく日常的な人間関係の実践的な方法として「Em-Powerment」という言葉が使われていました．Em は「内」という意味を持つ接頭語，Power は「力」，ment は Empwer という動詞を名詞にする接尾語です．したがってこのエンパワメントという単語の中では「内」と「力」がキーワードということになります．英和辞典には，①権限を与える，②人に～をできるようにする，と書かれていますが，①は職務権限の問題，②は内在的に持っている力に働きかけて能力を発揮するという意味に置き換えられます．本書で課題にしようとしているのは，②の問題です．エンパワメントを「女性たちが力をつけること」と解釈してしまうと，力をつけていない女性に対して，「私は自立した．管理職になった．あなたも頑張って」ということになってしまいます．頑張れ！もっと力をつけろ！というのは女性同士に競争意識をあおり，ある者には優越感をもたらすかもしれませんが，大多数には挫折感と劣等感をもたらすだけで，意識変革などにはつながりません．頑張って外からの力をつけなくても，力はすでに内にあるのですから，自分の中にある内なる力を信じられること，自分を肯定することからエンパワメントが始まるのです．

女性の人権概念の確立

1985年のナイロビ会議を前に，わが国でも「女性差別撤廃条約」（女子に対する形態の差別の撤廃に関する条約）が批准され，男女雇用機会均等法・育児休業法（1992年）・介護休業法（1995年）の施行を見ました．さらに近年幾度なく，夫婦別姓を盛り込む民法改正要綱試案が出されましたが，まだ改正には至っていません．また女性の運動が地球環境の問題や社会開発，人口問題と関わっていることは明らかであり，1985年以降では1992年リオデジャネイロ国連環境開発会議，1993年ウィーン世界人権会議，1994年カイロ国際人口開発会議，1995年コペンハーゲン社会開発サミットというように，さまざまな運動と連携，拡充していきました．中でも1993年のウィーン会議では，女性への暴力撤廃がとりあげられ，世界人権会議の宣言・行動計画に「女性の人権」が初めて明記されました．この中で，武力紛争下の女性の人権侵害があげられ，「殺人，組織

的強姦，性的奴隷制など，すべての人権侵害は実効ある対応を必要とする」と記述されました．この「すべて」には，日本の政府ははじめ，「現在の」という文言を要求していたのですが，「過去の」慰安婦問題に触れさせまいとする態度を非難され，「すべての」に修正決定したといういきさつがあります．こうして1993年6月のウィーン人権宣言で，特に女性への暴力撤廃が各国政府に求められました．

女性への暴力撤廃宣言

ウィーン人権宣言を受けて，国連総会は1993年の年末，「女性への暴力撤廃宣言」を採択しました．この宣言は6条からなり，女性への暴力を，家庭内，社会，国家の3種類に分類し，それぞれの暴力の予防，加害者の処罰，被害者の救済を国家に義務づけています．家庭内暴力は夫の暴力，女児への性的虐待，夫婦間レイプ，持参金殺人，性器切除などで，社会での暴力は強姦，セクシュアル・ハラスメント，女性の人身売買，強制売春などです．国家が犯す（あるいは黙認する）暴力とは，紛争下での性暴力や戦争犯罪などをいい，これに過去の慰安婦問題も含まれます．「慰安婦」に関しては，このたびの行動綱領で「武力またはその他の紛争の女性への暴力行為，特に性的奴隷制について徹底調査し，すべての女性への戦争犯罪責任者を訴追し，被害女性に完全な補償をすべきである」と記されました．「人権宣言」の歴史をフランス革命後だとしても，「人権」概念に「男性」のみでなく「女性」が明記されるには，200年以上の時間が必要だったということになります．

2 権力の行使とリーダーシップ

企業における2種類の力

力（Power）には，外からの力（否定的力）と内なる力（肯定的力）の2種類があります．外からの力の例をあげると暴力，抑圧，権力，支配，戦争，いじめ，虐待などがあります．内なる力というのは，例えば知識，経験，技術，自己決定，選択の自由，支援，共感，信頼，愛などです．否定的な力を受け続け

ていると，力を受ける側に自己尊重が消え，自己評価を低めていくことになります．

企業の中で，女性社員が否定的な力を受け続けると，「女性では管理職への昇格など無理だ」，「結婚している私にできるわけがない」，「どうせ女はだめなんだ」などとあきらめてしまうようになります．外的力のうそを自らに受け入れて信じてしまうようになり，「やっぱり私は女だから何をやっても男性にはかないっこない」「この年では誰にも相手にしてもらえないのだ」と自ずと自分の値打ちを下げていくのです．

2つの力には大きな関わりがあり，否定的力が大きいほど，肯定的「内的」力は小さくなってしまいます．2つの力を調整するためには，強いエネルギーで，自信を持って，安心して，自由に，自らが「内的力，肯定的力」を拡大していくことです．

否定的な力としての権力

リーダーシップを議論する場合，権力の問題ほど重要なテーマはありません．多くの企業では，社員の有能か無能かの評価は，どのくらいの力があるかに基づいてなされます．権力を掌握することは，昇進のはしごを登り始めたばかりの管理職だけでなく，トップに迫っている者さえもがよく口にする目標です．

女性管理職は，権力の行使が不得意だと常に見なされてきました．「彼女はもう少し部下に厳しくしなくてはいけない」とか「命令の出し方を知らないから統括できない」というのが，女性管理職に対してよくいわれる苦情です．このような欠点を克服するために，あるいはもっと攻撃的になるにはどうしたらよいかについて書かれた本を何冊も読んだり，攻撃的主張をうまくするためのセミナー・訓練を受けに行く女性は少なくありません．

組織の外的力としての権力

権力は，外的資源と個人的資質を利用して手に入るものであり，目的追求や個人的欲望を満たすために行使されます．力の源泉は，地位の力と個人の力という2つのカテゴリーに分けられます．

地位からくる力には，個人の外側にいろいろな手段があります．典型的なものは，組織の中で個人に与えられる権威的な役割や責任で，以下の3つです．

組織の権限・権威

1. 財的，人的，技術的資源の配分ができる立場
2. 資源の管理をする立場
3. 階層上の地位（会社における肩書き，順位，コネ，身分）から発生する

立場，地位からくるのが権力という外側の力です．組織の中では，製造業などの主任的な立場であろうと，大企業の社長の地位であろうと，どんな職階にも程度の違いこそあれ，地位に伴う権力が備わっています．この権力の人に伴う移転はできません．例えば責任者がその仕事から離れると，その仕事に関連した地位の力は，次にその仕事をする責任者のものとなります．つまり，その権力は一時的なもので，いつまで続くものか予測不可能であり，個人の力の及ばない事柄によって左右されます．

しかし，終身雇用制度の企業内では能力的な審査を受けるわけではないので，職務上の権限が下位から上位まで一度も落ちることなく上向きに続き，課長が係長に降格するということはほとんどありません．いわば外側の権力は少しずつ上乗せされて，さらに強固にふくらんで続いていくわけです．地位がなくなれば権力もなくなり，次にその職階にきた責任者のものとなるのです．

男性のリーダーシップと権力

従来の男性リーダーの場合，一番よく使われる手段は地位による権力です．今までの経営管理の図式は，形や内容の多くを軍隊にならっていたので，その権力が今日の企業内の力の主な源泉になっていると考えられます．男性の企業文化では厳しい管理に重点が置かれているため，地位による権力は管理職に対して人気があります．

男性中心主義の企業文化と組織の擬似軍隊構造によって，地位の力の価値と有用性が強化されてきました．

3 個人の力とフェミニン・リーダーシップ

個人に属する3つの力

意思決定の権威や階層的地位からも権力が生じますが,個人にかなり大きな影響力があります.個人的な力は技能,才能,性格など,生まれつきの資質を活用して生じる影響力であり,維持,改善,強化されしやすいのです.

個人的な力には,次の3つの構成要素があげられます.

個人の力の構成要素

1. 仕事をする能力(どんな状況にも対応できる技能,知識,関連経験,学歴,経験など)
2. 人間関係に対する能力(受容性,傾聴能力,感受性,説得力など)
3. 人間的魅力(熱意,ユーモア,活気,積極性,存在感など)

個人的な力,内的な力は,地位の力や外的な力ほどには表にはっきり出ず.短期的な状態で見れば無視することもできます.しかしその影響力が長期間持続・蓄積されると,効果はずっと大きくなり,社員の志気とモラルに大きく影響を及ぼすようになります.

個人の力の影響と効果

仕事をする能力,対人関係の能力,人間的魅力が基礎になり,個人的な力となります.それぞれ独特で重要な役割を果たしますが,3つの力には,どんな仕事の場にも持っていける資質であり技能であるという共通点があります.

仕事をする能力が,事を運び意思決定をする場合,どの程度の影響力があるかを知るには,一定の分野で高度の専門知識を持っている人を思い浮かべてみるといいでしょう.企業戦略の立案では,技術的な専門知識がものをいいます.専門知識のある者は,実際に仕事と関連した経験や特定のデータに基づいた事実を示し,他の人を説得して支持を得ることができます.

1対1の関係や意思決定グループ内では,直観や感性も有効な経営ツールと

なります．自分の考えや行動が他の人に与える感情的な影響を理解できれば，明らかに有利です．同僚や部下の，言葉では表現されない反応を感知評価して，すぐフィードバックを得ることができるからです．絶えずフィードバックが得られれば，中途での変更やパワーアップも可能となり，同時に，他の人に疎外感や威圧感，抑圧感を抱かせないようにできます．例えばミーティングの席でも，新しい，または問題のある提案のタイミングを図ろうとする時に，グループ内の大方のムードや感情のニュアンスを感じ取る能力は，有力なリーダーの手腕になります．抵抗を抑え，議論と意思決定に対してより積極的な雰囲気がつくれれば，よい結果に導かれます．

影響力を左右する人間的な魅力は，先天的であると同時に後天的でもあります．容貌や存在感など，生まれつきの資質を変えるのは容易なことではありませんが，それを利用して説得する方法を知れば，他の要素にプラスとなり，個人的な力が増大する可能性は大きくなります．

また，組織階層でどの位置にいるか，役割が何回変わるかに関係なく，個人的な力は変わりません．効果的な経営をするために必要な安定力となり，変化にも効果的に対応できる能力なのです．

4 経営管理に効果的なフェミニン・リーダーシップ

対人関係の能力

個人に属する3つの力，仕事をする能力，対人関係の能力，人間的魅力は，フェミニン・リーダーシップの内容です．ここでは「対人関係の能力」が実際の経営管理（マネージメント）の中でどのように有効に働くのかを見てみましょう．対人関係の能力には，以下のような諸能力があります．

①感じ取る能力　言葉以外の合図をつかむ能力．文字どおり，または比喩的に，相手の立場になって考え，その人の感情や反応を理解する力といえます．

②人の話に耳を傾ける能力　他の人のいっていること，およびその表現方法に細心の注意を払います．人の考えは最後までいわせて，さえぎったりせず，言葉以外の合図を送って率直な議論を進めます．

議論の最中にうなずいたり，目を見ながら話すのは，女性の方が多いという傾向があります．積極的に聞き入るという反応を見た時，話し手は話を続けてもいいというサインだと考えます．聞き手は話の内容を1つずつ追っていることを示して，話を続けさせるのです．
③感情を管理する能力　いろいろな感情を呼び起こす環境条件に調子を合わせることができる能力．自分自身の感情反応をグループ環境の中の感情のバロメーターとして利用し，コミュニケーションを増進し，他人の感情反応を探る手段として感情を表現します．状況に応じて自然に反応し，意思決定の際に感情を考慮します．
④フィードバックの能力　行動に焦点を合わせ，明確で率直なフィードバックを与えます．同僚や社員にもフィードバックを熱心に求め，フィードバックを利用して，自分の行動を変えていきます．
⑤共感できる能力　女性は子どもの頃から感情を表しても何ら不都合がなかったので，いつも自分の感情と他人の感情の接触を保ち，お互いに共感する能力が育まれています．自分の感情を介在させて他人の感情を知る能力と共感しあえる力が育っているのです．
⑥意識下を感じ取る技術　自分の感性を使って，意識下を感じ取る能力．通常表に出ない人の感情までよく理解することによって，女性管理職は職場の自分のグループに何が起こっているかを明確に把握することができるのです．部下は仕事や，組織構造ならびに上層部の作り上げた職場環境，同僚との関係をどう思っているか．企業目的達成のために自分たちがしなくてはならない役割をどう考えているか．感情的な流れや言葉以外で表される合図が理解できれば，こうした問題に対する答えを見つけるのは容易になります．女性リーダーは，その高度に発達した感じ取る能力と人の話を聴く能力をいろいろな方法で使っていますが，「話を聴く」には，いっていることだけではなく，いわれていないことも解読する力が必要です．

対人関係の能力は，豊かな人生経験を経営管理に役立てることになります．従来型のリーダーは怒り以外の感情を表に出すことを避け，社員との感情的交流を排除してきました．しかし女性のリーダーは違います．女性は家庭内でも

組織の中でも，人間関係を維持する役割を担ってきたので，自分の感情を介在して他人の感情を知る能力が培われています．他者と感情を共感し，他者の立場に自分を置いてみる能力は，リサーチ能力・ネゴシエーション能力として，経営管理に基幹的な機能であるといえます．人がどのように感じているかは，自分の行動が他者に与える影響力を理解しなければ察知できません．社員が何を考え，どんな気持ちでいるかを知り，吸収するということは，「歩きまわる経営」，「出かける経営」として，今まで多くの女性リーダーが実行してきた基本的手法です．

現場の人たちに会い，普通に働いている社員と話をしながら，率直で打ちとけた意見の交換をすることは，経営の大きな技術の1つです．

感情の管理と女性リーダー

感じ取る能力，人の話に耳を傾ける能力，感情を管理する能力は，効果的な人間関係の実現に重要です．しかし多くの男性にとって，自分自身の感情を認めるのは最も難しいことの1つです．男性は大人になるにつれて，自分の感情を完全に無視して，ほとんどの状況に対する自分の反応を正当化できるようになります．けれども，自分の感情を何年も無視し続けるうちに，心の奥にある感情の世界との接触を失い，率直な感情表現はできなくなります．

女性リーダーによると，前向きの人間交流には考えていること・感じていることを表に出し，互いに交流を図ることが不可欠です．感情の管理とは，感情を抑えたり，他の人が感情を表に出さないようにすることではなく，強い感情を健康的な形で表に出して解決を見出す機会を与えるということです．感情も含めたコミュニケーションスキルは，女性リーダーの重要な特徴の1つです．

革新的企業の注目点

多くの革新的な企業では，上層部は社員の感じ方や感情に真剣に注目し始めています．重要な問題に対して社員がどう考えているか，詳細に調査したり，定期的に意見を聞いている企業もあります．このような試みによって，企業環境の概略と，社員の目から見た問題点などがわかるのです．企業によっては経

営陣に感じ取る能力がないまま,それを補う手だてがとられていない場合が少なくありません.

今や「経営立て直しの神様」などと称されるカルロス・ゴーン氏は,日産着任前の3カ月間に,世界各地の日産工場や営業所,テクニカルセンターなどの施設を回り,販売店主や部品メーカー,ユーザーなどと話して,日産の問題点の把握に努め,日産のイメージを固めていきました.ゴーン氏が個別に面談した日産の社員数は600人に及んだとのこと.就任後も従業員の職務満足度を知るために,再三,販売店やショールームや工場の現場に直接足を運んだそうです.その中から,マーケティング分野の人材補強を考えていたゴーン氏の目にとまったのが,VP市場情報室長に就任した星野朝子さん[注3]です.星野さんは大学卒業後就職した銀行で3年目に海外勤務を申し出たところ,「大切なお嬢様をお預かりする立場として海外派遣はとても…」といわれたことにショックを受けて退行.自分の看板で仕事をしようと決意し,米ノースウエスタン大学で経営学修士を取得して腕を磨いていたところ,ゴーン社長の目にとまってスカウトされたのでした.彼女のような人材を受け入れる職場に変化したのが,ゴーン後の日産だったのです.

第4節 チェンジ・リーダーの条件

1 黄金の3割,組織変化の必至の数

女性は組織を動かしていない

第3節の「2.権力の行使とリーダーシップ」では,組織の外的力としての権力は地位からくるものであると述べました.地位に伴う権力は地位を得れば手に入るものであり,地位を失えば,権力は次にその職位にやってきた者のものとなるのです.本節では,この組織の中での地位からくる権力を女性たちに渡し,女性の管理職層を増やすにはどういう方策があるのかを述べるために,まず,「女性が増えれば職場は変わる」=「組織が変われば女性が増える」と

いうことについて考えます．

　ロザベス・モス・カンターは『企業の中の男と女』の中で，「女性は組織の中で生きている．しかし決して組織を動かしていない」[注4]といっています．女性従業員の方が多い企業でも，組織を動かす立場に女性がいないのが現状です．なぜ女性たちには昇進・昇格に「行き止まり」があり，組織を動かす立場としての権力が持たされなかったのでしょうか．それは，組織の形状・機能から必然的な結果なのです．

　組織が巨大化し，ヒエラルキー（官僚的）的序列組織になると，管理的立場に立つ者同士が信頼関係を相互確認する機会は少なくなります．そこで，すべてを企業に捧げ，現職管理職に対してなんら異議を申し立てないという，別の形状の「信頼」をよりどころにします．

　新任の管理者の選考では，外的要因（学歴・職歴・推薦人）が重視されます．現職の管理者たちは，自分たちが信頼し委ねられる人物を求め，その人物が忠誠心を持ち，先輩の権威を受け入れ，既存の行動様式に従うことを切望します．そうして選定した自分たちと同種類と思える人物に，権力と特権（組織内の権限委譲，自由裁量の幅を広げるなど）を保証するのです．このようにして，新任管理職の選定は，現職のレプリカを再生産することになるわけです．この同一性には，多くの女性は組み込まれません．現職の管理者たちと企業組織のすべてに対して全幅の信頼を寄せることができない者は排除されるのです．これは組織の形状と機能から当然もたらされる結果です．このような選考結果が是とされるのは，選ばれた少数がプラス評価され，選ばれなかった多数がマイナスと評価されていくという，数の論理の構造があります．女性は管理職を務める能力がない証拠ととらえられ，彼女自身も，そして他のすべての女性たちも，女性には管理職になる能力がないかのように納得してしまうのです．

少数派にはマイナスイメージ

　企業における女性の管理職比率の低さの理由として，女性自身あるいは女性の特質に原因があるという意見は少なくありません．男性の多い職場は，女性にとっては不利な環境で，女性の資質が生かされず，女性自身も高いポストを

避けるという傾向がある，ともいわれます．この意見によれば，女性の管理職比率の低さを解決するには，女性自身が成長し，自分で変わるべきだということになります．しかし，社会学者であり，ハーバード大学ビジネススクールの教授であり，経営コンサルタントでもあるロザベス・モス・カンターの意見は，これとは違うのです．「グループの構成員の力の発揮度合いは，そのグループ内の構成人数に大きく影響を受ける」というその主張は，さまざまな角度から研究された結果なのです(注5)．カンターの研究の大きな成果は，集団における男性と女性の役割の違いは，男女の数の比率が重要な要因になっているということを明らかにしたことです．この数の理論は，経営コンサルタントとして1970年代に行われた調査から精査されたものです．

　カンターは，「企業内部における偏見と差別，あるいは企業が外部の偏見的社会規範に同調することで，女性は管理職，それも上級，あるいはトップ管理職には就けないという状態になっている」といっています．女性が管理職になれないのは，企業の構造上の問題が組織の人間の行動に影響を与えているということです．以下に，彼女の意見をまとめます．

　まず第1に，企業における「権力」「機会」「数」に関しては，男女共通の問題であるとし，職場において男性に特有とされる態度や行動は，実は機会や権力の有無や数の不均衡から生じており，男性を含んだ組織の変革が女性の昇進・昇格にとっても有利な構造を生むとしています．だから男性も女性も同じ構造に置かれれば，同じ体験をするのだといいます．

　第2に，男女の人数の比率の不均衡は，少数派の女性が多数派の男性よりも否定的な評価を受けるのは，概ね確かだということです．

　カンターはまた，男性でも女性でも少数派に属する方に不利な状況をつくるという結果を，コンサルタントとしての実態調査からトークニズムという概念に発展させ，本来目につきやすいもの・象徴を意味するトークンという言葉に，まだまだ珍しい存在・時には見せ物的立場に置かれる存在という意味を持たせています(注6)．トークンたちは，人数が少ないためにさまざまな圧力を経験し，それに対応しようとして特定の態度や行動をとることが多くなり，それがかえってマイナスの評価につながってしまいます．

組織の人数の比率は，そこに属する個人に不平等な結果をもたらすことになります．企業の中では男性が多数派，女性が少数派です．男女の人数の比率の不均衡によって，多くのプレッシャーを与えられる少数派「トークン」は，そのプレッシャーのために，真の力を発揮できません．たとえ発揮できたとしても，個人の例外的実力としてしか評価されず（「あの人は別！」というように），組織・社会の固定観念を変化させる力にはなり得ないのです．

　第3には，男女の人数の比率が不均衡の場合は，アファーマティブ・アクション（＝ポジティブ・アクション：積極的平等措置）で平等を図らねばならないということです．少数派が女性であろうと男性であろうと，そこで発生するプレッシャーから解放されるためには外部からの介入（積極的平等措置）で数の是正をすることが必要なのです．

　アメリカのアファーマティブ・アクションは，1967年の大統領指令と1972年の公民権法の改正によって進んできました．カンターによる『企業のなかの男と女』は，アメリカがアファーマティブ・アクションを実施し始めて10年目に出版され，その優れたの分析・研究は，後のアファーマティブ・アクション推進に対して力強いバックアップになったのでした．

3割は必至の数

　カンター理論の優れているところは，現実社会の見えにくくなってしまっている女性差別をシンプルに明示したことです．つまり差別の根源は数の問題であり，男女の数の違いが多数派の優勢な地位と少数派の劣勢な立場をつくるといい当てたのでした．少数派が「トークン」にならずに，プレッシャーで自分を見失うことなく行動できるようになるには，数を増やせば解決するということなのです．どの程度の数でバランスがとれるのかというと，少数派が全体の3割（あるいは3分の1）ぐらいが，ちょうど分岐点であるといっています．

　3割程度の状態になると，組織の全メンバーの意識変革が進み，少数派の女性をマイナスに評価することなく，性別によらない価値基準が有効性を持つようになります．女性の数が3割を超えると，性差による選別が弱まり，個性や多様性が重視されるようになります．能力や業績といった別の価値基準が中心

的な位置を占め，組織としての規範にもなります．これは，アファーマティブ・アクション政策が成功した状態であるともいえます．

このように，女性の活用が進んで性差が価値基準ではなくなると，組織と個人の価値が一致し，男女を問わず有能な人材の確保や定着が進みます．

2　トークニズム

トークニズムで目立つこと，隠されること

　トークンの女性は注目を集め，存在は容易に認められますが，業績を認められて注目されるということにはなかなかなりません．女性は能力よりも容貌によって注目されてしまいがちです．注目されるプレッシャーにより，能力を証明するために多くの努力を要することになります．男性の同僚も顧客も，彼女の服装やスタイルなどの2次的なものには注目しても，女性の経験や資格については注目しません．むしろ男性より経験や資格が高い場合には，まずそのことを疑ってかかった後に服装や容貌をひとしきり話題にしても，仕事上の能力について話題にすることはありません．これは，その女性がたまたま管理職になったとしても，もう1つの女性であることの低い地位（女性は本来能力がないゆえに昇進しない）を備えているとすることからくるのです．つまりトークンとしての女性は，女性であるということで注目を集めますが，能力がある，実績が豊富であるという第1次的なものは隠されてしまうのです．

　また，管理職になれたトークンの女性は，他の管理職男性から嫌われてはならないというプレッシャーも負います．会議や営業の場面でも目立ちすぎないようにと発言を抑え，実績においてもそこそこのできばえで留めておくという，難しい努力をし続けます．女性の本来の姿も隠されてしまいます．トークンの女性は，男性中心主義文化への，忠誠心を証明するために，「あなたは別なんだが」といわれながら，女性一般への無能ぶりや低い評価に同調的になったり，黙認したりすることになります．そのような態度を続ければ，後続の女性を蹴落とすことになり，結果的には「女性が女性の足を引っ張る」という現象を起こしてしまいます．トークンの女性は，女性の中の例外として，孤独感と優越

感の中で，頑張っていくのです．

　少数派の女性は，多数派一般女性の側に立つことを要求されるプレッシャーを受け続けることで自己嫌悪に陥り自己肯定感が下がります．また，多数派の側に立って自分の属する一般女性社員という層に背を向けることにより，女性たちへの一般的な低い評価が固定されてしまいます．

方向転換を図る5つのステップ

　わが国は今，大きな変化の時を迎えています．今日企業が直面している最も大事な問題の1つは，企業生活に希望を感じられず，意気消沈している多くの女性社員の心をとらえることです．この意気消沈している新しい世代の女性社員の多くは，企業が必死になって求めている才能と創造的なアイデアを持っています．この人たちを上手に活用するには新しいリーダーシップの戦略，すなわち経営全面での女性リーダーの大幅増加という変革が必要です．変革の必要性が明らかになるにつれて，その変化の方向も明確になってきます．

　方向転換をするということは，アファーマティブ・アクション（ポジティブ・アクション）を5つの段階を踏んで実行していくということです．

5つの段階

第1段階．調査分析，ベスト・プラクティスから学ぶ

第2段階．組織のトップが実施を明言

第3段階．評価制度の改革，男女平等でない制度的な不備を見直す

第4段階．ミドル・マネージメントと男性の意識改革

第5段階．女性のリーダシップトレーニングと女性の意識改革

　まず第1段階では，女性の声に耳を傾けることです．インタビューや調査用紙によって，勤続年数の少ない（1〜5年程度）社内女性の声を定期的にきき，枠組みを設定して社内の組織変革に役立てることです．この情報の収集は自社だけに限らず，いわゆるベンチ・マーキング（ベスト・プラクティス）によって，似たような状況に置かれている企業から学ぶこともできます．類似する企

業の事例の方が，冷静に学べるかもしれません．

　第2段階では，第1段階で学んだ要素を分析して組み合わせ，自分の企業に合った数値目標（採用・女性管理職数・職務拡大・異動など）を出します．数値達成のプログラムを策定したら，組織のトップが直接対話や広報誌，ホームページなどで実施することを明言します．シンプルに，はっきりと正しく伝わるようにしなければなりません．

　第3段階では，従来女性を排除していた評価方法を，プログラムの策定に合わせて能力による評価に変更し，性差別のないものに作り替え，それをオープンにすることです．就業条件，福利厚生，研修制度，評価基準など，それぞれのレベルで男女が平等になっていないところは改善しなければなりません．評価制度の改革とそれをオープンにすることがなければ，意欲に繋がりません．

　女性が働き続けられるための制度の整備だけではなく，男性も含めてワークライフバランスを実現することが重要です．

　第4段階として，ミドル・マネージメントと男性の意識改革が重要です．人事部が全面的に実施体制を整えることです．企業の男性の意識変革が伴わなければ，成功しません．研修会などでなぜアファーマティブ・アクションが重要なのかを本当に理解することです．

　第5段階で初めて，女性に対するリーダーシップの研修になります．この頃には女性の意識変革も進み，企業風土も変革されます．

　わが国の現状では，以上の1から5段階までの実行順序が，どうも逆になっているようです．女性が男性のまねをすることで女性リーダーが出来上がると考えられているので，女性の意識変革ばかりを強調しがちです．男性の意識変革はおろか，制度の整備も，トップの明言もない状態でアファーマティブ・アクションが実施されると思うのは，安易過ぎます．

3　女性のリーダーシップとメンター制度

女性のキャリア形成とメンター制度

　21世紀の企業では，従来のように企業が教育・用意してくれたキャリアを歩

むのではなく，自分自身が求めるキャリアを自ら見つけ出し，自分の意思と責任によってキャリアを築いていかねばならなくなってきました．従業員のキャリア開発に貢献するかどうかが企業の評価に関わってきているため，企業は従業員が望むキャリア形成への支援を考えていかねばなりません．

　それでは企業の従業員それぞれは，自分のキャリアを，どのように築き上げていけばいいのでしょうか．個人の能力・知識・スキルはもちろん，適性や努力・やる気，時として運などが複雑に絡み合いながら生まれてくるキャリアは，自己責任とはいえ自分の力だけでできるものではありません．忘れてはならないものは，他者からのバックアップや支援です．この支援者を，「メンター」といいます．メンタリングを実施したり受けたりすることは，キャリアを歩んでいく上で男女を問わずさまざまな課題を克服するための重要な役割を担っています．特にキャリアを高めていく役割を担っている上司と部下という人間関係はもちろん，年齢や勤続年数，職位などを問わず，自分よりも経験豊かで成熟した人々から得られる支援は大切なポイントとなります．

女性とメンタリングの関係

　女性の社会進出が進み，女性の管理職が誕生するにつれ，企業で成功をおさめた男性と同様に，女性管理職に対してもメンターといわれる人々が存在していたという事実が明らかになってきました．

　女性はメンタリングに携わる際にいくつかの障害に直面します．それらの障害の多くは，人々の間に残っているジェンダーについてのステレオタイプな意識や価値観，企業におけるステレオタイプな男女の構成比の偏りから生じるものです．男性の場合には，男性の管理職がメンターになって，キャリアの向上は進みますが，異質な存在である女性は排除されていきます．女性にメンターができることは，男性中心主義の閉鎖的企業では，かなり困難なのです．

女性にとってのメンタリングの有効性

　このような男性中心主義の企業の現状で女性がメンターを所有することは，女性がキャリアを高めていくために極めて有利です．

第1に，同質性の企業体質の一角を崩すことになり，男性コミュニティとのつながりができ，このコミュニティにおいてやり取りされている重要な情報に触れることができるようになります．

　第2に，男性に比べ，仕事を通じて満足感や達成感を味わう機会が少ない女性にとって，ワンランク上の仕事や挑戦しがいのある仕事を得るチャンスに恵まれます．仕事を通じて高い満足感や達成感を味わい，仕事上の成功を収めることができるチャンスに通じます．

　第3に，女性の職業生活における質の改善ができます．男性中心の企業社会において女性は少数派の立場にあり，困難にぶつかった時の相談相手は同僚や家族が多いのですが，男性の場合には上司やメンターが多いのです．的確な解決のための助言や具体的対処方を得るためには，女性がメンターを得ることが重要なのです．

　第4に，職業生活から生じるストレスを上手く対処できることになります．現在，男性にも女性にも，かつてないほどのストレスが増加しています．これを削減するためには，メンタリングが有効です．ストレスは，分かち合い，受容されると半減することもあります．特に，メンターが女性の場合，女性部下が直面する組織内での性差別やセクシュアル・ハラスメント，家事・育児と仕事の両立，社会的孤独などから生じるストレスに対して，より容易かつ適切に対応することができます．

　以上のように，キャリアを築いていく上ではメンタリングが有効であり，どちらかといえば，企業において比較的優遇されている男性よりも立場が弱い女性にとって，望むべき組織内キャリアを歩み，充実した職業生活を過ごす上で重要な役割を果たす可能性が高いのです．

4　メンタリングとジェンダー

メンタリングの実際

　近年，企業の人的資源開発の領域においてメンターとの関係の中で繰り広げられるメンタリングという行動に関心が高まっています．本来の語源からいう

と，メンターとは，ホメロス（Homer）による叙事詩『オデッセイア』の登場人物の名を語源とする「人生経験豊富な人であり，未熟な人への指導者，後見人，助言者，教育者，支援者という役割をすべて担う人」のことです．

メンタリングとは一般的に，未熟な人〔メンティ（プロジェティともいう）〕に対してメンターが行う支援行動の全般を指します．その一方，ビジネス領域を舞台にメンタリングの研究が進むにつれ，メンターがメンティに行う具体的な支援行動が体系的に明らかにされ，より行動レベルからメンタリングが定義づけられるようになってきました．

企業におけるメンタリングとは，「メンターとメンティの間に職位や経験・知識の豊かさなどの上下関係と信頼関係が存在し，メンターが現時点において未熟なメンティに対して一定期間継続して行うキャリア的側面及び心理社会的側面への支援行動」を意味する言葉として位置づけられています．

メンタリングの機能

メンタリングは，次の2つの機能から構成されています．1つは，メンターがメンティのキャリア発達を促進するために行うスポンサーシップ，推薦とアピール，訓練，保護，仕事における挑戦性の提供といったキャリア的機能．もう1つは，企業におけるメンティの能力，立場，役割などについての理解を深めさせ，1人の成熟した人間への成長を促すために行う役割モデル，受容と確認，カウンセリング，友好といった心理・社会的機能です．表2-1にこれらのメンタリングの各機能に含まれる具体的な行動の概要をまとめています．

メンタリングは，リーダーシップという概念と比較すると，より個人のための行動であり，未熟な人々のキャリアの発達やまた人間としての成長と極めて密接につながっている実際の支援行為であるといえます．

メンタリング・プログラムの実例

アメリカの多くの民間企業（IBM，フェデラル・エキスプレス，ジョンソン＆ジョンソン，モトローラ，メリルリンチなど）や公的機関（陸軍，国防庁，農業省など）では，メンタリング・プログラムを積極的に実施しています．そこでの

表2-2 メンタリングの諸機能とその意義

	機　　能	意　　義
キャリア的支援行動	組織風土の変革促進支援	メンティが組織で適応できるように必要な知識や情報を提供し，組織風土の変革促進をさせる活動
	スポンサーシップ・代弁	メンティが求めるプロジェクト等に参加できるとか，また希望する配置異動や昇進が可能になるような支援行動
	助言・ガイド・推薦	メンティがよい仕事の機会を得るように推薦したり，組織の意思決定者や組織外の人々にメンティの存在を知らしめる支援行動
	直接的訓練 コーチ・トレーニング	メンティとの将来の職務遂行やキャリアについての考えを共有し，メンティのキャリア目標を達成するための戦略や手法を教示・訓練を支援する行動
	保護・防波堤	メンティがキャリアを形成するためのリスクを削減させこのようなリスクからメンティを守る支援行動
	挑戦の機会の提供	挑戦しがいのある仕事をメンティに割り当てるための支援行動
心理・社会的支援行動	役割モデル	メンティに必要で適切かつ相応しい態度や価値観を身につけるために，メンター自身がモデルを演じること．
	受容と共感	メンティを個人として尊重し，無条件に肯定的な関心を伝え，支持的，受容的，共感的態度で接する
	カウンセリング	メンティが直面する心配事や悩み事をよりオープンに語ることができるような場や機会を提供する
	親近性・友好	メンティとの間に友情や信頼・尊敬に基づく，より非公式な相互関係を築く
	励まし・勇気づけ	勇気づけたり，励ますことで自分の力を信じられるようにする
	社会的信頼の付与	メンターの社会的地位や信頼によって，メンティの保証人の役割を果たす

（出所）佐藤陽子編「ジェンダー・マネジメント2001」，藤井・金井・関本「ミドルマネジメントにとってのメンタリング，ビジネスレビュウ1996」より作成．

具体的な目標は以下の通りですが，マイノリティへのメンタリング支援が特徴的です．

メンタリングの目標

1) ジュニアマネージャーとシニアマネージャー間の関係促進

2) マネージメント能力や職業的能力の訓練のため

3) メンタリングが受けにくい人々（女性やマイノリティへの対応策として）に特に支援するため

4) 企業の要求されるアファーマティブ・アクションの一環として

5) メンタリングを受けにくい人が組織に対して抱く悪感情を取りのぞくため

6) 新入社員をはじめとする従業員の組織社会化のため

7) 従業員の私的キャリア及び職業的キャリアの発達促進の手段として

8) 潜在的能力の低い人々によって他の人々が被る損失を減少するため

メンタリングにおけるジェンダーの問題

　性別を問わず企業で働く人々のキャリアにおいてメンタリングが重要な役割を果たすことは，実証的に確認されていますが，一方ではメンタリングについてのジェンダーに関わる難題も指摘されています．女性の昇進昇格の改善のために導入されるポジティブ・アクション制度により，女性の管理職を誕生させようとする場合，経営上層部のみならず女性からも注目を集める「トークニズム」のために，本来のメンターとしての行動がしづらい状況になります．そのため，このような女性社員のメンターになる男性管理職自身も，メンタリングを行うことから生じる期待と責任の重さに躊躇し，彼女の存在自体が自分たちの地位を脅かす原因であると見なしたり，女性にはメンタリングをしないという状況になってしまうことさえあります[注7]．

　また，男性中心の職場では，女性がメンターとなる場合でも行使できる権力や影響力は弱く，情報量も男性と比べ極めて少ないため，女性メンターの多くは充分なメンタリングを行うことができないという結果になります．このような状況では女性メンターが不足し，次世代の女性にとってもメンタリングを受

けることが困難となります．

　メンタリングにおけるジェンダーについてのもう1つの問題は，異性間のメンタリングに関することです．女性社員が女性メンターを獲得するのさえ困難な現状では，管理職以上，またはより上層部の女性メンターを獲得することは至難の業です．多くの企業では，ポジティブ・アクション実行のために女性にメンターをつけようとすると，そのメンターは男性となります．いずれは女性メンターに男性のメンティという関係も出現するでしょうが，今後かなりの期間は，男性のメンターに女性のメンティという関係が主流になるでしょう．この異性感のメンタリングについては，メンターにとってもメンティにとっても，簡単ではないことがわかってきました．異性間でメンタリング関係の親密度が高くなるにつれ，周囲の人々からは恋愛や不倫といったスキャンダラスな関係として見なされがちです．だからといって両者間に距離を置きすぎた場合，信頼や好感といった感情は生まれにくく，メンタリングの効果が期待できないことになります．異性間でのメンタリングを成功させるためには，ある程度の親密さを保ちながらも，両者が近づき過ぎないといった距離を維持しなければなりません．もしそれができなければ，企業で成功していく上で致命的なスキャンダルに巻き込まれたり，メンタリングを通じて適切な成長ができないという大きなリスクを両者にもたらします．そのため，あらかじめこのようなリスクと困難さが付随する異性間メンタリング関係は避けられる傾向にあり，女性がメンターを獲得しようという意欲がなくなるという大きな問題があります．しかし，男性中心の職場においては，今のところ異性間メンタリングしか実現性が少なく，この異性間のメンタリングに関わる問題さえ解決すれば，かなりの割合で女性がメンタリングに携わることができるようになるのです．

注

(注1)「企業は，人間社会ならば間違いなく異常とされるような取り合わせを追求している．それは同性間の再生産である」ウイバート・ムーア「企業の経済」("The Conduct of Corporation")（ロザベス・モス・カンター著／高井葉子訳『企業の中の男と女』41頁）．

(注2)森田ゆり『エンパワメントと人権』13〜14頁．
　　「ところが，96年の3月にまた日本に行って，あれ，これは困ったものだと思った．というのは「エンパワメント」がどうも本来の意味とはかなりちがって理解され，普及しつつあるようだったのだ.」「力をつけることではない．ましてや女性だけが力をつけることでも」．

(注3)長谷川洋三『カルロス・ゴーンが語る5つの革命』221〜222頁．

(注4)ロザベス・モス・カンター著／高井葉子訳『企業の中の男と女』1977年刊，4頁〜「多くの男性及び一部の女性が，別々の意味で拒否反応を示すということは充分わかります」．

(注5)ロザベス・モス・カンター著／高井葉子訳『企業の中の男と女』213頁．
　　訳注／ジンメルの古典的分析：ゲオルグ・ジンメル（Georg Simmel）は構成人員の数によって集団としての性格が変わると考えた．2名の集団ではメンバーはお互いを個人としてしか考えない．3名になって集団の実態が生じるが，3名とか4名では分割して2名集団になる可能性がある．5名以上になって大集団の性格が表れるとした．

(注6)「1960年代から70年代，白人社会の中に少しずつ加わるようになった黒人たちの存在は，まだまだ珍しく，時には見せ物的な立場に置かれた．職場においても教育の場でも，その存在が増えるどころか，せっかく得たポジションもプレッシャーのために維持できなくなってしまう」(ロザベス・モス・カンター著／高井葉子訳『企業の中の男と女』序文より)．

(注7)久村恵子「キャリア志向とジェンダー——キャリアにおけるリーダーシップとメンタリング」『ジェンダーマネジメント』2001，347頁〜では，対策として①企業で働く人々すべてを対象にメンタリングに対する理解を高める，②企業でメンタリングを受けられない女性社員にメンターを人為的に割り当てる，を提案している．

第2章 ワークシート

①リーダーシップとマネージメント
（スティーブン・コヴィー著『7つの習慣』を参考に作成）

1）●あなたは「知識」と「スキル」と「やる気」の3つの要素から習慣ができていますか．

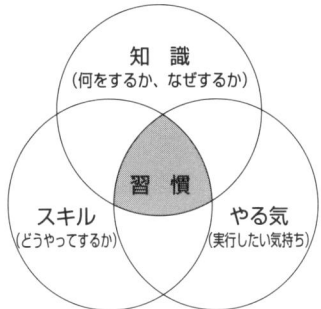

```
         知　識
     （何をするか，なぜするか）

       　　習　慣

  スキル            やる気
（どうやってするか）  （実行したい気持ち）
```

2）●習慣は「個人のレベル」から「社会のレベル」へと拡大し，やがて社会の変革へつながります．あなたは1〜7のどのレベルですか．

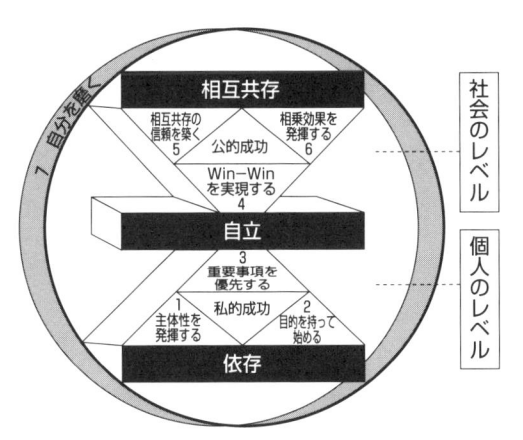

7　自分を磨く
　　（自分の身体・知性・精神を向上させる）
6　相乗効果を発揮する
　　（創造的な協力関係）
5　相互共存の信頼を築く
　　（コミュニケーション）
4　WIN-WINを実現する
　　（お互いに満足できる合意）
3　重要事項を優先する
　　（自己マネージメント）
2　目的を持って始める
　　（自己リーダーシップ）
1　主体性を発揮する
　　（自己責任のエンパワメント）

（スティーブン・コヴィーの7つの習慣は，プロセスは依存から自立へ，そして相互依存（ここでは「相互共存」7．自分を磨く，とした）へと導くものである．）

Ⓒ女性と仕事研究所

②【個人のレベル】主体性を持って人生の責任を引き受ける

主体性を持って人生の責任を引き受けるためにはエンパワメントが必要です．
あなたのエンパワメントはどのレベルですか．
数字で答えてください．

第1の習慣　主体性を発揮する―国連のいう女性のエンパワメントの4段階

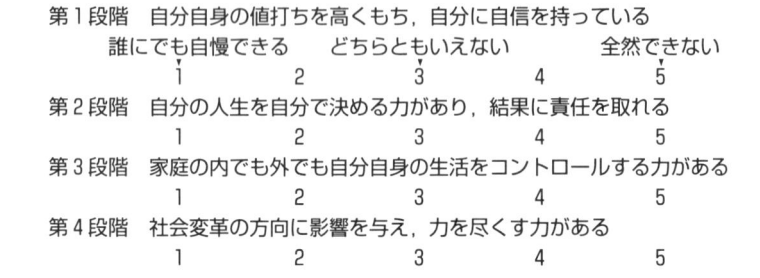

> 第1段階　自分自身の値打ちを高くもち，自分に自信を持っている
> 　　　　誰にでも自慢できる　　どちらともいえない　　　全然できない
> 　　　　　　　1　　　　　2　　　　　3　　　　　4　　　　　5
> 第2段階　自分の人生を自分で決める力があり，結果に責任を取れる
> 　　　　　　　1　　　　　2　　　　　3　　　　　4　　　　　5
> 第3段階　家庭の内でも外でも自分自身の生活をコントロールする力がある
> 　　　　　　　1　　　　　2　　　　　3　　　　　4　　　　　5
> 第4段階　社会変革の方向に影響を与え，力を尽くす力がある
> 　　　　　　　1　　　　　2　　　　　3　　　　　4　　　　　5

第2の習慣　目的を持って始める―自己リーダーシップの原則

> あなたは自分のミッションと目標がクリアになっていますか．
> 自分のためのミッション・ステートメントを記してください．

Ⓒ女性と仕事研究所

これは自分の信条やモットーのような，国の憲法のようなものであり，あなたの人生がどういうものかを表します．人生の深い価値観に根ざし，積極的で現在形で，イメージできるものを感情をこめて宣言してください．

第3の習慣　重要事項を優先する―自己マネージメントの原則

重要度と緊急度を軸とする時間管理のマトリックスにあなたの判断すべき事項を記入してください．第1領域から処理しましょう．一番大事なことからやるのです．

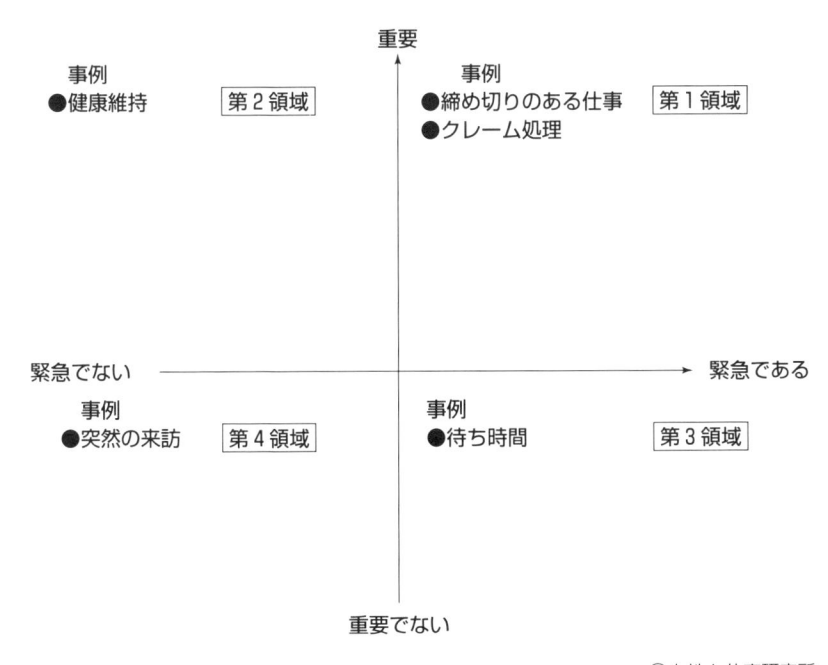

```
                        重要
       事例                     事例
     ●健康維持   第2領域       ●締め切りのある仕事   第1領域
                               ●クレーム処理

 緊急でない ─────────────────────────→ 緊急である

       事例                     事例
     ●突然の来訪  第4領域      ●待ち時間           第3領域

                       重要でない
```

Ⓒ女性と仕事研究所

③【社会のレベル】相互共存でパラダイムの転換を

第4の習慣　WIN-WINを実現する—人間関係におけるリーダーシップの原則
　　　　　　WIN-WINとは，互いが納得と利益を得られる解決策を作り出すこと

(1)　WIN-WINには勇気と思いやりという人格が決め手である
　　　　　誰にでも自慢できる　　　どちらともいえない　　　　全然できない
　　　　　　　1　　　　　2　　　　　3　　　　　4　　　　　5
(2)　WIN-WINの関係を保ち，お互いを信頼して，開かれた雰囲気の中でコミュニケーションをはかり，第3の案を探し出せる
　　　　　　　1　　　　　2　　　　　3　　　　　4　　　　　5
(3)　WIN-WINの精神で得る合意でお互いに成功を目指すパートナーとなっている
　　　　　　　1　　　　　2　　　　　3　　　　　4　　　　　5
(4)　WIN-WINのシステムとして，研修制度，計画立案システム，コミュニケーションと情報伝達システム，予算システム，報酬システム等が確立している
　　　　　　　1　　　　　2　　　　　3　　　　　4　　　　　5
(5)　WIN-WINのプロセスとして次の4つが充足している
　　　1．問題を相手の立場から見る　2．課題と関心事を明確にする　3．納得できる解決には，どういう結果が必要かを明確にする　4．その結果を達成するための新しい案や選択肢を打ち出す
　　　　　　　1　　　　　2　　　　　3　　　　　4　　　　　5

第5の習慣　相互共存の信頼を築く

信頼を築く6つの大切な方法としてあなたが必ず実行していることはどれですか
(1)　相手を本当に理解しようとしている
　　　　　必ず　　　　　どちらともいえない　　　ぜんぜんしていない
　　　　　　1　　　　　2　　　　　3　　　　　4　　　　　5
(2)　小さい心遣いと礼儀を大切にしている
　　　　　　1　　　　　2　　　　　3　　　　　4　　　　　5
(3)　約束は軽々しくしないが，約束は常に守るようにしている
　　　　　　1　　　　　2　　　　　3　　　　　4　　　　　5
(4)　いわず語らずの「期待」ではなく，「期待」を明確にし，双方が納得できるものにする
　　　　　　1　　　　　2　　　　　3　　　　　4　　　　　5
(5)　その場にいない人に対して忠実になるなど，統一した人格をもち誠実である
　　　　　　1　　　　　2　　　　　3　　　　　4　　　　　5
(6)　信頼をなくしてしまったときは，誠心誠意の言葉で謝れる
　　　　　　1　　　　　2　　　　　3　　　　　4　　　　　5

ここまで習慣化できれば第6の習慣（創造的な協力関係）が築けるのも間近です．

Ⓒ女性と仕事研究所

④企業における女性の働きやすさ指標

以下の各項目について,企業の女性の働きやすさについての姿勢や現状について,あてはまる数字に○をつけてください.

A 【女性の能力活用・参画について】 項目ごとに,あてはまる数字に○をつけてください.	評　価			
	非常に消極的	やや消極的	やや積極的	非常に積極的
①企業のトップが,女性の能力発揮に積極的である	1	2	3	4
②男女共同参画についての職場研修を実施している	1	2	3	4
③昇格試験を受験するように女性社員に奨励している	1	2	3	4
④求人広告や会社案内の中で,女性の採用に積極的な姿勢を伝えている	1	2	3	4
⑤性別にとらわれず,個人の能力を基準として採用している	1	2	3	4
⑥面接選考担当者に対して研修を実施したりマニュアルの配布を行っている	1	2	3	4
⑦女性が意欲的に働きたくなるような仕組み・制度がある	1	2	3	4
⑧配置転換や昇格に自己申告や面談の制度化及びその機会がある	1	2	3	4
⑨職場・就業環境についての意見や要望を受け入れる体制を整えている	1	2	3	4
⑩社内会議に女性が参画することが多い	1	2	3	4
⑪会社を代表する立場として女性社員が外部の会議へ参画することがある	1	2	3	4
⑫女性の管理職が増加している	1	2	3	4

●「A.女性の能力活用・参画等について」「B.セクシャルハラスメント対策について」(次頁参照),貴社の取り組みや独自の工夫についてお書きください.

Ⓒ女性と仕事研究所

B 【セクシュアル・ハラスメント対策について】 項目ごとに，あてはまる数字に○をつけてください．	非常に消極的	やや消極的	やや積極的	非常に積極的
①セクハラ防止のための研修や啓発を行っている	1	2	3	4
②セクハラ対応窓口を設置し，専門家による事後措置の体制を整備している	1	2	3	4
③アンケートなどで，セクハラに関する女性の意見や悩み，要望等を把握している	1	2	3	4

C 【短時間労働者への対応について】				
①短時間労働者等から正社員への登用の道が開かれている	1	2	3	4
②短時間労働者等にも働きに応じた昇進・昇格・賃金制度等を導入している	1	2	3	4
③短時間労働者等も育児・介護休業などを取得できる	1	2	3	4

D 【ワーク／ライフバランス（仕事と家庭の両立）について】				
①産前産後休業期間や育児休業期間が法定*を上回っている	1	2	3	4
②男性が育児休業を取りやすくなるよう工夫している	1	2	3	4
③従業員のメンタルケア（精神的ケア）の支援をしている	1	2	3	4
④フレックス制度や短時間勤務措置が可能である	1	2	3	4
⑤結婚後も女性が働き続けることができるよう配慮している	1	2	3	4

*法定産前産後休業期間は，産前6週間産後8週間，育児休業期間は生まれた子どもが満1歳を迎えるまで．

E 【地域・社会貢献について】				
①経営理念などに地域との共生をかかげている	1	2	3	4
②環境問題を視野に入れた事業展開をしている	1	2	3	4
③ボランティア活動，NPO・NGO等を支援をしている	1	2	3	4

● 「C.短時間労働者への対応」「D.ワークライフバランス」「E.社会貢献等について」，貴社の取組みや独自の工夫をお書きください．

評価合計点	

Ⓒ女性と仕事研究所

第 3 章

女性の起業とマネージメント

本章では，関心が高まっている女性起業家やNPO・NGOでの活動，経営革新を考察します．

女性起業家の数は2000年度で7万社，比率は4.5%程度です．しかし，女性の起業ブームといわれてきたこの10年の間にも，この数字にはほとんど変化がありません．開業に向かう女性は少なくないものの，廃業に追い込まれるケースも多く，女性起業家たちが新しい社会を創成するほどには至らないのが実態です．

ちまたでは，IT関連を中心に新規ビジネスの立ち上げブームが起こっています．社内起業家としてプロジェクトに取り組む人，サラリーマンをやめて起業する人が続々現れ，学生や主婦のベンチャーも出てきています．日本経済の主役交代を促し，社会を活気づけるような動きは，今後一層加速されることでしょう．

ビジネスの決め手はモノ・金・人といわれます．まずは新規事業立ち上げの決意，ビジネスモデルや事業計画書の策定，ファイナンスの確定，運営管理などの手順を踏むことが肝要ですが，決め手はなんといっても「人」．ビジョンと情熱，ピュアなマインド，魅力的な個性，柔軟なマネージメント能力を備えた，変化に対応できるリーダーが求められているのです．

若者たちの無業状態が問題だといわれ始めましたが，無業の若者たちへの起業支援も有効です．若者たちにも地域社会の活性化のためにも有効です．

第1節 起業した女性たち

1 女性起業家の急増

ビジネスの成功者になりたい

　女性の働き方が多様化し，自分の能力や知識を活かす道として自分で事業を起こす働き方が注目されるようになりました．アメリカでは日本より早く起こった産業構造の転換と日本以上の情報化・ネットワーク化を背景に，1980年代から女性起業家が急増しました．それは雇用労働者として働く女性が定着してきたことの延長線上に起こった現象でした．企業の中ではまだ壁が厚すぎるとわかると，能力と意欲のある女性はさっさと方向転換し，ステイタスを登る1つの方法として，事業の開始を選択したのです．それは女性にとっても有利でした．アメリカでは男女雇用機会均等法だけでなく，融資の男女差を禁止する融資機会均等法（1974年）や，女性起業家の債務保証などを含めてバックアップする女性ビジネス・オーナー法（1988年），アファーマティブ・アクション（積極的平等施策）の一環として政府調達の5％を女性起業家に与えることを目標とする連邦政府取得合理化法（1994年）等が整備され，社会の変化に呼応したのです．特にクリントン政権下の経済政策の大きなテーマとして，「女性起業家は経済の要」とするスモールビジネス育成策が効を奏しました．全米女性ビジネス・オーナーズ基金の統計によると，2002年に全米企業のほぼ50％が女性起業家による企業になっています．

アメリカの女性起業家の成果

　アメリカでは，自分で事業を起こした女性と，女性がオーナー社長で50％以上の会社資産を所有し，実際経営している企業を女性所有企業として，男性所有企業とは分けた統計を取っています（中小企業庁統計）．統計調査に関しては，全米女性ビジネス・オーナーズ協会の下部組織であるワシントンの女性ビジネス・リサーチセンターの調査が最も広範なもので，それによると，1997年から

2002年の間に，米国の総企業数の増加は7％であったのに対し，女性がオーナーの企業の増加は14％ありました．そして，その企業の雇用する従業員は全国平均が18％増加に対して，30％という驚くべき成長を遂げました．また，単に雇用数が増加しただけではなく，2002年に全米の女性オーナー企業の11万社以上が100万ドル以上の売上を記録しています．それらの企業の約4分の1は10年未満に20人未満の従業員から出発したということですが，現在では，女性がオーナーの約9,000社は100人以上の従業員を抱えるまでに成長しました．その結果，米国の非上場企業の28％が女性オーナーとなっています．女性が起業した会社は順調に成長していることがわかります．業種を見るとサービス業が最も多く，次いで小売業，建設業，金融業，不動産業，保険業となっています．

日本の女性起業家の実態

日本でも自己実現したい，社会参加したいという思いを遂げる1つの手段として女性起業家ブームが起こっています．日本の起業家の実数は7万人を越え，全企業に占める比率は4.5％程度．最近では増加が鈍っており，開業率よりも廃業率の方が増えています．日本の女性起業家のプロフィールでは，「自分で創業」する比率は16.5％に対し，「同族承継」が7割となっています．しかしこの「自分で創業」は近年比率が高くなっています．創業する年齢は30～40歳代で，短大卒以上が7割，7割以上が既婚で，内6割は子どもがあり，さらにその7割が末子年齢13歳以上です．結婚し，子どもがいても，自分がやりたいことは全部やるという意欲が見受けられます．また，業種においては「同族承継」の場合には運輸・通信，建設，製造などが多いのに比べ，「創業者」の場合には不動産，サービス業，小売り等が多くなっています．

2 経営者を目指す！

企業を抜け出て起業する

わが国では，女性が企業で頑張っても，所詮男性の領域には参入できず，ビジネスの世界で男性と肩を並べて成功する可能性は極めて少ないという実情が

3 ●女性の起業とマネージメント

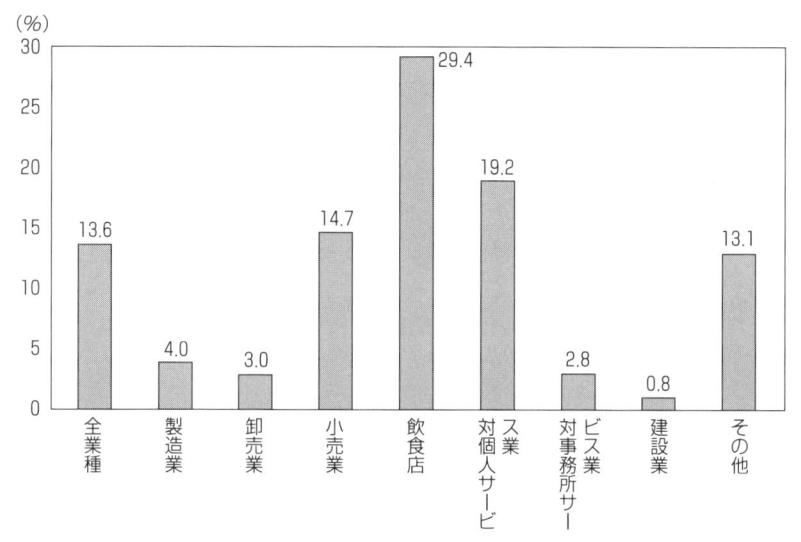

図3-1　業種別に見た女性起業家の占める割合

業種	割合(%)
全業種	13.6
製造業	4.0
卸売業	3.0
小売業	14.7
飲食店	29.4
対個人サービス業	19.2
対事業所サービス業	2.8
建設業	0.8
その他	13.1

（注）国民金融公庫が平成7年4月から9月に融資した企業のうち，融資時点で開業後1年以内の企業（開業前の企業を含む）7,479社を対象に調査．有効回答率26.2%．
（出所）「新規開業実態調査」国民金融公庫，1996年．

あります．企業で働いている女性は，30歳には大きな節目にさしかかります．結婚するかどうか，出産するかどうか，子育てをどうするか等々の諸問題が立ちはだかります．再就職しようにも以前の就業経験が評価されることはなく，年齢制限が待ち受けています．パート勤務では自分がやりたい仕事に就ける見通しがない，などと考え込んでしまいます．かといって結婚や出産，子育てを放棄して，同じ企業で勤務を続けたとしても，今以上にやりがいのある仕事に異動できるという見通しはありません．

女性の場合は30歳前後から賃金の上昇がほとんどないのに対し，男性の場合は30歳前後から本格的に昇給します．そんな実情を見て，30歳前後の女性が起業への道を選択するケースが増えているのです．自分の好きな分野，興味のある分野で能力や経験を発揮できるし，何よりも年齢制限がありません．企業で約10年間貯蓄した資金もそこそこになったというところで，自分のやりたい事業に踏み切るのです．

女性が起業に向かう動機

企業の30歳前後の女性社員が起業に向かうのは，自社の未来に見通しがないからというのが大きな原因です．以前とは違い，大企業に勤務すること，大企業で結婚相手を探すことは，女性たちの目的や理想ではなくなってきているといえます．自分のやりたいことや新しい社会のニーズに合わせた仕事を目指すなら，小回りのきく中小企業や，自分の起業に役立つ企業がいいということになります．仕事に対して強い意志を持った女性が増え，仕事と育児を両立させるために，自分で事業を起こすという選択肢を取っているということです．

女性起業家の開業動機としては，「自己実現を図りたい」が38.9％，「自分の裁量で仕事がしたい」が38.2％，次いで，「社会に貢献したい」，「年齢に関係なく働きたい」などが続きます（中小企業庁「創業に関する実態調査」2001年，

図3-2　創業者の創業動機（創業者の性別）
〜年齢に関係なく働きたいという動機に表れる男女差〜

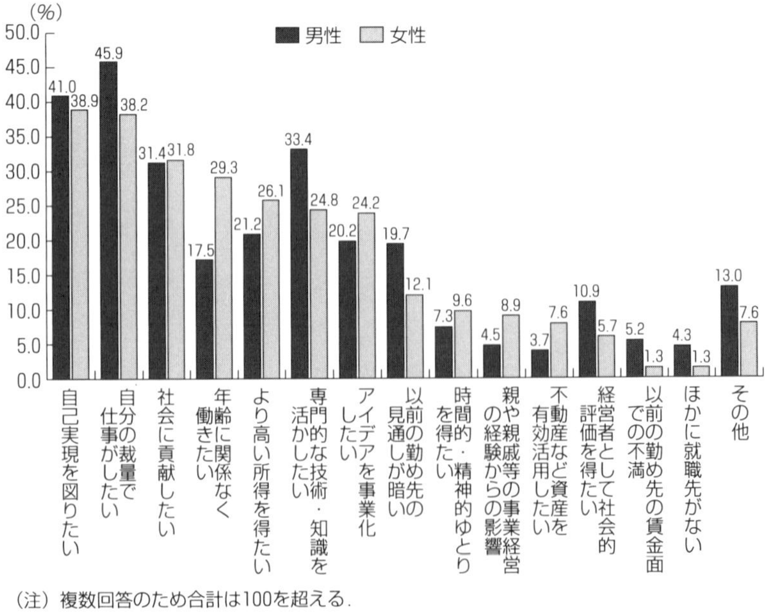

動機	男性(%)	女性(%)
自己実現を図りたい	41.0	38.9
自分の裁量で仕事がしたい	45.9	38.2
社会に貢献したい	31.4	31.8
年齢に関係なく働きたい	17.5	29.3
より高い所得を得たい	21.2	26.1
専門的な技術・知識を活かしたい	33.4	24.8
アイデアを事業化したい	20.2	24.2
以前の勤め先の見通しが暗い	19.7	12.1
時間的・精神的ゆとりを得たい	7.3	9.6
親や親戚等の事業経営の経験からの影響	4.5	8.9
不動産など資産を有効活用したい	3.7	7.6
経営者として社会的評価を得たい	10.9	5.7
以前の勤め先の賃金面での不満	5.2	1.3
ほかに就職先がない	4.3	1.3
その他	13.0	7.6

（注）複数回答のため合計は100を超える．
（出所）「創業環境に関する実態調査」中小企業庁，2001年12月．

3 ● 女性の起業とマネージメント

図3-2）．これは，女性が自分の能力発揮の場を求めて一般の企業社会を離れ，起業に向かう，女性がキャリア・パスの1つとして，起業を選ぶようになってきたということです．

女性起業家はどのように会社を起こし，どのような会社の姿を目指しているのでしょうか．事業形態は，最初から株式会社などの法人形態をとる以外に，個人企業，SOHOとして始めるケースが少なくありません．個人企業でスタートした場合には，事業規模の拡大につれて組織形態を整えていくようですが，最終的にはほとんどの女性企業が法人形態をとっています．

では，女性起業家は，どのような経営理念を立てているのでしょうか．最も多かったのは，「従業員の満足を得られるような企業になる」(67.1%) でした．次いで，「社会にとって有意義で，社会に貢献できる企業になる」(65.9%)，

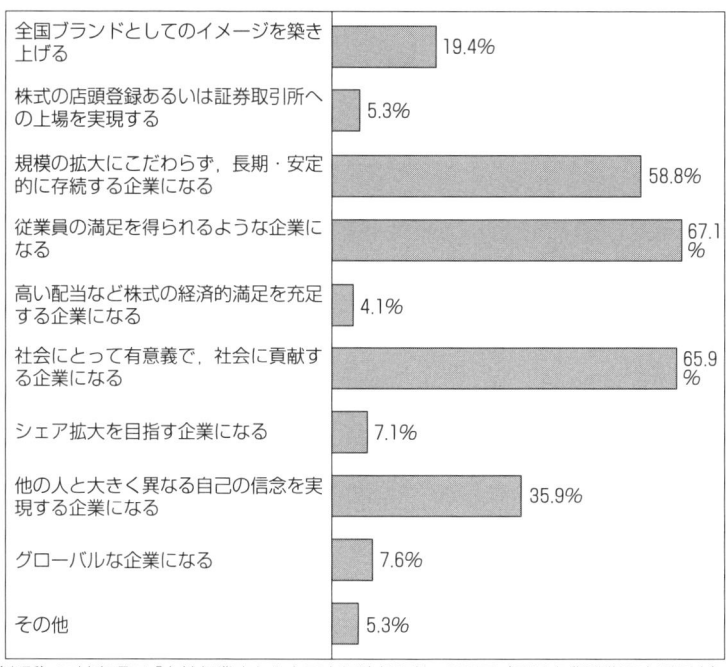

図3-3　女性起業家の経営理念（複数回答）

経営理念	割合
全国ブランドとしてのイメージを築き上げる	19.4%
株式の店頭登録あるいは証券取引所への上場を実現する	5.3%
規模の拡大にこだわらず，長期・安定的に存続する企業になる	58.8%
従業員の満足を得られるような企業になる	67.1%
高い配当など株式の経済的満足を充足する企業になる	4.1%
社会にとって有意義で，社会に貢献する企業になる	65.9%
シェア拡大を目指す企業になる	7.1%
他の人と大きく異なる自己の信念を実現する企業になる	35.9%
グローバルな企業になる	7.6%
その他	5.3%

（出所）田村真理子『女性起業家たち』日本経済新聞社，126頁（日経産業消費研究所調査）．

「規模の拡大にこだわらず，長期・安定的に存続する企業になる」(58.8%)，「他の人と大きく異なる自己の信念を実現する企業になる」(35.9%)の順になります．多くの女性企業家は，規模拡大よりも夢を企業経営に求めているといえます（図3-3）．

女性を起業に向かわせる市場構造の変化

　女性の起業を促す社会的な条件は何でしょうか．いくら女性が会社を起こそうとしても，産業社会という客観的な環境が女性起業を受け入れなかったら，女性起業家の発展は見られなかったことでしょう．日本経済の成熟化に伴い，産業構造が重厚長大の製造業から軽薄短小，ソフト化，サービス化へと移行しつつある市場の変化が，女性に味方しているといえます．インターネット社会による情報化の進展が目覚ましいことも大きな影響があります．こうした傾向が，筋力に代わってアイデアや知識，感性で事業を起こす機会を与え，女性の起業機会を広げつつあるのです．

　市民感覚が重視され，量産よりも手づくりで個性的な商品やサービスが好まれる市場になりつつあります．生活中心の商品やサービス，子育てや高齢化問題，環境問題に関わる商品が最優先になっている市場，全国的な視点よりも身近な地域の視点が期待される市場では，日常感覚に優れた女性の感性を必要としているのです．

　実際，消費動向をリードしているのは女性です．働く女性が増え，女性の購買力が上昇したことも市場を広げています．

　このような市場の変化は，女性が事業を起こす機会を増やすことにつながります．いま注目されているニュービジネスは，既存の産業では捉えきれない新しい社会のニーズを捉えていますが，この担い手に女性が多いのは，産業構造の変化を見れば当然のことです．社会の変化が女性の起業を求め，女性自身も起業するだけのパワーを身につけた，そんな時代の新しい現象であり，女性と男性とのパワーのバランスからみれば，さらに一段と男女平等に近づいた現象だといえます．

女性起業家のビジョン

　女性起業家はどういうビジョンを掲げて事業をしているのでしょうか．
　女性が起こした企業は総じて規模が小さく，労働省女性労働局調査（96年）では資本金1,100万円，従業員数40人というのが平均です．女性起業家はもともと，それほど多くの資本を持って会社を起こすわけではなく，手元の資金をかき集めて起業するのが普通です．その割に従業員数が相対的に多いのは，人手のかかるサービス業が多いためと見られます．女性起業家は，男性が経営する企業よりも女性を多く雇用しています．前述調査でも従業員の9割が女性となっています．サービス業の比重が高いせいでもありますが，やはり女性起業家たちに「後に続く同性を大事にしたい」という思いが強いからでしょう．企業規模が大きいということは，あまり成功とは関係のないことなのです．
　女性起業家は，以下のようなキーワードを「成功」の目標にしています．

●女性が経済活動の主役に
　第1のキーワードは，女性が経済の主人公になるということです．
　現在女性が事業を起こし，成功するということは，新しい歴史の展開であり，女性が経済の主人公になり始めたということです．国際連合は1980年に「女性は人口の半分を占めている．その女性は男性の2倍以上の時間を働いているにもかかわらず，給料は男性の半分しかもらえていない．資産に関しては男性の10分の1，富は男性の100分の1にしかすぎない」と発表しています．また第4回世界女性会議（1995年）の行動綱領では「世界の貧困層の80％は女性である」といっていますが，日本でもその状況は一致しています．女性と経済（富）の不均衡は，基本的には女性は子どもを産む性だから一人前に働けないとされてきたことに帰因しています．女性には経済的な自立ができないと思われていた歴史が長く続いたのですが，これからは女性が経済的に自立することが中心課題となります．

●地球を破壊せず，「持続する社会」のために働く
　第2のキーワードは，地球を破壊しない働き方をするということです．
　「Entrepreneur」（アントレプレナー＝仏語）は「事業を興す」という意味の言葉ですが，従来とは違う事業での働き方を表そうとしていることと関係があり

ます．「事業」といっても営利追求を主たる目的にするのではないものを目指そうとしているのです．高利潤を追求するために人を雇う，あるいは，より収入を得るために人に雇われるのではなく，自分のポリシーを持ってやりたい仕事を起こす．そうすることが世界の経済システムを変えていくのだという，かなり理想主義的な意味があり女性の共感を得やすい言葉です．他の英語圏でも使っています．

● 「持続可能な社会」を創ることは経済効率と両立する

　事業を行う上で重要な要素になる競争は，上向きの競争（アップワードコンペティション）と下向きの競争（ダウンワードコンペティション）の2つに分けて考えられます．下向きの競争とは，例えば自分が雇っている労働者をぼろぼろになるまですり減らして使ってしまうような働かせ方，環境規制を全く守らないような仕方でコストを浮かし，少しでも安いものを提供していこうと下向きに足を引っ張り合って競争することです．他方，上向きの競争とは，労働力を大切にし，環境は汚染せず，人権問題などに配慮する，そのための最低限の規制をし，歯止めをかけた上で，それ以上のアイデアの部分や仕事のオーガナイズの仕方で勝負をしていくというものです．

　下向きの競争は一見効率を追求しているようですが，人間を使いつぶし，地球を汚すわけですから，結局は資源を浪費しているという意味で実は非効率的なことをしているのです．

　労働基準法とか環境規制，製造者の責任といった規制は，本当の意味で効率的な資源を浪費しない事業が市場競争の中でも勝つことを保証する装置なのだと考えるべきなのです．

● 働きやすい労働環境への配慮

　第3のキーワードは，従業員はじめ関わる者すべての働きやすさを重視するということ．結婚していても子どもがいても，それがプラスにこそなれ，マイナスにはならない働き方が模索されているということです．女性起業家は女性が働きやすい職場づくりに力を入れています．図3-4（日経産業消費研究所調査：1992年）によると，産前・産後の休暇制度は過半数が導入していますし，出産・育児でいったん会社を辞めても再び職場に復帰できる再雇用制度も半数

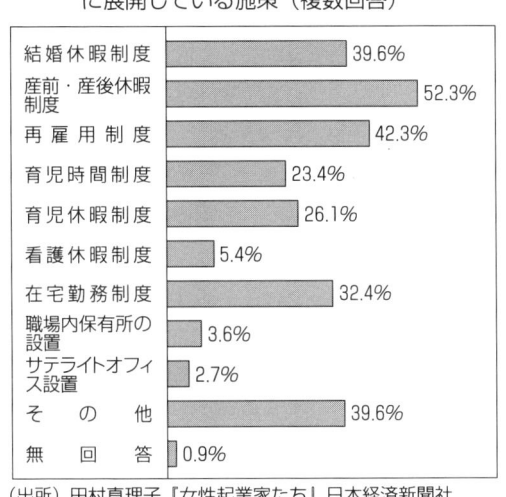

図3-4 女性が働きやすい職場を実現するために展開している施策（複数回答）

施策	割合
結婚休暇制度	39.6%
産前・産後休暇制度	52.3%
再雇用制度	42.3%
育児時間制度	23.4%
育児休暇制度	26.1%
看護休暇制度	5.4%
在宅勤務制度	32.4%
職場内保有所の設置	3.6%
サテライトオフィス設置	2.7%
その他	39.6%
無回答	0.9%

（出所）田村真理子『女性起業家たち』日本経済新聞社，112頁（日経産業消費研究所調査）．

近くが実施しています．女性経営者の，女性社員への配慮の厚さが窺われます．

女性起業家と家族との関係では，もともと理解のある夫は少ないものの，妻の起業が成功していくにつれて徐々に理解を示してくるという例が多いようです．従来は妻が家にいて子育てや家事に専念しているのがよいと思っていた男性も，社会に関わって生き生きとし，その上お金も稼いでくる妻の魅力をだんだん見直してくるということです．

不況の時代，失業や報酬ダウンは他人事でなく，男性の中にも自分一人の稼ぎで妻子を養っていけると言い切れる人はだんだん減ってきています．そういう意味では，経済が低迷している時期は，女性にとって逆にチャンスといえるのではないでしょうか．

女性たちが起業のノウハウを学び，起業の経済的効果の裏付けを知り，産業の中心が重工業や製造業からサービス産業に移ってきている現状では，女性がチャレンジしやすい事業が増えてきています．重要なのは，知識を行動に変えることです．そして最終的には，女性の起業が「世界を変える」というところまで進むことによって，社会「変革」が実現することを信じたいと思います．

3 さまざまな起業のかたち

協同組合やワーカーズ・コレクティブ

1990年代に入ると,多様な問題に取り組むために生協の総合化の動きが強まり,単一の課題に対応する専門生協設立の動きが活発になってきました.比較的少数の組合員と職員によって,より専門性の高いサービスを提供しようとする医療生協,福祉生協,ワーカーズ・コレクティブなどがそれです.

生活クラブは,1965年に牛乳の共同購入を媒介として出発し,1968年に生協組織を取り入れ,全国規模で拡大していきました.生活クラブ生協のワーカーズ・コレクティブは,組織としては組合員の任意加入による任意団体として設立され,中には法人化しているものもあります.

組合員が自ら労働をして経営の当事者にもなり,資本の当事者でもあるという形で活動するワーカーズ・コレクティブは,かなり以前から注目されてきました.介護や給食など地域に密着した活動が多く,内容が多岐にわたり,しかも独創的なものが多いという特徴があります.ワーカーズ・コレクティブによる起業は,1980年代に入ると,隙間産業にねらいを絞ったスモールビジネスの分野で女性たちに増えてきました.それは社会的に大きな流れとまではいかなかったのですが,90年代には女性の起業として利潤追求型の起業とワーカーズ・コレクティブに代表される社会性追求型起業という2つの大きな流れが出てきました.ワーカーズ・コレクティブの職種には,自然食レストランやリサイクルショップ,育児サービスなど地域活動や主婦のキャリアを生かしたものが多く,社会的意義を重んじる経営,既成概念にしばられない自由な発想の働き方ということで,特に主婦層に熱い思いで受け入れられました.ただし,なかなか採算ベースにのりにくいのが多いのも事実です.

欧米では,ワーカーズ・コレクティブは企業形態として法制化されていますが,わが国にはワーカーズ・コレクティブに関する法律がないため,法人化するには,①一般企業と同様に株式会社や有限会社として法人化するか,②中小企業等協同組合法により企業組合として法人化するか,③各種協同組合法により法人化する方法があります.協同組合は,営利を目的とする営利法人,公益

を目的とする公益法人の中間的な存在として位置づけられてきました．女性のワーカーズ・コレクティブには，法人化しないケースが多いようです．

　日本の生協運動は，消費者の生活を防衛するためにグループをつくって物を共同購入することから始まっています．1960年代には大学生協などとあいまって全国的に広がりました．その後スーパーマーケット方式の生協も広がり，大きなビジネスになってきています．生活協同組合には組合員と労働者，そして理事などに代表される経営陣という3者に力の相関関係がありますが，労使紛争も発生したりしています．

　日本の生協運動やワーカーズ・コレクティブの主体である主婦は，夫に扶養されていることが前提となっているためか，自分が生活するために必要な報酬を受けられるだけの利益を上げるということには消極的です．

　日本の生協運動が女性しかも主婦を中心とした消費者運動だったのに対し，ヨーロッパでは伝統的に男性が中心で，労働者の生活改善が出発点だったという点が違っています．この違いから，利益を上げるということに対する決定的な意識の違いが生じているようです．ヨーロッパでは，1880年代後半頃から1900年代にかけて，協同組合運動がかなり盛んになってきます．直接の動機は労働者の生活改善です．

コミュニティビジネスとして

　起業家が担い手となって地域が抱える問題を解決していくコミュニティビジネスのテーマは，教育，福祉，環境，ものづくり，まちづくりなどとさまざまです．時代の変化の中では，「再生ビジネス」もその1つ．右肩上がりの経済の中で行政がつくり続けてきた箱モノ施設の多くが，維持管理費も出せない状態になっていることに着目したビジネスです．閉じた駅ビル，廃校，農業高校など，採算性をよく検討しないままつくられ，十分に活用されていなかったり，社会構造の変化で使われなくなったりした施設は，全国各地に数多くあります．一度閉じてしまえば二度と使えなくなってしまう建造物を放置せずに，どうやって有効活用していくかを考えるのが，「再生ビジネス」です．シャッター商店街の空店舗や，人口が減り廃校になってしまった幼稚園や学校など，一等

地の旧建物は，何とか再生が可能なのではないでしょうか．

　行政はスピードにのり，リスクをとるのが苦手です．そこに民間の財や知恵を持ち寄ることで，付加価値のある運営が可能になるのです．こうした「再生ビジネス」は，少子化や産業構造の変化，行政と民間の役割分担の変化によって，確実に増えていくことでしょう．そうなれば，その地域に担い手がいるかどうかで，施設が無駄になるか活用されるかが決まってきます．自分たちの税金でできた施設の有効利用という視点で町を見直してみれば，現在，NPOなどの活動にこんな施設があったらいいな，というものも見つかることでしょう．

「もう1つの役場」づくり

　これまで，地域のサービスを提供する主体は行政でした．ところが最近は，職員に対して「県民のフォロアーに徹せよ」と発言する知事も出てきました．制度疲労を起こしている行政機構を自浄作用によって地域住民の求めるものに改革していく難しさが，理解され始めたのでしょう．地震などの非常災害時にも行政は機敏には機能しなかったとよくいわれます．例えば神戸の大震災で最初に活躍したのは，自発的なボランティア活動でした．

　しかし，行政セクターが福祉などのサービスから一気に撤退すれば，弱者の切り捨てになりかねません．そこで，新たなサービスの担い手であるコミュニティセクターが求められています．それは行政セクターにとって代わるのではなく，行政のよき競争相手ともなっていく「もう1つの役場」ということです．

　これからは，社会に必要なものやサービスを，社会に関わる3つ（行政，企業，NPO・コミュニティ）のセクターでどう担い，役割分担するかを再構築する時代なのです．コミュニティセクターを地域のステーションとして，行政サービスに対する想いを1つにし，実際に地域で活動する人々のための拠点にします．自然から人まで，地域にある多様性・特性を集結し，地域の問題を自ら解決したり，互いのサービスを自由に交換したりして，そこに住むみんなが共感を持って地域のために働ける地域のステーションは，「もう1つの役場」としての機能を持ち始めることでしょう．

NPO としての活動

　前世代の生産協同組合を活性化し，しかも，営利追求ではできない先駆的な仕事をするための新しい世代の起業の可能性の1つとして注目されているのが，NPO（ノン・プロフィット・オーガニゼーション）の活動です．ノン・プロフィット・オーガニゼーションとは，政府（第1セクター）でも企業（第2セクター）でもない，ボランティアと寄付金によって運営される第3セクターの民間の非営利団体を意味します．現在日本では認可を受けたNPO団体（非営利活動法人）が2万あります．

　アメリカには約210万団体のNPOがあり，そのうち150万団体程度が税金の控除を受けるといわれます．アメリカ建国以来，奴隷解放，公民権運動，消費者運動，障害者権利運動，環境保護運動などを生み出したのをはじめとして，NPOはアメリカ社会に多大な貢献をしてきました．その活動は社会福祉，医療，宗教，教育，調査研究，芸術・文化，法律まで広範にわたっています．法人格のある税控除の対象となるNPOが出現したのは，1970年代のことでした．

　アメリカのNPOは，雇用の機会も創出してきました．第3セクターにおける雇用の伸び率は過去15年間で33％と，第1，2セクターの25％を上回っています．NPOで働く約1,500万人のうち7割が女性で，有給労働者は全体の約7割です．NPOは女性の雇用機会の拡大にも貢献しているのです．NPOの総支出はGNP（国民総生産）の1割を構成しています．NPOは，その事業により収益をあげることは認められていますが，個人に配当したり，私的に所有することは認められていません．アメリカのNPOには，各州の法律により法人格の取得と税法上の優遇措置が認められていますが，わが国の場合，税控除の体制は，まだ全く不十分です．

　わが国でも，国際協力や高齢者問題など，行政だけでは解決できない分野にNPOが取り組んでいるにもかかわらず，制度上の制約があることが2～3年前から問題となり，NPO法改正への市民運動が活発になっています．

　そもそもは，阪神大震災でのボランティア活動が脚光を浴びたこともあって，NPO法案が政治レベルで検討されるようになり，1998年に法人格取得を認めるための特定非営利活動促進法，通称NPO法が成立したのでした．現在は，

福祉，子ども，文化，男女共同参画，まちづくりなど17の項目で申請受付が行われています（NPOに関しては第4章で詳述）．

4　農村女性の起業

農村女性の変化と起業

　戦前の農村女性のおかれた地位は低く，家制度の中で姑，大姑，小姑に仕え，重労働に明け暮れ，忍従の日々を送る毎日は，工場での「女工哀史」になぞらえて「農婦哀史」ともいわれてきました．

　しかし，戦後の農地改革による農村の民主化，その後の高度経済成長期を経て，農村は大きく変わりました．特に近年の農村の女性の変化には著しいものがあります．農産物の生産だけでなく，農産物加工・販売や直売が行われ，地域社会の活性化にも貢献しています．経済のみならず，地域社会の変化に寄与しているのです．例えば，農業に従事する女性の働きで，安全な食品を求める消費者の要望に応える農作物を提供し，地域に密着した市民生協を介して，消費者と生産者とのネットワークが作られました．農業女性の他の仕事起こしでは，環境問題，リサイクルやコミュニティ再生運動などともつながっています．それらの活動内容は，『女性の仕事おこし，まちづくり』（学芸出版社）に記されています[注1]．

　地域生産活動型のものでは，農業生産活動を基礎に村の特産品づくり等を女性がグループで起業し，地域の活性化に貢献している事例が多くあります．産直運動はじめ農業分野での女性の起業は，生活改善グループでの地道な活動が基盤になっています．農村においては都会へ向けた単品生産を見直し，地元への供給に地元の生産者が取り組む中で農家の自発性が高まり，自給自足の生産文化としての多品種栽培農業を取り戻している事例もあります．生産者が自主的に生産活動を展開するとどれだけ創造的になるか，またその活動がどれほど生きがいにつながるかは計り知れないものがあります．家事・育児・介護サービスの家事援助型，福祉型，環境型，地域生産型，コミュニティ再生店舗型など，どれをとっても，崩壊の危機にあるコミュニティの人間関係や環境，生活

支援力を補うものであり，コミュニティの活性化の方向性を持っているのが，女性の仕事起こしの特徴です．中でも農村という生産の場と生活の場を消費や文化の場と結び，新しいタイプのまちづくりをしていくことは，人と人を横ならびの関係の中で繋ぎ直していく女性ならではの活動だと思われます．

農村女性の起業の強み

2003年の農林水産省の「農村女性による起業活動実態調査」によると，農村女性が主体となって朝市や農産物の加工・販売・直売などの活動に取り組んでいる事例は，全国で7,327件．前年度比7.2％の増加であり，この5年間でおよそ2倍になるというほど急速に発展しています．この発展は，従来の経営学の発想をうち破る，斬新で大胆な女性たちのマネージメント能力に裏打ちされているといえます．まず，農村女性起業の業種選びのキーワードは「食・遊」で，活動内容は，農業生産が1割，食品加工が6割．他に食品以外の加工，都市との交流などがあります．朝市などの販売・流通や農家レストラン，高齢者世帯への給食サービスなど福祉事業への広がりも見せています．男性と異なり，身近な生活を通じて事業のヒントを得ています．特に，農産加工や調理などは実生活を通じて慣れ親しんでいるので，きっかけさえできれば起業はそれほどハードルの高いことではないようです．農村女性起業家の強みは以下のような点にあると思われます．

①ネーミング

女性起業の事業名は，ユニークでユーモアに富んだものが多いのが特徴です．名字を冠した○○商事とか○○物産などの，男性の事業に多い形式ばったものではなく，親しみやすく，事業内容や事業目的がわかってもらいやすい事業名にしている傾向があります．

②経営学やマーケティング理論の先取り

女性が会社を起こすのに欠けているのは，資金調達の担保力と経営能力がないことだといわれてきました．しかし，近年の女性起業の成功は，消費者のニーズを的確につかみ，それを商品開発に反映させていることにあります．消費者の大半は女性であるということを認識した上でのマーケティングです．さ

らに，女性中心の起業では，こまやかなサービス，とぎすまされた感性，豊かな生活感覚と斬新性によって，商品やサービス開発に成功しているといえます．そういう意味では，農村の女性起業はマーケティングの分野で一歩先んじているといっていいでしょう．

③柔軟な働き方

　農村女性が就業するに当たっての最大の問題は，就業時間に柔軟性があるかどうかということです．育児，介護，あるいは日常の膨大な家事時間を組み込んで就業時間を確保しなければならないからです．フレキシブルな時間体制，家事優先が認められる働き方でなければ難しいということです．そのような時間の自由性は，工場労働のようにタイムキーパーに従って賃金が計算される管理体制ではなく，互いの信頼に基づいた裁量感覚で仕事をこなし，成果を最大にするようみんなで努力していくという働き方でなら，もたらされ得ます．

④総合的事業体制

　農村女性は，農業の担い手です．経営主は夫や夫の親の名前になっていようとも，経験からしても知識からしても実質的担い手なのです．その実質的主人公が加工や販売に乗り出していることは，生産，加工，流通，サービスのあらゆる部門を総合的に事業化しているという強みになります．第1次産業（農業生産），第2次産業（農産物加工），第3次産業（流通・販売）が総合化され，部門ごとの移動は内部で行われ，コスト減が行われているといえます．

⑤生活感覚に根づいている

　都市の顧客の消費者との連携を考える時，農業起業家が生活感覚のある女性の生産者であるということは，生産と消費との非常に強い結びつきになります．生活のあらゆる分野で女性が決定権を握っており，このことはマーケティングでも成功しています．農村女性の起業では，女性のニーズや強みを最大に生かしていると思われますが，金銭マネージメントの感覚がもっと必要であり，あまりにも少ない賃金の確保に改善を図ることが，これからの課題です．

第2節 女性経営者とマネージメント

1 明日を開く女性経営者たち

女性にとって働きやすい職場環境とは

　近年の女性経営者の増加は喜ばしいことですが，一方で，女性が経営する企業では中小の規模でも，立ち上げの困難さに加えて経営・資金的な困難を抱えている例が少なくありません．それもあって，女性経営者に関する調査の問題意識は，起業家スピリット育成，起業の段階の適切な時期に適切な支援が得られるようにするなど，女性起業家の誕生や成長への関心がほとんどでした．女性と仕事研究所では2004年，経営者としての仕事の与え方や仕事への向き合い方，女性の部下に対するリーダーシップについて調査を行いました．[2003年度大阪府ジャンプ基金選定事業（ジャンプ調査という）「女性が経営する企業における『女性が働きやすい職場環境』に向けた取組について－メンター（mentor）の視点から」] 調査対象は，すでに従業員の規模も増加し，売上高も1億円以上の女性経営者の企業にしました．女性経営者は社員の仕事の与え方を含めてどのようなマネージメントの仕方をするのか，また，自分がメンターであるという自覚と視点で，女性が働きやすい職場環境に向けてどのような取組を実施しているかを調査し，男性経営者の企業といかなる違いがあるかを検討しました．男性経営者と女性経営者の大きな違いは，自分が女性社員に対するメンターであるという自覚があるかどうかということでした．

　調査の実施に当たっては女性経営者の企業の概要を調べ，どんな職場環境が女性にとって働きやすいのか，その基準を検討しました．女性が経営する企業には中小企業が多いのですが，これらの中小企業での働きやすさは，規模の大きい男性経営者の企業でいう女性の働きやすさとは違うかもしれないのです．

　大企業での女性の働きやすさにおいて重視されるのは仕事と子育ての両立施策で，中でも育児休業の取得率が重視されます．しかし中小企業では，女性の働きやすさの指標に，仕事と子育ての両立制度（育児休業）がどの程度法律を

上回っているかを中心に掲げるのは,少し違うと思います.育児休業の大幅普及は,大企業の男性中心の事業経営で初めて容易になることであり,それができるのは,パートタイム労働など非正規労働者の働きから出てくる余剰金を育児休業中の代替要員にまわせる大企業のシナリオがあってのことだと思います.中小企業や女性の経営する小企業では,均等(男女の雇用機会均等)が両立に優先すると思われます.均等待遇や登用の女性差別がなくなり,勤続年数を問わず,女性が職務内容や仕事の仕方に意欲を持てるようになって初めて,出産による退職の壁を突き破る意欲や力も出てくるのだと思います.日々の仕事の評価が能力によってなされ,それに基づいて給与や仕事の責任を持たされる仕組の方が,働きがいになるでしょう.勤続年数を昇進の基準にするのではなく,能力を基準にすればいいのです.

　賃金や登用に差別が生じる原因として経営管理職があげる最大の理由は,「女性の勤続年数が低い」[注2]となっています.したがって,両立支援の実行では勤続年数を伸ばすことが解決策ということになります.しかし,女性の昇格に勤続年数を伸ばすことが重要で,育児休業を拡大するというのは,決して正しい解決ではないと思われます.勤続年数が男性と同じになったら女性登用・昇進が進むかは,確かなことではありません.自治体職員は勤続年数では男女の格差はないものの,昇進・昇格には格段の差があります.その原因は勤続年数ではなく,職務評価をどのようにするかという人事制度にあるのだと思います.

　勤続年数重視の考え方は,前提に男性中心の終身雇用制度があります.今はその前提そのものが崩れかかっています.勤続年数にこだわるのは,女性を評価しない言い訳のような気がします.女性の平均勤続年数の9.0年は,男性の13.6年に比べて,そんなに短いでしょうか.能力評価で男性も女性も責任あるポストに就けるということになれば,勤続年数を重ねることは決して必須条件ではないはずです.

ファミフレか均等か

　女性の職場での活躍を進めるために大きく2つの施策があります.1つは均

等・能力発揮（ポジティブ・アクションで進める），もう1つはファミリー・フレンドリー（ファミフレ）施策（家族的責任重視施策ともいいます）の推進です．ファミリー・フレンドリー施策の中心は育児休業です．育児休業は男女ともに取得することが前提ですが，現実には女性の育児休業取得がまだまだ課題です．育児休業制度の充実は女性が就業を継続するための決め手ではありますが，女性の育児休業だけではなく，男性のパパ休暇や男女ともに労働時間を短縮すること，子育て期の短時間勤務制度なども重要です．在宅勤務やフレックスタイム制などのフレキシブルな就業形態を人生のある時期を限定して認めることも含めてこそファミリー・フレンドリー施策だと思われます．アメリカや欧州の「ワークライフバランス」（仕事と生活のバランスをとる）施策に準ずるものが日本にも求められていると思われます．

ところで，女性の職場での活躍において，ファミフレがより重要で，均等が次に重要な課題なのか[注3]ということについては，私としては，中小企業や女性経営者の企業では均等がより重要であると思っています．

2　女性経営者と女性社員の働きやすさ調査

女性経営者・中小企業での女性の働きやすさとは

　女性の働きやすさの指標と評価を，女性の能力発揮・均等待遇にウエイトを置いて点数化してみました．各項目は，中小企業等における「働きやすさ」指標の目的変数の役目を果たすものです．それぞれの項目について積極的か消極的かを4段階で評価し，得点を合計します．「非常に積極的」4点，「やや積極的」3点，「やや消極的」2点，「非常に消極的」が1点です．

女性経営者・中小企業での女性にとっての働きやすさ指標 （金谷千慧子作成）
Ⅰ　女性の能力発揮・活用に関する12項目（4，3，2，1の4段階）
　①企業のトップが，女性の能力発揮に積極的である
　②男女共同参画についての職場研修を実施している
　③昇格試験を受験するように女性社員に奨励している
　④求人広告や会社案内の中で，女性の採用に積極的な姿勢を伝えている

⑤性別にとらわれず，個人の能力を基準に採用している
　⑥面接選考担当者に対して研修を実施したりマニュアルの配布を行っている
　⑦女性が意欲的に働きたくなるような仕組み・制度がある
　⑧配置転換や昇格に自己申告や面談の制度化及びその機会がある
　⑨職場・就業環境についての意見や要望を受け入れる体制を整えている
　⑩社内会議に女性が参加することが多い
　⑪会社を代表する立場として女性社員が外部の会議へ参加することがある
　⑫女性の管理職が増加している

Ⅱ　セクシャルハラスメント対策に関する3項目（4，3，2，1の4段階）
　①セクハラ防止のための研修や啓発を行っている
　②セクハラ対応窓口を設置し，専門家による事後措置の体制を整備している
　③アンケートなどで，セクハラに関する女性の意見や悩み，要望等を把握している

Ⅲ　短時間労働者への対応に関する3項目（4，3，2，1の4段階）
　①短時間労働者等から正社員への登用の道が開かれている
　②短時間労働者等にも働きに応じた昇進・昇格・賃金制度等を導入している
　③短時間労働者等も育児・介護休業などを取得できる

Ⅳ　ワークライフバランス（仕事と家庭の両立）に関する5項目（4，3，2，1の4段階）
　①産前産後休業期間や育児休業期間が法定を上回っている
　②男性が育児休業を取りやすくなるよう工夫している
　③従業員のメンタルケア（精神的ケア）の支援をしている
　④フレックス制度や短時間勤務措置が可能である
　⑤結婚後も女性が働き続けることができるよう配慮している

Ⅴ　地域・社会貢献に関する4項目（4，3，2，1の4段階）
　①経営理念などに地域との共生をかかげている
　②環境問題を視野に入れた事業展開をしている
　③ボランティア活動，NPO・NGO等を支援をしている

　上記の指標評価項目をもとにして，ジャンプ調査を行いました．調査対象の

女性経営者の企業は，①全国を対象に女性経営者の企業71,585社(注4)のうち売上上位400社，②大阪を対象に女性経営者の企業5,148社のうち年間売上高1億円以上の中から700社，③新聞等に取り上げられた女性経営者が経営する企業約200社．回収数は66社でした．

ジャンプ調査対象企業の概要

　女性経営者の企業の設立では1946年と1965年，1990年の3つのピークがあり，1990年のピーク後は減少傾向にあります．代表者の年齢層は「60歳代以上」が最も多く，50％を超えています．次いで「50歳代」，「40歳代」と減少し，「30歳代」はわずか3％です．創業経緯別に見ると，「自分が創業した会社」は「40歳代」が25.9％と，若い年齢層にも多くなっています．業種では，「卸・小売・飲食店」が多く，「サービス業」も合わせると3割程度，次いで「製造業」が2割です．従業員数では，常用従業員数（パート・派遣を含む）「6〜20人」規模が約4割と最も多く，他の規模はほぼ同じ程度に分散しています．創業経緯別に見ると，「自分が創業した会社」（創業社長）は「6〜20人」が42.3％と，規模の小さい企業の方が多くなっています．代表者（社長）の年齢層は60歳代が最も多いことに対応して，職業経歴の合計年数も30年以上が6割近くと多くなっています．代表者の経験年数も20年以上が6割近くになっています．「10年以上」の継続が7割を超しており，「5〜10年未満が」約2割です．創業経緯別に見ると，代表になった経緯は「自分で創業した」が約半数で最も多く，「親などの会社を引き継いだ」は26％，4分の1を占めています．

　大阪府下の女性経営者の企業概要では，年間売上高1〜2億円までの企業が全体の3分の1，従業員数20名までの企業が77.3％，資本金1,500万円までの企業が67％，資本金5,500万円までで95％程度を占めています．資本金が10億を超えるものは，学校法人や医療法人が多いようです．

女性管理職比率は女性経営者の企業が高い

　女性の勤続年数は「5年」が最も多く，平均では8.6年で，現在のわが国の女性の勤続年数9.0年よりやや短い傾向があります．

女性管理職比率は，平均35.2％．全国企業の女性管理職比率は部長が1.6％，課長が2.6％（2003年女性雇用管理基本調査[注5]）ですから，女性経営者の企業では女性管理職比率が格別に高いといえるでしょう．「大企業は女性をつぶすだけ．中小企業は活かして使うから女性が残る」，「いい人材はなぜか女性ばかり」（ヒアリング調査）というのが実態です．

女性経営者の企業の「女性の働きやすさ」評価指標

　「女性の働きやすさ」を5分野で分析します（143-4頁参照）．「女性の能力発揮・活用に関する12項目」の全企業数の平均は34.2点，「セクシャルハラスメント対策に関する3項目」の全企業数の平均は6.1点，「短時間労働者への対応に関する3項目」の全企業数の平均は7.7点，「ワークライフバランス（仕事と家庭の両立）に関する5項目」の全企業数の平均は12.4点，「地域・社会貢献に関する3項目」の全企業数の平均は8.4点．5分野26項目の得点を合計した総得点は26点から104点までとなりました．図3-5は総得点の分布をヒストグ

図3-5　女性経営者の企業における女性の働きやすさ総得点の分布

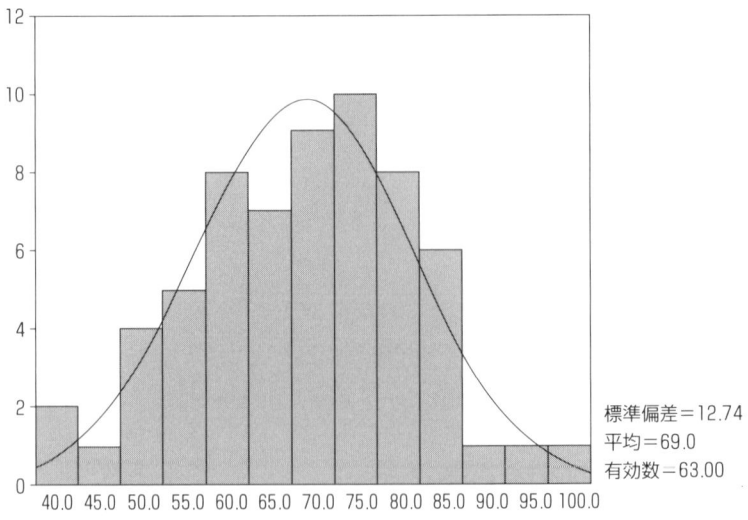

標準偏差＝12.74
平均＝69.0
有効数＝63.00

（出所）「女性が経営する企業における女性の働きやすさ調査」
　　　　（特）女性と仕事研究所，2004年3月．

ラムにしたもので，ジャンプ調査の平均得点は69点，標準偏差は12.74です．三重県調査（後述）は平均54.4点でしたので，ジャンプ調査が15ポイント程度高くなっています．

3　三重県企業調査との比較

男性経営者の企業との働きやすさ比較

　男性経営者の企業との働きやすさを比較するために，2003年に三重県が行った優良企業を表彰するための企業調査を再分析し，今回のジャンプ調査と比較しました．

　三重県ではジャンプ調査より多数の項目が調査されていますが，比較のために，項目をジャンプ調査の26項目に合わせて再分析しました．三重県では5択だった選択肢も4択（非常に積極的，やや積極的，やや消極的，非常に消極的）に変更し，ジャンプ調査と同じ設問にしています．経営者の男女別は三重県調査の対象ではなかったため，対象企業771社の全企業が男性経営者の企業であったかどうかは不明です．しかし全国の経営者の男女比率（女性経営者比率4.5％）から，771社の中では35社程度女性経営者の企業が混在していたと推測されますので，大多数の男性経営者の企業と少数の女性経営者の企業の集合と考えた方が妥当だと思われます．働きやすさの指標が同じだったことは比較するのに適切でした．三重県調査の企業の概要を以下に示します．

　従業員規模は30〜99人が51％で最も多く，次いで1〜29人．業種は製造業が最も多く，次いで建設業．サービス業は13.5％で4番目です．勤続年数は女性10.5年，男性12.9年［女性の勤続が全国平均やジャンプ調査（女性経営者企業対象）と比べてやや長い］．女性の場合，ジャンプ調査と同様に勤続「5年」あたりが最も多く，勤続年数の長い企業が数値を押し上げています．

　常用雇用者に占める女性の比率は，個別企業の常用雇用者数に占める女性の比率をヒストグラム化したものであり，女性比率が1割程度の企業が最多ですが，平均では常用労働者に占める女性の割合は34％程度．ジャンプ調査では平均女性比率が60.7％であり，ジャンプ調査の方が常用労働者数に占める女性の

比率が20数ポイント高くなっています．

　正規労働者に占める女性の比率が最も多いのは１割付近ですが，全体の平均は27％．ジャンプ調査の常用労働者の女性比率34％から見ると７ポイント減少しています．常用であっても正規労働者ではない比率が高いということです．

　女性管理職比率は1.4％です．ジャンプ調査のヒアリングで「大企業は女性をつぶすだけ．中小企業は活かして使うから女性が残る」，「いい人材はなぜか女性ばかり」という声がありましたが，男性経営者の企業では，そうならないのでしょう．

表３-１　管理職の女性比率と勤続年数

		ジャンプ	三重県調査	差異
1	管理職女性比率	35.2％	1.4％	33.8％
2	勤続年数（平均）	8.6年	10.5年	1.9年
3	従業員規模	30～99人　28％ 1～29人　44％	30～99人　51％ 1～29人　28％	逆転

中小企業での女性の働きやすさ

　働きやすさ指標をもとにしたこの調査の基本には，充分な制度の整えにくい中小企業における女性の働きやすさとしては，やりがいをもって仕事ができること，働き方について柔軟な対応・配慮が可能であることなどが重要なことが

表３-２　働きやすさ得点比較

		ジャンプ(点)	三重県調査(点)	差異(点)
1	総合計点	69.0	54.4	14.6
2	女性の能力活用	34.2	26.8	7.4
3	セクハラ対策	6.1	5.1	1.0
4	短時間労働者対策	7.7	5.9	1.8
5	ワークライフバランス（仕事と家庭の両立）	12.4	7.7	4.7
6	地域・社会貢献対策	8.4	7.2	1.2

（出所）「女性が経営する企業における女性の働きやすさ調査」
　　　（特）女性と仕事研究所，2004年３月．

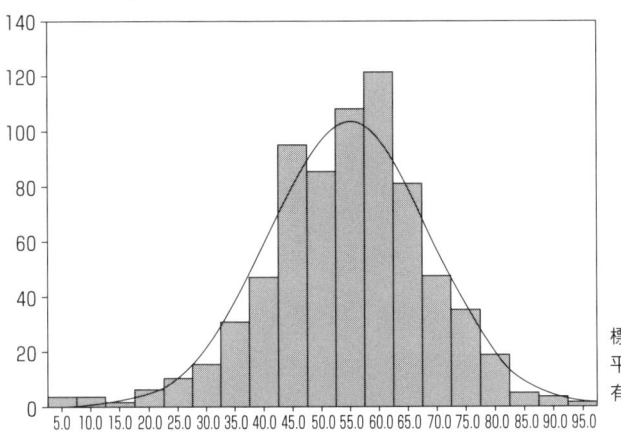

図3-6　三重県調査の女性の働きやすさ総得点分布

標準偏差＝13.66
平均＝54.4
有効数＝711.00

（出所）「女性が経営する企業における女性の働きやすさ調査」
　　　　（特）女性と仕事研究所，2004年3月．

わかりました．また今回の女性経営者調査のように，モデルとなる女性の存在や目標を共有できる働き方が重要であることも判明しました．これらのことから，ファミリー・フレンドリー施策よりも女性の活用に焦点を合わせた「指標」が女性の働きやすさ指標として妥当だと思われます．

ヒアリング調査（事例）

ヒアリングを「受け入れる」と回答した女性経営者は，全員が「自分が創業した会社」の代表者でした．その中から東京・大阪を中心に選定し，ヒアリングを行いました．以下は，各女性経営者（起業家）が最も主張したかった内容を簡略的に表記したものです．

女性経営者の分類
- 女性が対等に働く場として起業を選び，自ら経営者となった
- 女性の特質を活かすビジネスを
- 人生の目標は「生きがい」や「働きがい」である
- 女性の力を意図的に引きだそうと日頃から心がける
- リーダーシップが，従来のような上下関係が中心ではなく，横並び型である
- 女性のライフスタイルに合わせて柔軟な働き方のアレンジをしている
---

4 女性の働きやすい職場環境とメンタリング

「女性の活用」項目と他の項目との相関関係

　総得点の大きな部分を占める「女性の活用」得点と各分野の相関を見ながら，2調査の特徴を検討します．指標項目間の相関について，「女性の能力活用」分野項目とその他分野の項目を見ると，「女性の活用」項目は，ジャンプ調査では「短時間労働者対策」，「ワークライフバランス」に相関が高く，三重県調査では「セクハラ対策」と「社会貢献」項目に相関が高くなっています．女性経営者の方が，「女性の活用」と「短時間労働者対策」，「ワークライフバ

図3-7　ジャンプ調査と三重調査比較
―女性経営者と男性経営者の企業の女性の働きやすさ比較

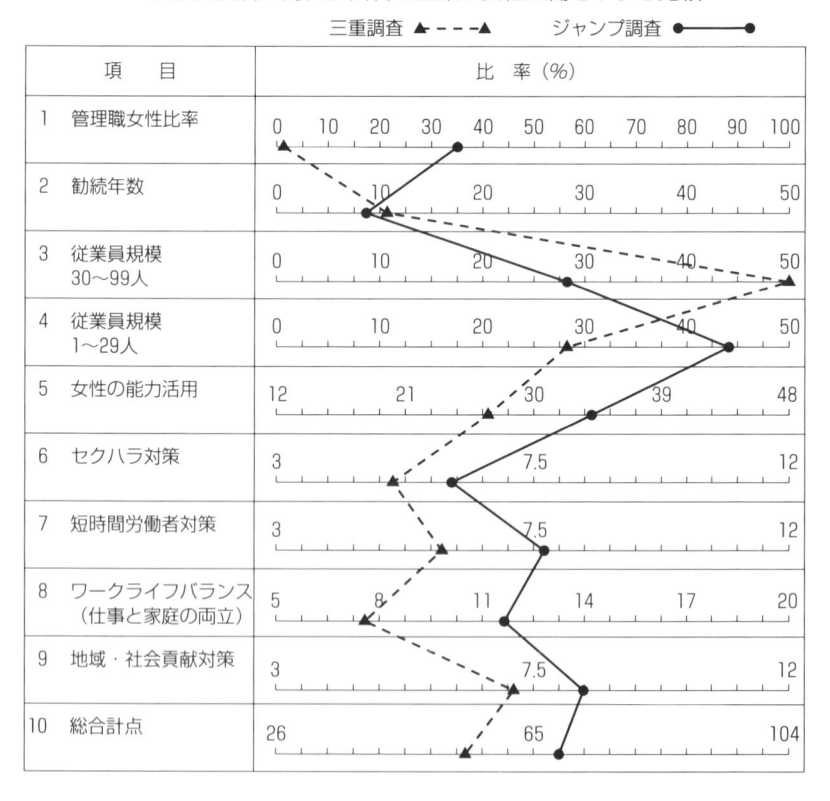

項目	比率(%)
1 管理職女性比率	0–100
2 勤続年数	0–50
3 従業員規模 30～99人	0–50
4 従業員規模 1～29人	0–50
5 女性の能力活用	12　21　30　39　48
6 セクハラ対策	3　7.5　12
7 短時間労働者対策	3　7.5　12
8 ワークライフバランス（仕事と家庭の両立）	5　8　11　14　17　20
9 地域・社会貢献対策	3　7.5　12
10 総合計点	26　65　104

三重調査 ▲ - - - ▲　　ジャンプ調査 ●——●

ランス」に気を配っているようです．

　ジャンプ調査では女性社員が多く，かつ女性が経営者であることから，「女性活用・能力発揮得点」の高い企業でも「セクハラ対策」は不要と判断している企業が多く，得点が低くなっています．一方三重県調査では，男性経営者の企業といっても「女性の活用・能力発揮」度の高い企業は「セクハラ対策」や「社会貢献」に積極的ですが，「短時間労働者への配慮」には若干劣るという結果になっています．

メンターとしての女性経営者

　ジャンプ調査のうち，以下の項目で50％を超える数字は，女性が自らもメンターとして，後に続く女性たちを育てようと努力している様子が見えます．

　「会社が私（女性）を対等に扱わないのなら，私が社長になる！」（自由記述）と創業に踏み切った女性経営者は少なくありません．また「人生の目標は『生きがい』『働きがい』であり，決して『大もうけ』ではない」という声もありました．

　女性が経営する企業では，女性の働きやすさを導き出すために，制度に柔軟性を取り入れ，働きやすさをつくり出している場合が多くあります．また従業員の意欲を引き出すことを重視し，人材育成には，女性の力を引き出そうとする傾向があります．リーダーシップでは従来の上下関係中心ではなく，横並び

表3-3　女性経営者とメンター

自分にメンターがいるか	「いる」72％
そのメンターは誰か	「社外の知人」29％，「配偶者」29％
メンターの性別	「男性」が69％，「女性」が31％
・メンターが最も助けになったとき	「仕事のやり方を学ぶ」60.0％ 「人脈をつくるとき」　40.0％ 「問題があるとき」　　37.5％
・「自分はメンターとなっているか」	「なっている」72％
・「女性社員のモデルとなっている」との自覚	「そう思う」＋「どちらかといえばそう思う」83％

型の関係を持たせている経営者が多いといえます．また，在宅勤務ありSOHOありなど，育成しようとする女性従業員のライフスタイルに合う働き方を工夫して生み出しています．

男性経営者にはないような経営上の厳しさはあっても，ちょっとした配慮やコミュニケーションの良さが関係をよくする決め手となっています．このような特徴が出てくる背景には，女性経営者が女性社員の「メンター」になっているということ，女性社員のモデルや目標となっているという自覚が経営者にあるからだと思われます．また，同性として共通する問題や課題を抱えながら働くことへの共感や理解が自然にできることもあるのではないでしょうか．

第3節 女性経営者の人材育成

1 女性経営者のマネージメントの特徴

女性の管理職比率が高いわけ

前節で，女性の管理職比率は女性経営者の企業では極めて高いことが鮮明になりました．この節では，その理由を検討します．女性経営者の「女性」という資質による部分もあるかもしれませんし，マネージメント手法に特質があるのかもしれません．そこで再度，女性経営者の企業の「女性の働きやすさ」についての実態をまとめてみます．

女性経営者の企業では，女性の管理職比率が高く，勤続年数は全国平均よりやや短い程度，従業員規模では「1～29人」の小規模が多い．働きやすさ指標では，女性の能力活用，セクハラ対策，短時間社員に対する対策，ワークライフバランスに対する対策でも，地域・社会貢献に対する対策でも，全ての分野で一般の中小企業（男性経営者の企業）よりも数値は高く，女性にとって働きやすい職場になっています．働きやすさ指標の中で一般の中小企業（男性経営者の企業）との違いが大きい項目は，「女性の能力活用」(7.4ポイント)で，次いで「ワークライフバランスに対する対策」(4.7ポイント)，「短時間労働者対

策」(1.8ポイント),「地域・社会貢献対策」(1.2ポイント),「セクハラ対策」(1.0ポイント) となっています.

　人材活用とマネージメント・スタイルには,男性経営者とは異なる特徴が3つあります.

　第1に,人を活かしてやる気を育てることを重視するという傾向があります.やりがいと責任のある仕事を女性社員に与えることで「達成感を与える」という人材活用手法です.第2に,与えた仕事の評価として「意欲や情熱・努力」を基準とした評価体系のマネージメント・スタイルをとります.第3に,個人の役割・責任を明確にしてその成果を評価し,達成感によって動機づける「個人の課題達成型」をとるという特徴を持ちます.したがって,勤続年数などではなく意欲や情熱・努力を基準とした個人の能力を評価するといえます.

　女性経営者は,「従業員は給料や労働条件以外のことにも関心を持ち,自らの意思で働き,新しい技術や知識の習得にも積極的で,会社のために長く働き,働く意志もそれなりに強い」というような従業員観を持って,基本的な労働条件や福利厚生を充実させ,能力主義を強化しながらもワークライフバランス(仕事と生活のバランスをとる)に気遣いながら人材育成成を行う意向が強いのです.このような特徴を,ジャンプ調査の記述式回答から得られた具体的な声から見ていきます.

人材育成マネージメント事例

　各事例は①〜④に関しての経営者または人事担当の回答内容であり,文末の数字による表記は④に関するものです.

① 社員の働きやすさのために工夫していること
② 女性に対する働きやすさ項目 A〜E (A:女性の活用,B:セクハラ対策,C:短時間労働対策,D:ワークライフバランス,E:社会貢献への独自の工夫)
③ 経営上の留意点や女性社員育成に工夫していること
④ 常用従業員数,常用女性率,正規女性比率,勤続年数男性・女性,代表になった経緯

　以下の事例の特徴をまとめると,まず第1に,1人ひとりに働きがいのある

仕事にチャレンジさせるという「人を活かす」主義があげられます．個人中心の「意欲や情熱・努力」を基準とした評価体系にしています．第2は，そのために障害になることはなくし，子育て中の働きやすさの工夫などで「勤務形態や働き方を生活に合わせる柔軟性」を持たせていることです．これらは規模が小さいからできることでもあります．しかしこの第1と第2は明確には分けられないので，ほとんど同時に実施されていますし，入り交じっています．

● 「人を活かす」「やる気を育てる」事例集

1：研修制度に力を入れる―社命・自己申告．年に3回の社長賞授与

　研修制度は社命，自己申告によるものあり．時間の調整で能力向上に積極的になれる仕組みを作っている．全員の女性に責任ある仕事を任せている．女性だからという甘えは通用しないし，女性だからと萎縮する必要はなし．フレックスタイム制の導入．NPO法人支援には積極的で，ボランティアにも従事．経営者とスタッフの風通しのよさ，スタッフの意見や悩みに耳を傾けるようにしている．しかし，組織としてのけじめのために私のことはあえて社長と呼ばせている．女性同士の横の繋がりで馴れ合いの人間関係になるのを防ぐ効果あり．ライフプランにおけるキャリアの位置づけに悩む20代後半・30代前半の精神的フォローをする．年に3回の社長賞授与がある．これはやる気アップ・自信に繋がる．（従業員数13名，女性比率100％，創業社長）

2：育つ環境を作りチャンスを与える．年功序列を廃止，コミュニケーションの重視．育児休業2歳まで

　育児休業は満2歳になるまで認める．給与テーブルで男女の差なく処遇する．そのため自由闊達で能力に応じた職務従事の機会がある．男女の性差，国籍，入社年，何年いるか途中採用かどうか一切関係なく，全ては能力・熱意・仕事ぶり・貢献度・人間性で判断・評価する．理念・経営哲学を大切にし，社員と価値観を共有する．特に育てる意識はないが，育つ環境を作る．チャンスを与える．年功序列を廃止．コミュニケーションの重視．ベクトルを合わせるため，事あるごとに理念・哲学について話し，理解してもらう．貢献度の高い人が納得できる給与体系．リストラはしないと宣言（リストラするときは潰れるとき）．年に何回かサロン（全社員が集い，楽しく語り飲むパーティのようなもの）を開催．（従業員数516名，女性比率65.1％，正規女性比率52.2％，勤続年数12.2年，7.2年，親などから継承）

3：規模を大きくするより，個々の能力を伸ばす方を優先

　女性は結婚しても常勤で継続するが，出産や配偶者の転勤には，可能な限り在宅勤務に変更する．

3 ●女性の起業とマネージメント

設立から現在まで社員は全て女性のみで，全てフルタイムのスタッフ．社会貢献に対しては状況・内容に応じて支援を行う．可能な限り個々の資質を伸ばせる仕事を得られるように努力している．会社の規模を大きくするよりは個々の能力を伸ばす方を優先させる．育成するというより，様々なものに興味を持てる環境作りを目指している．（従業員数18名，女性比率100.0％，正規女性比率100.0％，勤続年数0年，7年，創業社長）

4：学歴，年功序列等の評価から能力評価へ移行すべく検討中

会社として今までの学歴，年功序列等の評価から能力評価へ移行すべく検討中である．これが導入できれば男女関係なく実力で評価できるので，早い時期に導入したい．今後女性社員も能力評価されるので，その中からやる気ある社員が出てくれば当然管理職にも登用していく．仕事の上では上司の指示通り働くが自分で創意工夫はしない（正確には，したくない）傾向がある．常に女性社員に伝えているが，男性社員ほど反応しない．男女共同参画社会であることを強調していく．評価制度の導入を現在管理職と話し合っている．環境，待遇など悪いとは思わないが，今までの制度では学歴・年齢・勤続年数などが重視されていたので，その人の評価が正確な満足度になっていない．（従業員数98名，女性比率55.1％，正規女性比率33.3％，勤続年数9年，5年，親などから継承）

5：社員が働きやすい職場環境を作ることにより，社員のやる気を引き出す

職場環境の整備に取り組む．社長が女性であり，仕事に男女格差はない．能力活用・参画には女性だからと特に気を配ることなく，個々の社員の能力アップに努めている．セクハラ対策の必要性は，今のところ全く感じていない．社員が働きやすい職場環境を作ることにより，社員のやる気を引き出す．それで会社運営が円滑になると思っている．男女雇用機会均等法施行以前から男女の差別はない会社だった．現在も男女の別なくできる人を役職に登用している．家庭的な環境を作れるよう心がけている．これからの課題としてオフサイトミーティングで1人ひとりの考え方を把握していく．（従業員数48名，女性比率50.0％，正規女性比率41.0％，勤続年数8.7年，6.3年，このうちから昇進）

● 「勤務形態や仕事の仕方を生活に合わせる柔軟性を持つ」事例集

1：週3日体制でもOK，退職・転職後も関係を継続する，管理職は全員女性

基本的に月～金10～18時だが，子育てなどの理由で週3日勤務も可．広告部門ではクリエーターは3～5年で転職していくことが多いが，退職後もフリーで仕事を依頼したり転職会社が近ければ交流するなど，関係を継続していく．女性の再就職スクールと広告会社を併設しているので，

147

女性の能力開発を応援する体制．本社13名中男性は5名．4名が20代，1名が30代で管理職は全員女性．セクハラはあり得ない会社．「女性の自立」「社会参加」を応援することが会社の基本姿勢であり，「男女」と分けて考えることはなく，「仕事に対して意欲的か否か」という分類しかない．社会の進歩に貢献できる会社であること．利益を出し，社員の動きに応じ，還元していける会社であること．結婚や家庭に逃げ込まず，男性と同じような心構えで仕事に取り組んでほしい．能力に個人差はあっても男女差はない．ただ男性はここ一番の踏ん張りがあるのに対し，女性は比較的簡単にあきらめて退職してしまうのが社会的損失であると思う．この意識改革は大変難しい．子育て中あるいは老親の面倒を見る場合などは時間・勤務日数などを考慮し，なるべく長く勤務できるよう工夫している．（従業員数68名，女性比率92.6%，正規女性比率16.7%，勤続年数5年，創業社長）

2：今月から託児所を設置，育児の時短を最長8歳まで

社員がハイクオリティーな会社生活を送ることを目指し，福利厚生施設を設けている．託児所を設置したので，ぜひ活用し，存分に能力を発揮してほしい．女性に働きやすい環境は男性にも良い環境であると考え，育児の時短を最長8歳まで認めている．他にも通常の年次有給休暇に加えて，傷病による長欠時の有給積立制度や慶弔時に特別付与する制度がある．各人のライフスタイルに合わせて勤務地限定コースを男女の別なく選べる．女性を積極的に社外へ出しているが，代理に留まることが多い．いろいろな経験を積極的に積んで成長してもらいたい．求人や社内の会合では男女の区別をせず対応している．数年前より新入社員教育の一環としてセクハラ防止ビデオを視聴させ，社会人としての心得を示している．短時間労働者に対しても賃金以外の処遇差を設けない．短時間労働についても慶弔時有給特別付与や時間外に対する割り増し率を法定を超えて正社員と同率にしている．昇給・賞与は働きに応じた評価を行い，やりがいを持ってもらいたいと考えている．

女性社員に対して，「①不可能はない，②謙虚であれ，③気がつく人になれ，女性だからできること，気がつくことに加えて，男性の中で堂々と仕事をすること」といっている．働きやすい環境を作るために，①保育室，②トレーニングルーム（健康上）を設け，③直接みんなの声を聞くことにしている．（従業員数1,100名，女性比率19.3%，正規女性比率16.2%，勤続年数15.8年，11.2年，親などから継承）

3：改善に素早い行動力

規模が大きくないため，意見や要望が直接責任者に伝えられ，改善や目的への素早い行動がとれる体制を常に心がけている．より高いサービスを求めて，常に現状のままでよいのか疑問を投げかけている．労働意欲のもととなる対人・人間関係に対しては責任者クラスが取りまとめ，団結力を

重視している．社内的には主に女性中心であるため，スムーズに運営されている．接客業なので利用客に対する問題が出るときがある．正社員が少なく，登用の道は常に開かれている．母子家庭・既婚者が半数を占めており，働きやすい環境になっている．（従業員数13名，女性比率92.3％，正規女性比率100.0％，勤続年数3年，10年，親などから継承）

4：子どもを育てることを大切にする

子どもが病気の際は休んでいいことにしている．保育・授業参観日も，その時間抜けてよいことにしている．子どもの大切な行事への親としての関わりを大切にしている．その間の仕事については，本人が残業するなどして責任を持ってもらう．社内研修，他社向けに行っているマーケティングやプレゼンテーションセミナーに参加させている．（従業員数15名，女性比率80.0％，正規女性比率80.0％，勤続年数6.5年，4年，創業社長）

5：「プロとしての仕事」と「家庭生活」を両立できる在宅ワークの勧め

在宅で情報処理の仕事を行いたい人たちをネットワークする企業であり，根本理念は「メンバーの働きやすさ」．結婚・出産・配偶者の転勤・介護など，フルタイムで仕事を続けるのが難しい場合でも，仕事をグループ単位で請け負い，各人が提供できる時間をうまく組み合わせてネットワークを駆使することによって，「プロとしての仕事」と「家庭生活」の両立をはかることができるよう，会社として取り組んでいる．

メンバー全員が女性であり，女性の能力活用は不可欠．セクハラは存在しない．継続的な仕事の場合，2週間に1度作業可能な時間割を提出してもらい，それをもとに作業スケジュールを立てるので，無理のない作業が可能となっている．一過性の作業の場合，事前に1週間単位での作業可能時間を聞いた上で作業を割り当てるようにしている．突発的な事故でやむを得ず予定時間に作業できない場合は，メーリングリストや電子掲示板を用いてグループ内で情報を共有することにより，すぐにサポートがとれる体制になっている．規模の利益を追わない．売上額の拡大よりも安定した仕事重視．会社・働く人たち・ユーザ各々が納得できる仕事をする．（従業員数10名，女性比率100％，正規女性比率100％，勤続年数14.8年，創業社長）

2 女性経営者に学ぶ──企業経営の新たな視点

人材活用条件

人材活用条件とマネージメント・スタイルの工夫という点では，女性経営者

は人を活かすことを重視し，能力開発，キャリア継続への配慮をしているといえます．マネージメント・スタイルでは，従業員や顧客，社会全体の使命や社会貢献のために働くという強い経営課題を持っています．この傾向は嶋根政充氏の「女性起業家のマネジメント」(『ジェンダー・マネジメント』)の調査結果とも同様です[注6]．この調査は首都圏，阪神圏の600社の女性経営者222名（有効回答率37.0%）を対象に1994年に実施されたもので，経営者タイプは創業型が139名（62.6%），承継型が54名（24.3%），抜擢型5名（2.3%）．ここでは創業型のデータのみの結果を引用します．

質問は16の項目によって構成され，各々について「きわめて大切」（5点），「大切」（4点），「ふつう」（3点），「あまり大切でない」（2点），「まったく大切でない」（1点）の中から1つを選ぶ5点法で，平均値を算出して各項目ごとに数値化し，比較しています．

図3-8に見られるように，全体層で最も重要視されているのは「責任ある仕事への達成感」で，続いて「職場における協調関係の推持」，「組織共通の目標に向かう団結心」，「成果に見合った評価の納得性」，「能力開発・啓発活動の機会への要求」がほぼ同じ比率になっています．逆に低いのが「リスクのある課題への挑戦心」，「上下関係よりも人間としての付き合い」，「ストレスを少なくする工夫」となっています．リスク・テイキングするのが最も低いのは意外な結果ですが，他人との協調を図りながら新しいことを前向きに挑戦させ，成果中心の処遇とその結果から得られる達成感で動機づけしようとしていることが窺えます（前掲書225-6頁）．

マネージメント・スタイル

図3-9は，25の項目の中から，複数回答で該当項目を選択させ，その割合を示したものです．全体層では「意欲や情熱・努力を基準とした評価体系」が最も選好されているマネージメントスタイルで，「専門性のある卓越的知識・能力の醸成」，「社外の人的ネットワーク」，「事業の成長・拡大」などが上位を占めています．反対に少ないのは，「長期雇用慣行」，「規則・手続きの遵守」，「自己犠牲・奉仕の土壌」，「年功的処遇の制度化」となっています．これまで

3 ●女性の起業とマネージメント

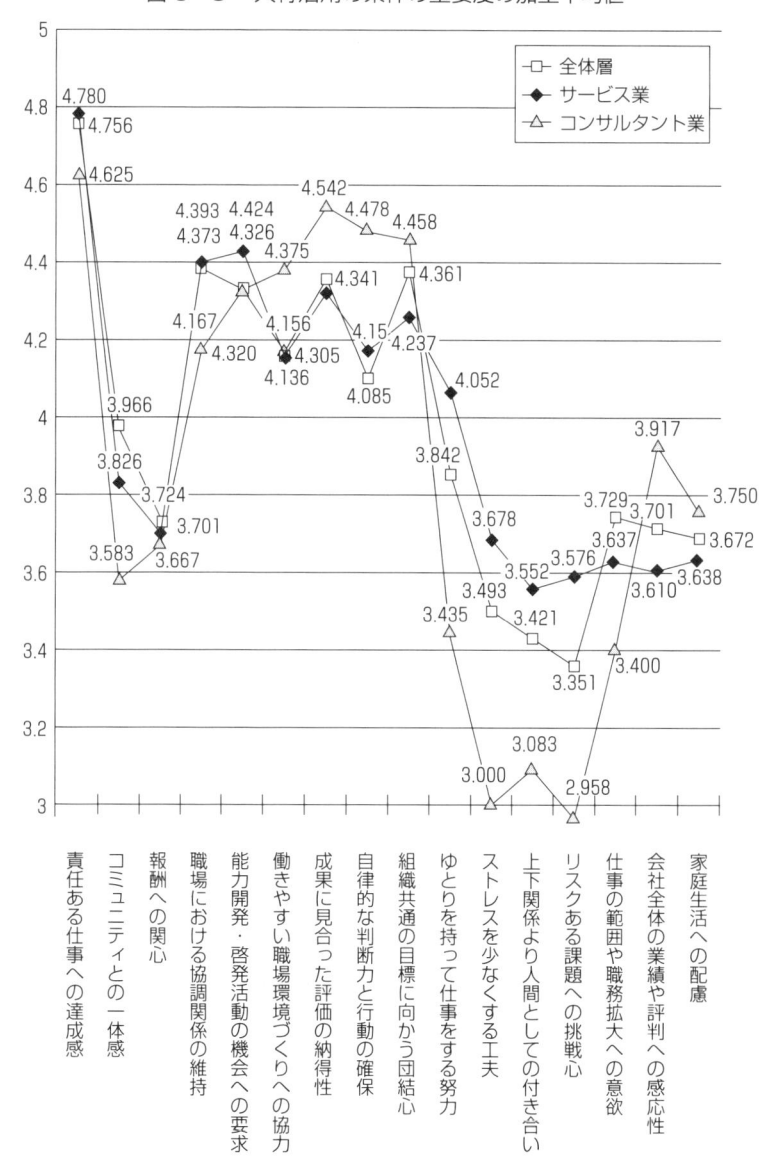

図3-8 人材活用の条件の重要度の加重平均値

凡例:
- □ 全体層
- ◆ サービス業
- △ コンサルタント業

横軸項目(右から左):
- 家庭生活への配慮
- 会社全体の業績や評判への感応性
- 仕事の範囲や職務拡大への意欲
- リスクある課題への挑戦心
- 上下関係より人間としての付き合い
- ゆとりを持って仕事をする工夫
- ストレスを少なくする工夫
- 組織共通の目標に向かう団結心
- 自律的な判断力と行動の確保
- 成果に見合った評価の納得性
- 働きやすい職場環境づくりへの協力
- 能力開発・啓発活動の機会への要求
- 職場における協調関係の維持
- 報酬への関心
- コミュニティとの一体感
- 責任ある仕事への達成感

データ値(図中表示):
4.780, 4.756, 4.625, 4.393, 4.373, 4.424, 4.326, 4.478, 4.542, 4.458, 4.375, 4.341, 4.361, 4.167, 4.320, 4.156, 4.136, 4.305, 4.085, 4.15, 4.237, 4.052, 3.966, 3.826, 3.724, 3.701, 3.667, 3.583, 3.842, 3.435, 3.493, 3.678, 3.552, 3.421, 3.576, 3.351, 3.637, 3.729, 3.701, 3.610, 3.917, 3.400, 3.750, 3.672, 3.638, 3.083, 3.000, 2.958

(出所)佐野陽子・嶋根政充・志野澄人編著『ジェンダー・マネジメント―21世紀型男女共創企業に向けて』東洋経済新報社,2001年,227頁.

151

図3-9 マネジメント・スタイルの選好率

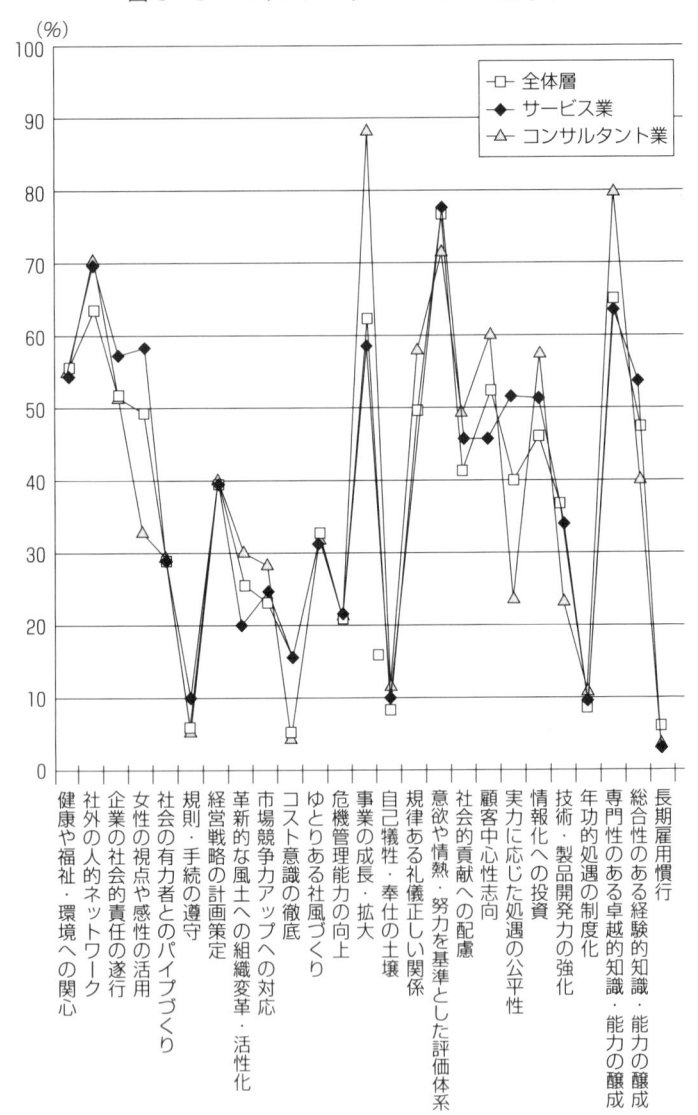

(出所)佐野・嶋根・志野編著『ジェンダー・マネジメント—21世紀型男女共創企業に向けて』東洋経済新報社，2001年，229頁．

日本型雇用慣行の特徴と見なされてきた項目は支持されておらず，逆にいわゆる新しい潮流に合ったマネージメントスタイルの項目が支持を集めています．積極的な事業拡大のためのネットワークづくりと，専門性や意欲を重要視した人事体系が掲げられているのです．

3　女性経営者の人材育成

きめ細かい配慮と雰囲気づくり

　女性経営者は，社員が気持ちよく，安心して働ける雰囲気づくりに力を入れています．例えばミーティングは形式的なものではなく，仕事の悩みを率直に出し合い，全員で解決方法を考えたり，家族に病気の人がいれば見舞いの花を贈ったり，誕生日にはメッセージとプレゼントで祝うなど，ベストの心理状態で仕事をしてもらえるように気を配ります．従業員は，共通の目的のもとに集まった仲間なのです．女性の場合，時間的な制約で必ずしも仕事中心に働くことができないという現状があります．しかし，制約があっても働く意欲があるならば，安心できる雰囲気をつくり能力を最大限に活かしてもらいたいと考えるのが，女性経営者の持ち味といえます．

男性企業にはない厳しさ

　女性経営者の企業は，働きやすい環境をつくる一方で人材育成には厳しさがあり，従業員に対して，戦力となって採算がとれるだけの貢献を求める傾向があります．そのためメンバーを厳しく選定し，責任を与えてプロとして育てていくという方向をとります．すべての社員は意欲と能力があり，顧客の役に立つことが大前提条件です．年功序列の縦関係が中心となる男性企業と比べると，構成員であるための条件そのものが厳しいといえます．

商品・サービスの開発

　女性経営者は，高いレベルの商品やサービスを提供しようとしているからこそ，厳しいレベルを自分にも社員にも求めます．

大企業は，規格化された製品を大量に安く提供するのが原則です．しかし，大量生産の商品では個々の消費者を満足させることはできません．従来の消費者には，程度の差こそあれ商品にがまんしてきたという実態があります．そのような消費者の具体的な不満を目ざとく見つけて解決することが，女性経営者の戦略です．あらかじめつくったものを消費者に提示するのではなく，つくる前に買い手の希望を吸い上げて反映させようとします．できるだけ個々の使い手の好みに合わせてものをつくろうとするのです．消費者全体からみればごく一部の人々を対象としているのかもしれませんが，こうした仕事は地域に密着しており，手間がかかる専門的なものなのです．それを積極的に引き受け，顧客のさまざまな注文に巧みに応える細かな対応が，彼女たちの仕事の仕方なのです．

　物質的に満たされている今日，消費者は生活に潤いをもたらすもの，心の豊かさを与えてくれるものを求めます．実質上は特に役立たないものでも，それがあることによって心が満たされる場合もあります．男性経営者はなかなか気がつかないか，気がついてもそれをビジネスに結びつけようとまでは考えない部分です．それを商品化するのは女性経営者の方が得意です．

仲間内の口コミ的な顧客拡大

　女性経営者のマーケティングは，大量生産的なやり方の反対であるといえます．新聞やマスメディアを使った大々的な広告を行うには資金力が及ばないかもしれません．しかし，提供する商品やサービス自体が限られた人を相手にしたものであれば，大がかりな広告宣伝はそもそも合わないのです．もともと自分たちの周辺活動から派生的に生まれたビジネスであり，個人的なつながりや口コミを積み重ねて商品やサービスの存在を広め，結果として顧客が拡大していくのです．

　それゆえに，社内だけでなく，周辺とのコミュニケーションにも積極的です．退職した社員を通してのネットワークも重視します．何げない会話の中から相手の好みや困っていること，本音を読み取るのが得意です．

ネットワークによる社外の経営資源の活用

　男性経営者は勤務時代に独立を考えて経験を積み，人脈を育て，その基礎の上にビジネスを始めるのが普通です．一方，女性経営者の場合は，さまざまなノウハウを蓄積する管理職層になってから独立するというケースは少なく，経験や人脈が不足しがちなので，何らかの形で補わなければなりません．そこで外部の経営資源を活用することになります．その方法の1つとして，ネットワークの構築があります．

　ネットワークの構築は経営資源の補完に役立つだけではなく，女性という切り口の横断的なネットワークは有効な武器になります．集団であればこそ対応できる仕事もあるからです．

個人を重視し，達成感をもたらす評価体系

　女性経営者は，これまで男性中心の日本型経営から排除された女性たちを，新たな戦力として登場させ始めています．女性経営者の人材に対するマネージメントには，個人の役割を明確にし，個人の成果を評価し動機づける達成型，という特徴があります．責任ある仕事を与えることによって達成感を与えるために意欲や情熱・努力を基準とした評価体系を準備する傾向にあります．

　旧型の経営イメージを壊すような抜擢人事によって，新しい人材マネージメントが構築されているのです．それは女性経営企業だけではなく，男性経営の大企業においても可能なはずです．女性を取り込める新たなメカニズムをつくり出す努力が求められています．

第4節　アメリカの女性経営者

1　アメリカの女性経営者事情とネットワーク

女性起業家によるリーダー育成組織

　アメリカには，女性起業家や経営者，企業で活躍するプロフェッショナルた

ちが一堂に会し，ビジネス拡大に役立つワークショップ等を通して人的交流を図る WLE（Women's Leadership Exchange）コンファレンスという組織があります．WLE は2002年，「グローバルに活躍できる女性リーダー創造」を展望し，以下の目的を持って女性起業家によって設立されました．
1．女性起業家のビジネス拡大のために必要な知識，ツール，ビジネスネットワークを提供する．
2．女性ビジネスリーダーとして成功するために，女性の重要性を高め，リーダーとしての女性自身の認識を変える．

会議の開催地は，女性起業家増加率の最も高いニューヨーク，ダラス，シカゴ，ロングビーチ（ロサンゼルス），アトランタなどであり，主な参加対象者は年間売上百万ドル以上，ビジネスを始めてから3年以上の会社の女性経営者たちです．アメリカの女性団体のほとんどはメンバーからの会費で成り立つ NPO 法人ですが，WLE は大企業をスポンサーとする営利団体です．スポンサーには，全米150以上の WLE サポート女性団体を通しての新規顧客獲得，既存顧客へのサービス多様化から得る収益の増加，既存顧客維持のメリットがあります．また WLE 会議の参加者は，スポンサーからの割引という特典が得られます．WLE はこのように，スポンサー・参加者へ"Win-Win"マーケティング手法を提供しています．

WLE が発表したアメリカ女性起業家データ

2002年統計のデータ

- アメリカ国内，1,010万の民間企業オーナーのうち，50％が女性になりました．
- アメリカ国内の成人女性，11人のうち1人はアントレプレナーです．
- アメリカ国内の民間企業で働く7人のうち1人，全体では1,800万人が女性オーナー民営企業の従業員

1997年と2002年民営企業増加率の比較

- 企業数：全体は6％の増加だが，女性オーナーの企業は11％の増加
- 雇用者数：全体は8％の増加だが，女性オーナーの企業は18％の増加
- 売上：全体は24％の増加だが，女性オーナーの企業は32％の増加

（資料）Center for Women's Business Research, USA, 2003.

また，2003年コンファレンスでは，「ビジネスで成功する上で女性チームが男性チームに学ばなければならないことはチームメイトとしてのサポートである」とし，女性同士が互いに協力することの重要性が述べられました．そして，各分野の専門家によって，ビジネス展開に役立つ融資，事業に役立つ資金繰り，効果的アライアンス，人材活用ノウハウ，ブランド作り等がケーススタディーを含めて討議され，発表が行われました．スポンサーのブースが設けられる展示会場にはAmerican Express, AT&T, Forbes, UPSなどの優良企業が名を連ね，参加者とスポンサーとの間でビジネスチャンスに関わるフォーマルな情報交換も多数行われます．

ハイテク大企業のトップに就く女性たち

低迷に苦しむコンピューター業界では，業績向上を目指すヒューレットパッカード（H・P）が，IBMに次ぐ巨大コンピューターメーカーとして登場しました．その会長兼CEOにカールトン・フィオリナ氏（2000年当時46歳）が就いたことは，女性がなかなか重要な地位に就けないテクノロジー企業でのことだっただけに話題になりました．同年さらに，エイボンプロダクツのCEOに中国系アメリカ人女性アンドレア・ジャン氏（当時41歳）が選ばれました．そして，2004年4月には大手人材派遣会社スフェリオン，8月にはゼロックスのCEOにも女性が就任しました．夫婦で共同経営するゴールデン・ウエスト・ファイナンシャルの共同CEOを含めると，フォーチュン500企業の女性CEOは，一気に5人となりました．

彼女たちに共通しているのは，経営手腕を買われ，傾いた経営を立て直すために抜擢されたことです．ゼロックスでは売上の下落が続き，損失が増大しています．成長率が1桁台に落ちたH・Pでは，硬直した企業体質を立て直すために，それまで上級管理職には社内から生え抜きを選んできた伝統を破り，当時ルーセント・テクノロジーズ（通信機器の大手メーカー）のグローバルサービス・プロバイダービジネス部門の社長だったフィオリナ氏を引き抜いたのです．ルーセント及びAT&Tで20年のキャリアを持つフィオリナ氏は，いずれはルーセントのCEOになるだろうと見なされていた人物でした．彼女は就任1

年目に収益予想を達成したものの，2年目には株価が就任後の3分の1まで下落しました．当初の目標通りの収益が達成できなかったとして，フィオリナ氏は1年分のボーナスの半分（約7,250万円）を返上しました．アメリカの経営者の業績目標に対する厳しさを示すものといえますが，その経営手腕を疑問視する声も高まりました．経営再建がうまくいかなかった場合は男性でも非難を浴びますが，女性の場合は「女だから」といった誹謗が加わるという残念な実態もあります．結局，彼女は CEO の座を降りてしまいました．

　アメリカでは管理職の5割近くを女性が占めるに至っており，フォーチュン500企業の重役の12.5%が女性です．最近の傾向としては，これまで男性が独占してきたハイテク業界でも，女性が重要な地位を占めるケースが増えてきました．ルーセントのエグゼクティブ副社長兼 CFO（最高財務責任者），サンマイクロシステムズ社ソフトウエアシステムズ部門担当のエグゼクティブ副社長，シスコのインターネット・ビジネスソリューショングループの上級副社長，IBM の上級副社長，オラクルのエグゼクティブ副社長など，大手ハイテク企業でも上級管理職に就く女性が増えています．

未だに存在するガラスの天井

　新しい経営スタイル生み出す女性たちの出現によって，ガラスの天井（グラスシーリング）に割れ目は入ったものの，まだまだ砕けるには至っていないというのが，女性たちの一致した見解です．

　キャリア満足度は，男性が9割以上に達しているのに対し，女性は3分の2に留まっています．女性の多くは，「同じポストに応募すると，女性の方がより多くの経験やより高い学歴を必要とされる」と答えています．女性の昇進を阻害する最大の要因として，9割以上の女性が「男性優位の企業風土」と答えているのに対し，男性は「仕事と家庭の両立」と答えています．つまり，女性は「女性が昇進できないのは企業側の問題である」と考えているのに対し，男性は「女性個人の問題である」ととらえているということです．家事や子育ては，まだまだ女性の仕事とみなされているのです．

　ガラスの天井にぶち当たり，または仕事と家庭の両立が困難であるために，

企業を離れて独立する女性が増えているのは万国共通です．ILO の調査でも，多くの国で女性経営者が増えているという結果が出ています．アメリカ国内では1,010万の民間企業オーナーのうち50％が女性になり，アメリカ国内の成人女性11人のうち１人はアントレプレナーです．業界別では，女性が経営するビジネスは55％がサービス，17％が小売と，伝統的に女性が多い業界に集中しています．しかし，女性経営者が最も急速に増えているのは，建設業，製造業，輸送業など，男性優位の業界なのです．

　女性経営者は，未だ資金調達で男性にハンディを負っています．株式投資を受ける女性経営者は増えたものの，銀行融資を受ける割合は男性より少なく，クレジットカードに頼る割合が高いのです．新規ビジネスを立ち上げる割合は，1997年には女性が男性の２倍であったにもかかわらず，女性が経営するビジネスに投資されるベンチャーキャピタルは10％に満たなかったのです．

両性の資質をミックスした経営スタイル

　70年代〜80年代に女性が企業で昇進するには，権威的，ヒエラルキー，指令統制型，トップダウンの意思決定などに象徴される男性の経営スタイルを真似なければなりませんでした．女性管理職は蝶ネクタイをするなど，服装まで男性を真似たりしました．女性は野望やリーダーシップに欠け，リーダーには向かないとされたのです．しかし，伝統的に女性特有といわれてきた非権威的，横並び的，協調的といった資質は現在見直され，効果的な経営スタイルには必要だといわれるようになりました．情報革命が従来の多くの価値観を覆し，経済がグローバル化した今，古い経営スタイルのままでは生き残れないという実態もあるからです．

　2000年に出版された『*Why The Best Man for the Job is a Woman*（その職に最適の人はなぜ女性なのか）』では，上級管理職の女性14人の話を中心に，彼女たちが備えている，新しいパラダイムのリーダーシップの条件である資質を分析しています．新たに必要なスタイルは，伝統的に女性的，男性的といわれてきた資質やスキルを，経済の変化に合わせてうまくミックスしたものだというのです．

女性経営者の方が，男女バランスのとれた雇用をするという報告があります．女性経営者が雇う女性従業員の割合は，業界にかかわらず，全米平均よりも高く，全従業員を平均すると男女半々であるのに対し，男性経営者の従業員は男性62％に対し女性38％という男性偏向の結果が出ています．女性経営者の方が男女の資質をミックスさせた経営スタイルを実施しているということです．

2 アメリカの女性起業の実態

女性起業を支援する法律と執行機関

アメリカでは，女性の起業が一般企業の約2倍の速度で増加しています．この傾向は，91年を分岐点に上昇してきたアメリカ女性起業家の大躍進を示すものです．アメリカの経済の主役は，今や女性です．

アメリカの女性起業家の躍進の背景には，連邦政府や州政府による手厚い支援があります．その柱となっているのが，「女性起業家のための連邦政府（中央政府）レベルでの4つの大きな法律」です．第1は，雇用機会均等法とアファーマティブ・アクション（積極的平等施策）．法律の名前はアファーマティブ・アクション・アクトというものです．第2は，1974年に連邦議会で制定された融資機会均等法，第3は連邦政府取得合理化法，第4は1988年にできた女性ビジネス・オーナーシップ法という法律です．

第1の雇用機会均等法には，「公民権法第7篇」と「雇用機会均等大統領命令11246号」の2種類の法律があります．「公民権法第7篇」は，1964年に制定された人権の基本になる効果のある法律です．それ以前は黒人やマイノリティは差別的な生活を強いられていました．それに対して公民権運動とか，人権運動，人種差別反対運動，女性差別反対運動などが1960年代初めからさまざまに展開し，その結果この法律が制定されました．この中の特に7篇という部分が，性差・人種・国籍・宗教など，雇用におけるすべての差別を禁止しています．これを執行する機関，取り締まる機関が，雇用機会均等委員会（EEOC：Equal Employment Opportunity Commissiom）です．これは独立した政府組織でどこにも属していません．この機関は差別一般の場合と，差別が一個人に関わる場合だ

女性起業家のための4つの大きな法律

1. 雇用機会均等法とアファーマティブ・アクション
   (Equal Employment Opportunity Act and Affirmative Action)
(1) 公民権法第7篇（The Ⅶ of Civil Rights Act of 1964）
   ・雇用における差別一般（性差・人権・国籍・宗教に対する）を禁じた法律
   ・執行機関—雇用機会均等委員会（EEOC）
(2) 雇用機会均等大統領命令11246号
   (Equal Employment Opportunity Executive Order 11246)
   ・連邦政府調達の指名業者及び下請け業者の雇用における差別
   ・執行機関—労働省連邦政府調達契約遵守プログラム・オフィス（OFCCP）
(3) 労働省女性局は，(1)(2)の法律を促進するために，情報収集・分析，教育プログラム開発を行う
   ・アファーマティブ・アクションは，差別を禁じた法律を推進するためのプログラム

2. 融資機会均等法
   (Equal Credit Opportunity Act of 1974)
   ・金融機関が融資をするにあたり，性別・人種・宗教・国籍・結婚・年齢・公的援助プログラムからの収入で，差別をするのを禁じた法律

3. 連邦政府取得合理化法
   (Federal Acquisition Streamlining Act of 1994)
   ・連邦政府調達の5％を女性起業家に与えることを目標に定めた法律・罰則規定は存在しない
   ・執行機関—中小企業庁（SBA）及び各省庁の中小企業促進室（SBDBU）

4. 女性起業家法
   (Women's Business Ownership Act of 1988)
   ・1979年，中小企業庁の中に，女性ビジネス・オーナーシップ・オフィスを設立．デモンストレーション・センター，メンタリング・プログラム，債務保証パイロット・プログラムを開始

（出所）『あごら』239号，BOC出版部，1998年，9頁．

けを担当しています.

「雇用機会均等大統領命令11246号」は，1965年に制定されました．これは，連邦政府調達の指名業者を対象として，元請け・下請けを含めての雇用における差別を禁じたものです．執行機関 OFCCP（Office Federation Compliance Programs）は労働省にあります．差別が企業内に起きて，問題が2人以上に関わるクラス・アクションという集団訴訟になった場合に担当します．

アファーマティブ・アクション実行の検査

政府は，アファーマティブ・アクション実行の検査により，差別を取り締まっています．年間4千件程度ですが，2～3％を抜き打ちで選び，アファーマティブ・アクションを実行しているかどうかを調べるのです．抜き打ち検査を免れた企業に対しても，「私は差別された」と政府に対して苦情申し立てがあれば，調べて是正措置をとります．是正処置には各段階があり，政府調達の契約を破棄しても是正されなければ罰金を支払わせ，最終段階になれば政府調達の資格自体を剥奪します．強力な力のある法律です．最悪の場合として裁判になれば OFCCP は女性の側に立ちます．労働省には女性局があり，情報収集や分析，法律の教育プログラムなどの開発を行っています．

アファーマティブ・アクションは差別を是正するプログラムで，女性などがマイノリティであるということで差別があり，雇用されない人たちがいる場合には，雇用することを明記した書類を全企業が準備していなければなりません．抜き打ち検査でこの書類をつくっていないことが判明すると，企業名が公表されます．また，100人以上雇用している場合は，各種のマイノリティ（人種別・男女別）雇用を明記した「スタンダード・フォーム100」という書類を政府に提出しなくてはなりません．

差別のない融資システム

融資機会均等法は，1974年に制定されました．原文は金融機関が融資をするに当たって女性差別を禁止したものでしたが，その後各種の差別が加わり，年齢や「離婚しているか」などの確認も法律違反になります．「公的援助プログ

ラム」（年金を受けているなど）を理由にした差別も禁じられています．
　この融資は初めは消費者対象だったですが，1990年代の初めにビジネスの融資も含まれるようになりました．罰則は個人の場合は「実際の損害額」が罰金となり，集団訴訟の場合は「最高50万ドルか，債権者の純資産の１％を超えない額」となります．債権者とはお金を貸す方の銀行で，銀行は賠償金を払わなければならないことになっています．

政府の仕事の５％は女性起業家に

　第３に「連邦政府取得合理化法」で，これは連邦政府調達の５％を女性起業家に与えることを目標にした法律で，罰則規定はないのですが，執行機関は中小企業庁です．短縮してSBA（Small Business Administration）といいます．
　各省庁に中小企業促進室があり，中小企業マイノリティビジネスと女性ビジネスの利益を擁護したり，推進するオフィスで，各省庁の一部として，中小企業の擁護に当たります．

女性の起業を支援する女性起業家法

　第４番目に「女性起業家法」（1981年）というのは，大量の女性の失業者が出て，それを救済するためにできた法律です．1979年に，中小企業庁の中に「女性ビジネス・オーナーシップ・オフィス」ができました．ここで実施している「メンタリング・プログラム」は，さまざまな職歴を積んだ人たちが，まだあまり経験を積んでいない人たちに教えるプログラムです．債務保証プログラムは，1988年に開始した実験的なプログラムで，政府代表と民間代表（女性起業家協会）からなる「全米女性ビジネス評議会」という部署が，この法律のもとに動いています．

各省庁ごとの支援プログラム

　クリントン政権の時代に経済政策として，「スモール・ビジネス育成策」が重視されていました．これは経済の最優先課題になっていましたが，この中で女性起業家は経済の要であると明言しています．全国展開で女性起業家を支援

したのです．

「福祉から経済的自立へ」というのは，今まで政府の福祉支援で生活資金の援助をうけていた人たちをトレーニングして，経済的に自立させる政策です．雇用を見つけるか起業家になるかの方向で，福祉ではない生き方を促進するプログラムを全米で展開しました．「福祉から経済的自立へ」というのがこれらの施策のポリシーです．

3 アメリカの中小企業庁

独立した中小企業庁の活躍

アメリカ商務省は大手企業を管轄していますが，中小企業庁は起業家を輩出

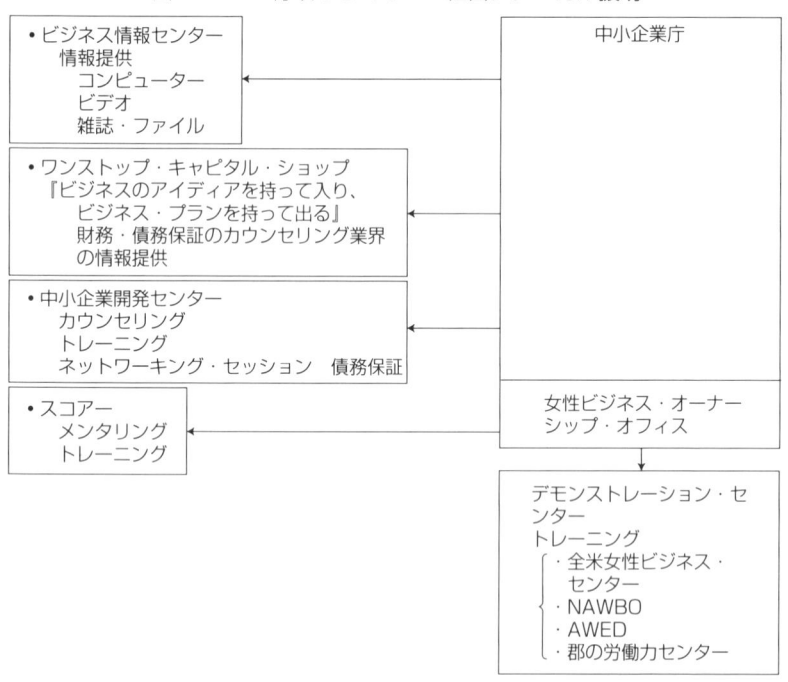

図3-10 行政のしくみ──経営テクニカル援助

中小企業庁	
• ビジネス情報センター 　情報提供 　　コンピューター 　　ビデオ 　　雑誌・ファイル	
• ワンストップ・キャピタル・ショップ 　『ビジネスのアイディアを持って入り， 　　ビジネス・プランを持って出る』 　財務・債務保証のカウンセリング業界 　の情報提供	
• 中小企業開発センター 　カウンセリング 　トレーニング 　ネットワーキング・セッション　債務保証	
• スコアー 　メンタリング 　トレーニング	女性ビジネス・オーナーシップ・オフィス
	デモンストレーション・センター トレーニング 　・全米女性ビジネス・センター 　・NAWBO 　・AWED 　・郡の労働力センター

（出所）『あごら』239号，BOC出版部，1998年，17頁．

してニュービジネスを推進しています．政府の支援策としては，財政援助，経営・テクニカル援助，政府調達の3つがあります．

まず「財政援助」では，民間融資機関とパートナーシップを組んで中小企業に資金を提供する一方，通算で20万社の中小企業に290億ドル（3兆4,800億円）の債務保証を行いました．

2番目は，中小企業開発センターと，退職したビジネスエグゼクティブのボランティア財団「スコアー」とが支援する「経営・テクニカル援助」です．ビジネス・エグゼクティブや税理士，会計士，弁護士などがボランティアでメンターとして入り，無料でサービスを提供，トレーニング・プログラムやカウンセリング・プログラムを新しい起業家に教えています．また，インターネットを通じて，ビジネスアドバイザーが中小企業の質疑に応答できるようになっています．

女性ビジネス・オーナーシップ・オフィス

女性起業家だけに限定したサポートシステム「女性ビジネス・オーナーシップ・オフィス（OWBO）」では，さまざまなプログラムを提供しています．例えば，財政援助のための債務保証をパイロット・プログラムとして実施したり，経営・テクニカル援助として起業のためのプログラムとか財政，経常，マーケティング，会計，コンピューターなどのコースを開いています．メンタリング・プログラムには，1対1のカウンセリングや複数のカウンセリングもあります．ネットワーキングの作り方のセッションもあります．非営利団体の起業家組織「アメリカ女性経済開発団」や「全米女性ビジネス・オーナーズ協会」などのほか，「全米女性ビジネス・センター」，各地の労働力センターなどが実行しています．

「政府調達」をいかに増やすかというプログラムでは，中小企業庁が他の11の連邦政府省庁と協力して毎月会議を開き，プログラムの進捗状況の評価や問題解決，新しい方法の開発などのほか，連邦政府調達データセンターを使って政府の調達パターンを分析し，どの業界や場所が女性企業家に下請けさせているかを見極め，連邦政府購入の商品やサービスの一覧表を出版したりしています．

政府機関の積極的支援

　政府機関の取り組みとしては,「全米ビジネス女性評議会」や「女性ビジネス・エンタープライズ政府間委員会」もあります．きめ細かい起業支援制度によって女性経営者が増え，それらの企業で雇用が創出し，雇用も管理職も男女のバランスがとれてきています．アメリカの10年以上の動きを見ながら日本の現状を考えると，まず女性起業家を増やすことの経済的メリットをポリシーとして確立することが，緊急の課題だと思います．

注

(注1) 室崎生子，小伊藤亜希子，川越潔子上野勝子著『女性の仕事おこし，まちづくり』では，女性たちの地域ビジネスを以下の5つの類型に分類している．環境型／生活価値観実現型／コミュニティ再生店舗／企画・心の支援型／地域生産活動型である．

また同書では，まちづくり，仕事起こしへの女性のエンパワメントに向けて，9箇条の提言を行っている．

(注2) 金谷千慧子『女性のためのジェンダーマネージメント』68頁，『カタリスト調査』142頁，「女性の活用にあたっての問題点」「昇進・昇格に差がつく理由」参照．

(注3) 脇坂明氏は「ファミリー・フレンドリー企業と男女雇用機会均等」『ジェンダー・マネジメント』139頁で，「繰り返すと，均等施策の推進は，ファミフレ施策のサポートがあって初めて，図表の第1象限の方向へ進んでいくだろう」と書いているが，これは大企業にのみ当てはまることだろうと思われる．

図表

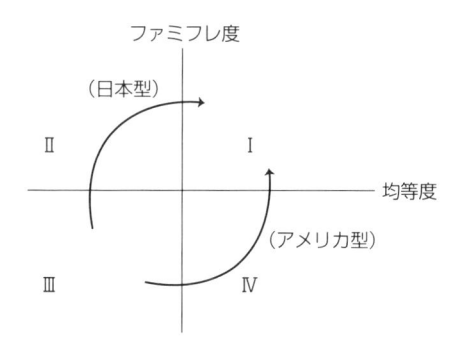

```
        ファミフレ度
           │
     (日本型)│
           │
    Ⅱ      │    Ⅰ
           │
───────────┼───────────→ 均等度
           │
           │    (アメリカ型)
    Ⅲ      │    Ⅳ
           │
```

(注4) 総務省「事業所・企業統計調査」(2001年) によると，わが国の非1次産業の企業数は4,703,039社で，このうち1,595,493社は法人中小企業，法人大企業は12,317社．つまり3,094,116社は個人企業である．1,607,810社が全企業数，うち女性経営者の企業が，71,585社で4.5%ということになる．

(注5) 日本の管理職等に占める女性の割合を見ると7.8%である．女性雇用管理基本調査でいう「管理職等」とは，係長相当職，課長相当職，部長相当職のことをいい，事業所の組織系列において，配下の係員を指揮・監督する役職のほか，専任職・スタッフ管理職等と呼ばれている役職を含んでいる．

(注6) 嶋根政充「女性起業家のマネジメント」『ジェンダー・マネジメント』東洋経済新報社，2001, 224‑30頁．

第3章 ワークシート

①起業家のための独創性チェック

| 各質問に点数を入れる | ● はい、いつでも（3点） ● まあまあ，時には（2点）
● あまり当てはまらない（1点） ● 全く当てはまらない（0点） |

1　好奇心が強い方ですか？
（他人のものの見方や問題の立て方に関心がありますか，どうしてそうなるのか，人はどうしてそんな風に考えるのかと考える方ですか）

2　ものごとを疑ってみる方ですか？
（思いこみ，偏見，先入観などを疑ってみて，別の考え方を捜そうとしますか）

3　楽観的な方ですか？
（チャンスがあったら逃しませんか．問題を解決し，必要を満たそうとする方ですか）

4　流行や変化に敏感な方ですか？
（毎日の生活や職場で，何かの変化にめざといですか．ファッションや法律の制定など，社会の変化や新しい技術に早く気づきますか）

5　リスクを引き受ける方ですか？
（アイデアを実験しようと，他の人が疑っていても自分の信じるアイデアに自分のお金を投じますか）

6　直感的な方ですか？
（問題を論理的に解決しようとするよりも，自分の感じ方や洞察力を頼りにする方ですか）

7　応用力がありますか？
（ある状況で得られたアイデアや考え方を，別の状況に応用したりあてはめてみる方ですか）

8　他の人より先に，ものごとの予測をしたりしますか？
（まわりの人たちより，ずっと先のことまで考えていることがよくありますか）

9　臨機応変なタイプですか？
（リサイクル利用を積極的にしますか．問題を解決するのにさまざま分野のものを利用するのが得意ですか．捜し物をするとき頼りにされますか）

10　自分のことを独創的だと思いますか？
（独創的な考え方をしますか．自分のアイデアに自信がありますか）

あなたの合計点　　　　　　

得点評価
25～30点：あなたは，自分のことをとても独創的だと考えていますね．
20～25点：独創的ですが，もっと資質をのばせると考えていますね．
15～19点：自分の独創性を十分，のばしきれていないと考えていますね．
15点以下：自分は独創的ではないと思いこみがちですね．

アメリカ ニューヨーク州，ＬＥＩネットワークテキストブックより　訳：女性と仕事研究所
Ⓒ女性と仕事研究所

②事業計画シミュレーション

①事業内容

・事業の目的と企業理念　　　　　　　・ターゲット

・営業戦略　　　　　　　　　　　　　・将来の展望

②市場環境

・消費者ニーズ　　　　　　　　　　　・その根拠

・競合　　　　　　　　　　　　　　　・競合との差別化

③資金計画

・必要な資金		・調達方法	
開業時に必要な経費		自己資金	円
店舗・事務所を借りる費用	円	借入れ（内訳・返済方法）	
設備費	円		
運転資金（6か月分）			
仕入れ	円		
家賃・人件費など	円		
資金合計	円	調達合計	円

④収支予測

・価格設定	円	・経費合計ⓒ	円
		家賃	円
		人件費	円
・月間売上予測Ⓐ	円	営業費	円
		その他	円
・売上原価Ⓑ	円	・利益Ⓐ－Ⓑ－ⓒ	

Ⓒ女性と仕事研究所

③事業計画書（基本編）

WHY（なぜ）起業の理由，やりたいことの基本理念は？

WHO（誰が？＋誰と）

WHAT（何を）事業の内容：商品，サービス

WHEN（いつから）開業時期

WHERE（どこで）店舗，事務所

WHOM（誰に）ターゲット，対象

HOW TO（どうやって，どんなやり方で）自社だけの「売り」

HOW MUCH（いくら）価格設定

Ⓒ女性と仕事研究所

④現在のあなたのメンターについてうかがいます

あなたが想定したメンターは，誰ですか．あてはまるものに○をつけてください．

Q1．メンターの性別
   1．男性　　　　　　　2．女性

Q2．メンターのその時の役職
   1．直属上司　　　2．同じ職場の先輩　　　4．他職場の先輩
   5．社内の他の人（具体的に記入　　　　　　　　　）
   6．社外の人（具体的に記入　　　　　　　　　　　）

Q3．現在一番あなたに影響を与えているメンターについてうかがいます．現在あなたに一番影響を与えているメンターを想定して，それぞれあてはまるものに○をつけてください．

	そのとおりである	どちらかといえばそうである	どちらともいえない	どちらかといえばそうではない	そうではない
1．知識やスキルを伸ばすような教育や訓練をしてくれる	1	2	3	4	5
2．新しい技能を習得できるような仕事を与えてくれる	1	2	3	4	5
3．仕事に対する能力があることを証明する機会をつくってくれる	1	2	3	4	5
4．キャリアに直接影響するような重要な情報を提供してくれる	1	2	3	4	5
5．仕事がうまくいくように適切なアドバイスをしてくれる	1	2	3	4	5
6．仕事がスムーズに進まないようなことがあればフォローしてくれる	1	2	3	4	5
7．仕事において，管理職や新しい仲間を紹介してくれる	1	2	3	4	5
8．仕事に関係する顧客や取引先などとの人脈をつくってくれる	1	2	3	4	5

	そのとおりである	どちらかといえばそうである	どちらともいえない	どちらかといえばそうではない	そうではない
9．仕事において，人間関係がうまくいくよう環境づくりをしてくれる	1	2	3	4	5
10．仕事に関する悩みなどをよく聞いてくれる	1	2	3	4	5
11．仕事に関してあなたを尊重し，励まし，良き理解者となってくれる	1	2	3	4	5
12．メンターには実力があるので，それがある種の社会的なパワーや信用となっている	1	2	3	4	5
13．メンターのキャリア（職業生活）をみて，あのような人になりたいと思っている	1	2	3	4	5
14．メンターの持っている知識やスキルは，自分の目標となっている	1	2	3	4	5
15．メンターの仕事をみて，やりたいと思う仕事のイメージが明確になっている	1	2	3	4	5
16．メンターの向上心に刺激され，自分も自己啓発をしようと思う	1	2	3	4	5
17．メンターの仕事に対する姿勢に共感している	1	2	3	4	5
18．メンターを人間的に尊敬している	1	2	3	4	5

（出所）合谷美江著『女性のキャリア開発とメンタリング―行政組織を事例にして―』

⑤メンタリングプログラム

育成・支援計画（月次）

	年　　月
メンティの課題	
メンターの支援計画 （キャリア的支援）	
メンターの支援計画 （心理・社会的支援）	
達成状況	

短期育成・支援計画（年間）

	年　月　日〜　年　月　日	
育成方針 （人事部長）		
育成方針 （直属上司）		
メンティの課題		
	育成・支援の内容	達成状況
月		
月		
月		
月		
月		

メンタリング・プログラムの準備

チェックリスト
☐ 運営上の担当部署，担当責任者は，明らかになっていますか
☐ 導入について，役員をはじめ経営層の理解や支援を受けていますか
☐ プログラムに対する全社の合意は得ていますか
☐ 期待するメンター像，メンティ像を描いていますか
☐ アンケート調査，ヒアリングなど，モニタリングの計画はできていますか
☐ メンターの教育計画はできていますか
☐ メンター，メンティと人事部とのホットラインは用意されていますか

メンティの課題抽出

メンティのキャリア・ビジョン
課題1
課題2
課題3

約束行動

メンティとしてやるべきこと	
やってはいけないこと	
その他	

Ⓒ女性と仕事研究所

第 4 章

● ● ● ▶

女性と
NPO・NGOの時代

本章は，事業と組織のマネージメントと，働く人1人ひとりのため，なかんずく次の社会で主人公に躍り出る女性のために記すものです．
　新しい主人公の活躍で柔軟性に富む組織が誕生し，そのエネルギーの波及で産業組織が変われば，本当の意味で新たな市民社会が創成されます．従来のヒエラルキー型社会が，横並び型・まんだら型（アメーバー状）組織・未来社会に変わるのです．
　Ｐ・Ｆ・ドラッカーは『ネクスト・ソサエティ』という著書の中で，次のように言っています．
　　今日われわれに課せられた課題は，都市社会にかつて1度も存在したことがないコミュニティを創造することである．それはかつてのコミュニティとは異なり，自由で任意のものでなければならない．それでいながら，都市社会に住む1人ひとりの人間に対し，自己実現し，貢献し，意味ある存在となり得る機会を与えるものでなければならない．そのためには，社会セクター，すなわち非政府であり非営利でもあるNPOだけが，都市社会のもう1つのニーズ，市民性の回復を実現できる唯一の機関なのである．
　NPOは1人ひとりの人間がボランティアとして自らを律し，女も男も歴史上初めて対等なパートナー同士として，世の中を変えていく場なのです．

4 ●女性とNPO・NGOの時代

第1節 女性と市民活動

1 「国連女性の10年」と女性の市民活動

世界の潮流の中で

　1975年以降の「国連女性の10年」で，男女の固定的な性別役割分業観とそれに基づいて作られた社会システムの撤廃が世界の潮流となり，日本でも「国内行動計画」の策定（1977年）が促され，府県レベル，市町村レベルへと広がっていきました．草の根の女性たちは海外の女性の活動と連動して，政府や地方自治体に積極的に働きかけ，女性の市民活動や女性政策を進める上で大きな力となりました．この活動の背景には，地域の婦人活動の担い手であるやや高年齢層と，リブ活動のシャワーを浴びた団塊世代の，2つの女性の層がありました．この異質な2層が，自治体を中心とする女性の市民活動の中でぶつかり，やがて後者が実質的な市民活動の担い手に成長していったというのが，この四半世紀の流れであったと思います．具体的な活動の場として，「女性センター」（最近では多くが男女共同参画センターと名称を変更）が次々と設立されていきました．

　「国連女性の10年」の流れの中で，世界の女性の憲法といわれている「女性差別撤廃条約」（1979年国連総会で採択，日本は1985年批准）が誕生しました．これは，「すべての人間の奪い得ない権利としての労働の権利」や「男女の伝統的役割分業の変更」を明記した，画期的な条約です．市民活動を担う2つの女性層は，男女平等社会を実現する上での最重要課題の把握にも，「労働権の獲得」に重点を置くのか家庭の中の「役割分担の変更」に重点を置くのか，というウエイトのかけ方に違いがありました．2層ともに，やがて「男女平等法」の要求運動に集約していき，20年後の1999年，わが国最初の男女平等法である「男女共同参画社会基本法」が立法化されることになりました．この法律が，「男女共同参画」という言葉で2つの女性層をまとめたという形にもなりました．

世界女性会議「NGO フォーラム」への参加

　私が「世界女性会議」に出始めたのは，第2回1980年のコペンハーゲン大会からです．母乳を与えながら国際会議を仕切る若い母親たち，大きな声で発言する黒人女性たちに目を見張らされ，南北問題や地球環境，民族対立など，日本だけにいては見えにくかったものが明確になりました．日本の女性たちの参加スタイルを見ると，自治体から派遣された旧来型の地域の婦人たちには和装で盆踊りを披露する姿が多く，個人参加した団塊世代の女性たちはTシャツにジーンズ姿と，差異がありました．

　この世界女性会議は，第1回のメキシコ会議以来，政府間会議とならんで，NGO主催の民間フォーラムが必ず開催されるのが特徴でした．NGO会議を開催する意義は，世界の女性たちがワークショップを通して「女性の問題」を話し合い，理解し，連帯を深めることにあるのはもちろんですが，一歩進んで，政府間会議に草の根の女性たちの意見を反映させ，ともに女性問題の解決を図ることにもありました．そのためには国内のNGOがしっかりと力をつける必要があります．世界女性会議で世界のGOとNGOの連携ぶりを目の当たりにした日本の女性たちは，第3回1985年，第4回1995年，第5回2000年と回を追うごとに，GOとNGOの連携に向かって着実に成長していったのです．

　各自治体は，5回にわたる世界会議へ女性たちを多く派遣しました．自治体によってかなり格差ができたとはいえ，国際的視野を持ち，社会的変革を担う女性の活動をどう支援するかという明確な視点をもって派遣を実施した自治体では，国際的視野を広め，ネットワーキングで力をつけ，リーダーとしての力量をつけるなどの成果が上がっていきました．

2　女性センターでの活動の展開

さまざまな運動の展開

　「女性センターと行政への参画1985～2000年へ」(「大阪社会労働運動史」[注1])を参考に，女性の市民活動と女性（男女共同参画）センターの活動との関わりを，大阪を中心に見てみましょう．女性センターは，講座やセミナーを開催し，

相談を受け，情報を提供する施設ですが，歴史的には，女性（婦人）団体の活動の拠点として建設されてきた経緯があります．しかし，1990年代以降は，事業活動を通して既述の2つの女性層のうち，比較的若い，リブ活動のシャワーを浴びた団塊世代の女性たちを，21世紀の市民活動の担い手として育てています．女性が多く活動する市民グループやNGO・NPOと女性センターとの関わりは，今後一層密になるだろうと思います．

アジアへの視点の広がり

1980年代の後半から1990年代の前半にかけての新しい運動の動きを，新聞記事を振り返りながら追ってみます．

①「アジア太平洋地域国際女性フォーラム」（朝日新聞，1989年4月11日）

「女性差別の現状をもっと見て－アジア太平洋地域国際女性フォーラム」と題する大阪府主催のフォーラムは，私たちはアジア太平洋地域の女性たちの現状をどれだけ知っているのだろうかという認識の下にスタートしました．そして女性差別と労働問題はどこの国でも密接に結びついており，女性の現状改善には性差別の撤廃が決め手であるということを，互いに認識，一致した見解となったのです．

②痴漢や暴力を許さない運動（朝日新聞，1989年4月10日）

1988年秋，大阪市の地下鉄御堂筋線で，2人組の痴漢を注意したOLが逆に乱暴された事件をきっかけに，地下鉄を利用する女性たちが「性暴力を許さない女たちの会」を結成しました．他の数グループも一緒になって「女たちの明日を作る会」の主催で，「STOP！ザ・レイプ 女たちのトーク＆とーく」が淀屋橋・朝日生命ホールで開かれました．この集会を足がかりに，「性被害にあった女性が駆け込める救援センターを関西につくろう」とか，「女性がもっと怒らなければ，文化も社会も変わらない．もう黙っているのはやめよう」とか，「痴漢だけでなく，職場のセクシュアル・ハラスメントにも声を出していこう」という声が上がり，婦女暴行罪に問われた2人組の男の裁判を傍聴したり，大阪市へ痴漢対策を要望するといった運動も続けられました．

③抗議集会「政治はフェミニズムから」（朝日新聞，1989年6月30日）

宇野首相の女性問題に対する抗議行動は各地で相次いで行われましたが，大阪でも参院選を前に「買売春は究極の性差別．それを私的なことと黙認する政治風土を変えよう」との集会がありました．ようやく女性にも政治への参画の時代を迎えたきっかけとなった集会でした．

④労組も「婦人部」改称（朝日新聞，1990年5月21日）

　「女へんにホウキと書く（ホウキは「箒」ですが）婦人の『婦』は，性別役割分業の意識につながる」との理由から，「婦人部」を「女性部」に言い換える労働組合が増え，1989年に名称変更した全逓信労働組合などに続き，大阪府教職員組合も定期大会で改称しました．従来の労組婦人部の課題は母性保護や産休が中心でしたが，近年は昇進昇格の差別の撤廃，家庭科の男女共修，教科書のチェック等，教育内容から女性差別をなくしていく活動へと様変わりしていきます．女性組合員の意識の変化とともに，単に名称の言い換えではない本質的な変化になってきました．

⑤ミス・コンテスト反対運動とその後（朝日新聞，1990年5月28日）

　女性団体から「女性差別」とやり玉にあげられたミス・コンテストが，各地で相次ぎ中止になりました．「神戸祭り」のメイン行事になっていた「クイーン神戸」が廃止されたのをはじめ，大阪府・兵庫県下の各コンテストも中止になり，「祭りの女王」（高槻市）の募集条件を女性だけでなく男性にも広げて批判を受けないようにしたり，「ミス和泉ゆかた」（和泉市）では，コンテストの募集要項に産業振興の目的を明記しました．「ミス吹田さんくす」（吹田市）では，商店街の活性化のためであり，目くじらたてるものではないといいました．産業振興にミス・コンテストがつながると女性差別が複雑になり，経済活性化という至上命題のためなら何を動員してもいいのかを考えざるを得なくなりました．

NPO育成の拠点に

　内閣府男女共同参画局では，2004年度から女性のチャレンジ支援策を展開，管理職など指導的立場の女性を2020年には30％以上にしようと，初めて数値目標を掲げて取り組むことにしました．この30％という目標数値は，1990年の国

連ナイロビ将来戦略勧告における国際合意に添ったものです．雇用分野では公務員と民間企業の課長級以上の管理職の30％を女性が占めることを目指すだけでなく，非営利組織（NPO）活動，農林水産，地域社会，行政，国際などの分野でも，女性の進出を支援する環境を整え，30％の目標達成を目指しています．

そのためには，各組織の自主的な取り組みに任せるだけではなく，働く現場の男女の意識改革を強化することやポジティブ・アクション施策を具体化する方向で進むことが求められます．

2004年から始まった「女性のチャレンジ支援」は，「上」へのチャレンジ，「横」へのチャレンジ，「再」チャレンジという3つのチャレンジ方向を打ち出しています．これらは具体的には，ポジティブ・アクション施策で管理職を増やして企業を活性化させる，地域コミュニティでは新たな商品開発やサービスで仕事を起こし，コミュニティビジネスを活発にし，ボランティア活動からNPO法人の設立，NPOの経営健全化，自治会・コミュニティ協議会など地域活動から子どもと高齢者の交流の場をつくる，などの活動が考えられます．

そしてこれらの活動の拠点は，女性センター（男女共同参画センター）や，新たに設けられる「女性のチャレンジ支援の拠点施設」ということになります．地域のコミュニティビジネスやNPOの育成・成熟に役割を担う時期をむかえた女性センターは今後，NPOを中心とする女性のチャレンジセンターとして機能していくことになるでしょう．

3　男女共同参画社会基本法とNPO・NGO

NPO・NGOに求められるもの

1999年に施行された「男女共同参画社会基本法」がめざすのは，性別によって差別されたり，性別役割で枠組みを固定されない社会であり，男女が社会，経済，政治のあらゆる分野に対等な立場で参画し，責任を分担する社会です．しかし，男性が中心であった組織ではどうしても，アンペイドワーク（シャドウワーク：支払われない労働）や補助的仕事は女性に頼り，男性のリーダーが運営方針や行動計画，意思決定の役割を担う構造になっています．

これからのNGO・NPOには，男女共同参画基本法の理念を組織，活動・運営の中にしっかりと位置づけることが求められます．新しい組織だけに，男女共同参画の理念は迅速に進むと期待したいものです．そのためには，日常的活動で女性がリーダーシップをとる機会を増やし，女性は自覚的にトレーニングを受け，男性はジェンダーバイアスに気づくためのトレーニングを重ね，豊かなパートナーシップを築く実践を積み重ねていくことが必要です．

M字型就業形態を崩す働き方

　「国連女性の10年」から誕生した市民活動を担う女性たちは，男女平等社会を実現する上での最重要課題は「労働権の獲得」だと実感してきました．しかし現実のわが国の女性の労働実態は，若年齢層は事務職の補助労働が中心，子育て後は年収103万円以下のパート労働が中心という，「M字型就業形態」（2つの山からなる形状）になっています．日本的特徴だといわれ続けているこのM字型就業形態の背景と問題点は，次の4点に整理できます．

　まず第1に，男性のみが対象となる終身雇用形態（年功賃金・年功序列・企業内教育・企業内労働組合）から，女性が排除（年齢制限など）されていること．第2に，再就職の準備や技術教育をする機関がなく，その必要性の認識もまだそう高まっていないために，パートで年収103万円の枠内で働くという女性が圧倒的に多いこと．第3に，女性は雇用労働者になる以外，自分が事業主，企（起）業家になる道が具体的に見えないこと．第4に，以上の結果として，女性は老後の社会保障につながらない働き方になっていること．

　さらに，高学歴層の女性に関しては，厚生労働省が命名した「キリン型」労働形態（M字の後半の山が極めて低い）になっています．これは，子育て後の再就職が待遇も仕事内容も意に反するパート労働にしか道が開かれておらず，多くが「就業しない」という選択をしているためです．

　特にパート労働が大問題で，身分制社会さながらの賃金体制や労働環境のまま，間接差別の概念も均等待遇法制も導入されず，103万円の非課税限度額や配偶者控除で，税制度や社会保障制度でも，妻は夫に養われる存在と位置づけられています．個人単位の税制度，社会保障制度も確立していません．

均等待遇に裏づけられた多様な働き方

　女性の働き方を改善する基本原則は,「同一価値労働同一賃金」(ILO100号条約・女性差別撤廃条約第11条d)です.「均等待遇の原則」ともいわれますが,労働の評価を性別ではなく「能力」を標準にし,仕事に応じた報酬にするということです.その基準があれば,フルタイムとパートの格差も男性と女性の格差も実質的に均衡がとれ平準化します.

男性にも辛い働き方

　終身雇用制の企業では,男性の多くは女性より多額の家族賃金を得られます.また,男性の多い職種は社会的にも「意義ある」,「公的」な労働とされてきました.しかし男性が豊かに楽しく働き続けてきたかというと,そうとはいえません.個々の男性たちは,「男たるもの頑張るべき」,「男たるもの己を捨ててでも」等の精神主義に心と身体を蝕まれ,疲れ果てている面があります.最も残酷な例は過労死で,その圧倒的多数は男性が占めているのです.また,時代の変化は中高年男性を着実に追いつめており,不況に伴うリストラの波も男性を苦しめています.男性の自殺者は年間3万人になっているのです.優遇されているはずの男性までもが苦しんでいる精神主義は,もうやめた方がいいのではないでしょうか.ジェンダーによって生み出された企業組織の就業システムは,女性だけでなく男性をも不幸にしています.家庭や地域での豊かなコミュニケーションの機会や,人間的なゆとりの時間,それを通じた人間性を取り戻さねばならないのです.

NPO・NGOでの新しい働き方

　人間性をとりもどす可能性は,持続可能な経済発展しか求めない方針を持つ企業や,ジェンダーの壁を取り払った仕組を持つNPO・NGOの職場にこそあるといえます.ネットワーク型の社会活動をベースとするNPO・NGOでは,M字型就業形態を変える働き方,すなわち,フレキシブルで性別役割分業等にとらわれず,個性に対応した均等待遇が当たり前の働き方が可能となります.こうした「新しい働き方」に期待される要素は以下の4つです.

①NPO・NGOとそこで働く職員は，社会変革の理念を高く持っていること．
②NPO・NGOとそこで働く職員は，従来の社会規制の枠組みから脱却していること．
③NPO・NGOとそこで働く職員は，組織においても，活動においてもジェンダーバイアスを克服していること．
④NPO・NGOとそこで働く職員は，経済的自立を確立していること．そのためにフルタイム専従者も，パートも，ボランティアについても職務と報酬に均等待遇が確立していること．

　現実にはわが国の2万団体のNPOの半数以上は，常勤者がいなかったり，賃金が支払えていなかったり，組織や各メンバーの経済的自立が未だ確立されていないという実態があります．NPOを事業として確立するための資金運用やマーケティング，経営分析，マネージメント手法の修得などの課題が山積していることも確かです．NPOを支援するNPO（中間支援団体：インターミディアリー）が多様に活躍する必要もあるでしょう．NPO・NGOに期待される新しい働き方を追求するには，これまでの性別役割分業観や規制の枠組みを越える意識変革や発想の転換，具体的な実践方法を学ばねばならないのです．ITの活用で，フレキシブルな働き方や自宅での職務従事，NPO・NGO同士のネットワーク化，ボランティアとしての働き方（有償・無償），インターンシップの大胆な導入なども，有機的に生かされる必要があります．

第2節　アメリカのNPO－事例としてのカタリスト

1　初期のカタリスト

カタリスト設立の背景

　カタリスト（Catalyst：「化学変化を起こさせるための触媒」という意味）[注2]はニューヨーク市に本部を置くNPOで，企業での女性の昇進を目的に1962年に設立されました．その名の通り，女性が企業で躍進するためにさまざまな化学

変化を起こさせる「触媒」活動をしています．

　この節は，カタリストのバイスプレジデント，ジョー・ワイスさんをお招きして「アメリカ勝ち組企業に学ぶ」というシンポジウムを実施した(注3)折の，特別講演記録からまとめます．

　カタリスト創設の1962年といえば，アメリカで女性運動が始まったばかりの頃です．カタリストの創立者であり長年会長を務めていたフェリス・シュワルツさんが，5人の大学学長を集め，女性の人生の選択肢の幅を広げる組織を作ることを呼びかけ，最初の理事会が結成されました．活動目的は女性の職場進出を助けることでした．その1年後には，ベティ・フリーダン（Betty Friedan）が『新しい女性の創造（Feminine Mystique）』を世に出しています．家庭に縛り付けられ家事以外に自分の力を発揮する機会のない女性たちが，不満や怒りを持つのは当然だという問題を提起して世界のミリオンセラーとなり，国連規模の女性運動の始まりになった書物です．

　1964年，公民権法（憲法第7編）により，女性たちは職場での機会の平等を要求する足がかりを得ました．公民権法は，「人種・肌の色・宗教・性別・出身国に基づく，雇用主・職業紹介所・労働団体などによる差別を禁止する」ものでした．カタリストはアメリカの女性史の非常に重要な時期に創立されたのでした．

　その後アメリカでは，仕事と家庭という最も基本的なところで静かな革命が進行したといえます．わずか40年の間に女性は自らの家庭における役割を問い直し，企業社会や専門職種で低い地位にあった女性たちは，権限と指導力を発揮できる地位に進出しました．女性の生き方はもう後戻りができないほどの変化を遂げたのです．

フレキシビリティとジョブ・シェアリングの研究

　1960年代半ばから，カタリストは職場のフレキシビリティ（柔軟性）と，ジョブ・シェアリング（2人で仕事を分ける）の実践研究をしていました．1969年の最初の全国調査は，「全米トップ1,000社の幹部は，女性をパートタイムの管理職として採用するか」という意識調査でした．その結果，回答者1,100人の

うち半数以上が,パートタイムの管理職として女性を雇いたいと考えていることがわかりました.また,最も重要な点は,フレキシビリティを与えられた従業員は生産性や志気が向上して定着率が高まり,女性の場合は産休からの復帰が早かったという結果が出たことでした.

初期の活動内容

設立直後のカタリストは,女性の再就職や失業者の支援,女性に対する教育を行い,履歴書作成や求職活動で支援を必要とする女性のためのリソース・センター(人材センター)として機能していました.1973年には,独立した83カ所の職業指導センターから成るナショナル・ネットワーク・オブ・キャリア・リソース・センター(全国人材ネットワーク)を設立しました.そしてそれぞれの職業指導センターが訪問者のニーズにより効果的に応えることができるよう資料を提供する一方,女性たちを紹介し,職業相談や職業斡旋を受けられるようにしました.この活動が頂点にあった1980年代初頭には,ネットワークのメンバーになっていた職業指導センターは240カ所にのぼり,年20万人もの利用に供しました.

カタリストは,企業側が女性たちの能力を生かせるように,1973年,ナショナル・ジョブ・ロスター(全国職業要覧)を月刊で作成しました.40業種の職種に,女性を採用したいと考える雇用主を結び付けたのです.1975年には,採用面接の際の固定的な性別役割観をなくすため,男性のライン管理者を対象とした研修ガイドも開発しました.

2つの目標

カタリストは2つの課題を一貫して相互に関連させながら目標としています.第1には,女性が自らの才能ややる気を最大限に発揮し前進できるよう道を切り開いていくこと,第2には,女性が1人の人間として充実した生き方ができるよう,仕事と家庭のバランスの確立を支援することです.

1970年代半ばには,多くの女性がやりがいのあるフルタイムの仕事を持っていましたが,その大多数は,仕事と家庭の両立という問題を抱えていました.

カタリストは，企業が女性の家庭面でのニーズに応える施策を支援すべく，1980年にキャリア・アンド・ファミリー・センター（キャリアと家庭の両立センター）を設立しました．また同じ時期に共働き家庭について2件の研究を実施しました．1つは企業の意識に関するもの，もう1つは家庭面でのニーズの研究，どちらも時代を先取りしたものでした．調査に強力してくれる人を見つけるだけでも大変だったそうです．このように，女性とビジネスに関する綿密で先駆的な研究活動が，カタリストの諸活動の土台をなしています．

2　第2期のカタリスト

ガラスの天井を突き破れ

1970年代半ばのアメリカでは，女性は完全に企業社会への進出を果たしていました．しかしそのほとんどは依然として企業の出世階段の最下段におり，トップの地位にまで昇りつめた女性はいませんでした．この状況を打開するため，カタリストは1980年代後半から活動の焦点を変え，企業法人や専門業種の事務所等と協力して女性の昇進を推進し始めました．1986年，「ガラスの天井（グラス・シーリング）」という言葉が，ウォールストリート・ジャーナルの特集になりました．一見見えないようだがガラスの天井があって，女性はいかに努力をしてもトップの座には上がれない，という女性たちの怒りと嘆きを取り上げた記事でした（図4-1）．そのころから，カタリストは企業におけるガラスの天井を突き崩す活動に転じたのでした．

1986年，カタリストはセンター・フォー・キャリア・アンド・リーダーシップ・ディベロプメント（キャリア開発とリーダーシップセンター）を設立しました．3年間にわたって多額の補助金を得，既存の研究をさらに充実させ，企業社会での変化の推進者としての役割に一層磨きをかけることができたのです．プログラムには，キャリア・アップの力学を考える鼎談，女性ビジネス・リーダーを紹介した出版物，男性管理者のジェンダー・アウェアネス（ジェンダーに気づく）向上研修，女性のためのリーダーシップ研修などがありました．

図4-1 ウォールストリート・ジャーナル，1986年3月24日，特集表紙

THE WALL STREET JOURNAL.

MONDAY, MARCH 24, 1986　　　© 1986 Dow Jones & Company, Inc. All Rights Reserved　　　SECTION 4

A SPECIAL REPORT
THE CORPORATE WOMAN

THE GLASS CEILING
Why women can't seem to break the invisible barrier that blocks them from the top jobs

By CAROL HYMOWITZ
And TIMOTHY D. SCHELLHARDT

LOOK AT THE NAMES and pictures in almost any corporate annual report. Or consider the silence when a male executive is asked to name the women who hold policy-making positions in his company.

Notice how far women *haven't* come in corporate America.

More than a decade after large numbers of women joined American corporations as first-level managers, few have climbed as far or as fast as their male colleagues. Today, women fill nearly a third of all management positions (up from 19% in 1972), but most are stuck in jobs with little authority and relatively low pay. Even those few women who rose steadily through the ranks eventually crashed into an invisible barrier. The executive suite seemed within their grasp, but they just couldn't break through the glass ceiling.

To these women managers, the road to the top seems blocked by corporate tradition and prejudice. Women have a hard time finding the necessary sponsors in their companies. Furthermore, they often are thought to lack the right credentials and the appropriate drive and commitment to make it to the board room.

Unlike traditional male managers, women also are thought to be too easily diverted from their careers by family considerations. "One thing that worries top managers is that women take leaves of absence," says Alonzo McDonald, 57 years old, former White House staff director and now head of Avenir Group, a company that acquires troubled small businesses. "A month before battle, you can't afford to have your general do that."

Yet the biggest obstacle women face is also the most intangible: Men at the top feel uncomfortable with women beside them.

"Chief executives who are my age or even a little younger still feel uneasiness dealing with women," says David Maxwell, 57, chief executive officer of the Federal National Mortgage Association. "They're much more comfortable dealing with other men." Top executives, Mr. Maxwell adds, are often "quick to feel the woman who is tough isn't being womanly, while the woman who isn't tough isn't worth having around."

The result is that in spite of the extraordinary progress women have made in terms of numbers, a caste system of men at the top and women lower down still prevails in corporate America. Only 2% of 1,362 top executives surveyed by Korn/Ferry International last year were women. Just one woman—Katharine Graham of Washington Post Co.—heads a Fortune 500 company, and she acknowledges that she got the job because her family owns a controlling share of the corporation. Even women who seem very close to the top concede that they don't have a shot at sitting in the chief executive's chair.

"Where do CEOs come from?" asks Rosalie Wolf, treasurer of International Paper Co. and the corporation's only female officer. "Usually, they come out of the manufacturing and marketing ranks. There are very few women in meaningful middle-management jobs in those functions and hardly any in senior management." What can Ms. Wolf aspire to? "Maybe one day chief financial officer," she says. That would make her the only woman in that post among the top 200 U.S. companies.

The caste system undoubtedly will crumble more quickly in some fields than in others. It may disintegrate within a decade in financial services, insurance and retailing, where women make up a third to a half of all managers. It also could happen relatively soon in banking and communications, where sizable numbers of women hold top posts in middle-management.

Please turn to page 4

Ms. SCHELLHARDT IS CHIEF AND MS. HYMOWITZ IS DEPUTY CHIEF OF THE WALL STREET JOURNAL'S PITTSBURGH BUREAU.

| AN INDUSTRY SCORECARD **7** | TARGETING WOMEN CONSUMERS **17** |
| DEALING WITH MALE BACKLASH **20** | PERILS OF OFFICE ROMANCE **25** |

カタリスト賞を企業に

1990年代に入り，会長（当時）のシェーラ・ウェリントン氏の指揮のもと，カタリストはトップの地位にある女性の人数の集計を始めました．調査を行う

188

ようになった背景には，ビジネスの世界は女性の進出状況に関する実証的なデータに注目してしかるべきだ，という強い信念がありました．現在もフォーチュン500社の重役会に属する女性や持ち株役員の地位にある女性の人数調査を続けています．こうした統計は，北米の企業社会のベンチマークとして広く使われています．

　カタリストは，企業と緊密に協力していく団体として自らを改めて位置づけた結果，毎年授与する賞の対象も変えました．初期のころは目ざましい功績をあげた女性を対象にしていましたが，1986年以降は，女性社員の求人・教育・定着といった面で革新的なプログラムを採用した企業や，さまざまな取り組みを実施したことを顕彰して，カタリスト賞を授与するようになりました．1986年に革新的ベスト・プラクティス（最優良事例）として賞を出していた活動は，現在では必要不可欠なごく当たり前の慣行となっています．

　ベスト・プラクティスの事例は，女性の進出・昇進といった課題に努力している他の企業にとって，生きた見本となります．カタリスト賞を受けた取り組みを他の企業も実践し，全ての企業が女性の昇進の障壁を取り除く努力を続けることも授賞の趣意なのです．受賞するようなプログラムの主旨・目標・進捗状況は，戦略的にかつ幅広く，従業員に伝達されなければなりません．再現可能性とオリジナリティも選考基準になります．

21世紀の課題

　1999年，アメリカでは重役会の11.2％を女性が占めるようになり[注4]，現在この数字は年率で1％程度ずつ上昇しています．この面で他の国より進んでいるアメリカでは，女性の労働力は全体の46％（日本は43％），管理職・専門職に就いている女性は49％強に達しています．日米で女性の労働力比率はさほど違わないのに，アメリカの女性管理職・専門職の比率が男性と肩を並べる数字になっている点が日本の実態と全く違うところです．そして今，アメリカでは管理職のレベルではなく女性取締役の増加が課題となっています．

3 カタリストの果たすもの

会員は企業

　カタリストの年間予算は約7億円．企業会員（個人会員なし）の支払う年会費等によって，ビジネスへの女性の進出という使命に向かって多様な活動を展開しています．事業収支は年間1億5,000万円ほどの黒字．主な収入は寄付が3億円（年間寄付額1,000万円以上の企業が6社，500万円以上が11社，250万円以上が25社）で，フォーチュンが発表する優良企業ランキングに入るグローバル企業が中心で300社にものぼります．企業が税法上寄付控除できる額，年間75万円が会費の最低ラインです．

　カタリストは，企業に変化をもたらすために，ビジネスにおける女性の活躍を促進しています．そして，女性に対しては，職業で能力を最大限に発揮できる援助，企業に対しては，女性の才能や能力を充分に活用する援助を行っています．女性の能力活用が企業利益に繋がるということを理解している企業やフィランソロフィー団体から財政的支援を受けているNPOなのです．

活動内容

(1) 研究・調査

　カタリストの調査・研究活動では，まず，働く女性に聞き取りを行います．また，中間管理職や上級管理職の女性だけでなく，女性管理者とともに仕事をする男性や，方針決定を行うビジネス・リーダーにもインタビュー調査を行います．各分野の著名な専門家が率いる綿密な調査・研究プロジェクトは，定量的手法と定性的手法の両方を駆使して進められます．女性が直面する障壁や，女性の成功につながる行動，態度，プログラム，慣行を調査し，女性に関する統計を取り，女性の現状と将来のあり方について研究した成果は，出版物として発表したり，ビジネス界・政策立案機関に，専門家によるアドバイスとして提供します．

(2) 企業のかかえる問題の解決（consultation）

　カタリストのコンサルティングサービスは，法人会員の企業が社内の女性を

とりまく職場環境を診断し，女性の活躍を促進する戦略を練り，成果の出る解決方法を実施するために企業と協力し，女性とビジネス・リーダーの双方を支援しています．

1982年にはコーポレート・チャイルド・ケア・リソース（保育資源）を創設，企業が従業員の子育て面でのニーズに効果的に対処できるよう援助しました．また，リロケーション・リソース（転勤．異動支援）も整備，従業員の異動・転勤とその従業員家族の引っ越しを手際よく行えるよう，実践的かつコスト効率の高い戦略を提案しました．

1980年代半ばには，企業に勤める女性たちでつくる全米の50団体を選び出し，運営がどの程度うまくいっているかを調べ，これらの団体が企業管理者にとってより効果的なリソースとなれるよう支援しました．さまざまな基準を使って職場環境評価を行い，女性の昇進の障壁となっている要因をつきとめ，ベスト・プラクティスを普及するのです．

(3) 女性と企業の橋渡し（corporate board placement）

1977年，法人組織委員会はフォーチュン1,000社の取締役会に，女性の重役候補者を探し出すことができるサービスを開始，以来，資格と経験を十分に持った女性（重役）を250社以上の企業へ紹介してきました．最高のデータベース（現在2,500人の女性から成る）を持っているだけでなく，現実の女性たちをじかに知っているカタリストが適材適所を目指して発掘した数百人の女性は，現在さまざまな企業で取締役を務めています．

(4) 講演活動

カタリストの専門家は，職場の動向や課題について全国的な議論を形成する支援を行っています．講演部門では，働く女性に関わるあらゆる問題について，企業，専門家，学者等を対象に，信頼に足る権威ある意見を紹介しています．各種イベントや会議は，企業の意思決定に携わる人々，人材開発専門家，個々の女性，マスコミが一堂に会し，地域や国レベルで，調査結果や成功の戦略策定について議論する場となっています．

(5) 相談業務

　●カタリストの法人組織委員会，諮問サービス，スピーカーズ・ビュー

ローといった部門への取り次ぎ
- 女性の活躍の促進
- キャリア開発プラン作成
- 後継者育成プラン作成
- メンタリング（後輩に助言や指導をすること）
- 職場のネットワークづくり
- 有色人女性について
- 多国籍的課題について

(6) 情報提供

　インフォメーション・センター（情報センター）は，働く女性に関する書籍，定期刊行物，統計，政府報告書，報道記事等を集め，カタリスト会員やマスコミ，公共政策の立案に携わる人々に，効率よく貴重な情報を提供しています．
- カタリストの調査の内覧，出版物の割引
- カタリストのイベントや会議への招待
- カタリスト・インフォメーション・センターの利用
- カタリストの課題別月刊ニューズレター「パースペクティブ」の購読

カタリスト賞

　優れた実績に対する評価として，女性の登用・活用に大きな実績をあげた企業には，毎年「カタリスト賞」が贈られます．授賞までのプロセスは丸1年．まず4月に，候補企業指名のための資料をフォーチュン1,000社や大手の専門業種の事務所に送ります．6月に，各企業・事務所は自薦により受賞候補企業として名乗り出ます．カタリストの複数部門の代表者から成る選考チームが候補を検討後，各社と電話インタビューを行います．このインタビューに合格した企業には現場訪問の予定が組まれ，最終選考となります．カタリストのチーム・メンバーが最終選考に残った各企業を訪れ，数日間をかけて，CEOや高い役職にある女性を含む全ての職階・部門の従業員に，聞き取り調査とフォーカス・グループの調査を行います．受賞企業の発表は1月．それから授与式とディナーパーティーの準備が始まるわけです．

ある取り組みが成功したというためには，その取り組みが効果的に変化をもたらした事例を実証しなければなりません．そこには，景気動向，戦略的提携，経費節減，ダイバーシティ（多様性）による価値の付加といった要因も含まれます．特に重要なのは，当該組織の目標と企業がそうした目標を達成するのにダイバーシティがどれだけ役に立ったかを，当該事例がよく表しているという点が評価されるのです．

　もう1つの重要な要素はリーダーシップです．つまり，CEOを含む上級リーダーがこの取り組みを率先して推進することで，企業の内外に向けてその取り組みの目標を効果的に伝えることが大切なのです．

　優れた取り組みには，管理者やスタッフにその取り組みの目的を確実に達成させるような仕組みが備わっているはずです．アカウンタビリティー（説明責任）を保証することやダイバーシティ目標を達成しようと思えば，それに対する報酬ややる気を与える管理がうまくできているはずです．それを数値基準に基づいて実績評価を行うのです．

さらに女性の活躍を

　米国では1960年代から行政命令でアファーマティブ・アクション（積極的平等措置）を積み重ねてきました．その努力がようやく実を結び，女性の能力発揮と企業の経済成長がドッキングしたビジネス社会が到来しています．企業と消費者がインターネットでつながれ，知識とアイデアが最も重要な位置を占める21世紀のビジネスでは，ジェンダーが障壁になることはなく，どんな人にも成功への道が開かれることになります．

　企業はカタリストのリソース（資源）を利用して女性の関心を集め，女性の定着率をあげ，女性の活躍を促進させることでしょう．

カタリスト訪問記（2004年）

　2001年9月11日，WTC（ワールド・トレード・センター）が同時多発テロによって倒壊した時，カタリストも粉塵などで2週間オフィスを閉じたそうです．WTCとはそれほど近い距離だったのです．21世紀に入り，カタリストの活動

は世界的にネットワークを広げていきました．カリフォルニアのサンノゼに支部を設けたほか，カナダのトロントにも活動拠点ができました．「アメリカでは男女平等がかなり達成されたので，今後はグローバルな視点で世界的にネットワークを築き，支援を広げていきたい」と語ってくれたのは，バイス・プレジデントのデビラさん．日本も視野に入れているとのことでした．

　カタリストの会員は，すべてフォーチュン500の大企業．政府からの援助はまったく受けていないので，政策がどう変更されようと直接的な影響はなかったそうです．スタッフは現在，3カ所合わせて75名を数えます（うち男性10名，インターンシップ3名）．財政的には企業の会費が3分の1，アドバイザーからの出資が3分の1．残りの3分の1はカタリスト賞授与式のパーティ（2003年は1,700名が参加）会費です．年間運営費を尋ねると，「ビリオンダラーです」と，にっこり……．新しいパンフレット〈What is good for women is good for Business：女性にいいことは企業にもいい〉を渡されました．この方程式は，日本ではなかなか難しいことです．「女性にいいことは企業にもいい」という社会的合意が重要です．

NAWBO・NY 訪問記（2005年）

　NAWBO（National Asociation of Women Busness Owners：全国女性ビジネス・オーナーズ協会）をニューヨークの5番街に訪ね，エグゼクティブ・ディレクターのドロシアさん，マネージメント・マーケティングコンサルタントのベロニカさんと面談しました．この組織もNPOですが，国の補助金で運営しているようです．1990年代に確立された「女性の起業支援は国の政策だ」という方針は，ブッシュ政権になってもそれほど変化はないということでした．しかしエグゼクティブ・ディレクター以外は全員ボランティアで活動しているそうで，それぞれは自分の事業の経営者なのです．2004年度の女性起業家のデータを見せてもらうと，民間企業のほぼ50％が女性経営者になったということ，女性経営者の企業では事業所の増加率（1.9倍）も経営者の増加率（3.1倍）も雇用者の増加率（2.1倍）も売り上げの伸び率（1.2倍）も，全米の企業の平均比率を大きく上回っているということが示されていました．女性起業家の業種はやはり

サービス業の割合が大きく，テレフォン関連企業，コンサルタント業，弁護士事務所，印刷会社，ファイナンスコンサルタント業，写真やビデオ関連などが多いとのこと．フィリピン系のベロニカさんは，「女性起業家の中でメンタートレーニングをぜひ定着させたい」と話してくれました．「日本でも女性経営者の企業の方が女性管理職の比率がずっと高い」というと，「それは素晴らしい．日本の女性起業家も頑張ってほしい」とのことでした．

第3節 アメリカのNPOに学ぶ

1 アメリカのNPOと「人材」育成

人材育成の背景

アメリカのNPOでは，人材育成は最も重要だと認識されています．日々の運営を担うスタッフの育成は，NPOにとって大きな課題ともいえます．アメリカでは通常，スタッフトレーニングは中間支援団体（インターミディアリー）が実施しており，理事会の強化や戦略計画策定，NPOマネージメント，プログラム評価，人事管理，ボランティア・マネージメント，ファンドレイジング，財務管理，マーケティング，コンピューター関連，インターンシッププログラムなどが定期的に開講されています．また，個々の団体のニーズに合ったサービスを提供するために，組織運営全般，人事管理，NPOリーダー育成等のコンサルティングや，理事のための各種トレーニングも行われています．

NPOの人材育成で最も重要なことは，育成される側の気概や自ら社会の中で何らかの役割を担おうとする情熱です．志なく欲求だけでは，NPOは存在し得ません．

アメリカのNPOで高度な人材育成が可能な原因としては，3つのことがいえると思います．

第1に，アメリカでは自らのキャリア設計と経歴を積み上げることに人生の意義を求める傾向が高く，日本ほど安定雇用に意味を求めないということがあ

げられます．終身雇用という概念が喪失しているので当然ともいえますが，アメリカの学生の多くは起業家，ビジネスを興す夢をもっています．新しいことを始めるため，あるいは社会の中で自分がやったことを目に見える結果として手にするために，NPO を就業機会としてとらえます．NPO では特に，団体のマネージメント，資金集め，プログラム運営，広報，会計管理などの技能や経験を身につけることができるため，NPO での体験を生かして，より魅力的な職場に就くこともできます．さらに NPO で培ったネットワークを生かして企業で社会貢献をする仕事に就いたり，財団のプログラムオフィサー（助成担当者）になったりと，NPO への就職がマイナスにならないことは明確ですから，自分の人生設計の中に，いっとき NPO でやりたいことをやり，力をつけることの意義は大きいのです．

　第 2 に，次代の人材育成は国の課題であり，あらゆる組織の共通認識となっています．NGO・NPO においても，才能や能力を自由に発揮することで，すべての人がのびのびと幸福を追求できる環境をつくることが重要だという原則があります．その考えは NPO の給与にも現れており，アメリカの政府・自治体・民間営利企業，NPO の第 3 セクターの賃金を比較すると，セクター間の平均賃金にはあまり差がなく，平均して年収で 2 万 5,000 ドル前後．しかし仕事上の責任の大きさには比例して，事務局長レベルでは 6 万 2,000 ドル程度になるということもあります．アメリカの労働観として，ある程度経験を積んでプロ意識をもつ NPO のスタッフは，通常生活を犠牲にしてまで NPO 活動をしようとは思いませんし，どんな団体でも，マネージメントのトップには生活できるだけの給与を確保するという努力が見られます．

　第 3 に，人材育成の結果の評価が「平等」になされるというビジョンが基本になっています．具体的には，性や人種にとらわれず，職務に対応した能力評価と賃金システムの確立が当然という前提があることです．

　社会に貢献する，やりがいを感じることの多い NPO で一定期間働き，その経験がキャリアとして評価されて，また企業に戻るケースも少なくありません．多様な人種の混在する国では，明確なビジョンが示されなければ（たとえそれがビジョンだけであろうと）共存できないということなのだろうと思います．

インターンシップ制度

　企業におけるリーダーシップとNPOでの人材育成は大きな関わりがあります．アメリカには150万以上ともいわれる登録NPOがあり，学生よりも社会人のインターンシップを最も多く受け入れています(注5)．NPOでは既述のように，さまざまな職務の技能や経験を身につけられます．経営責任者である理事のトレーニングプログラムもあります．それらを収得し，NPOでの多角的な活動を展開し，その後企業でのエグゼクティブマネージャーに迎えられるケースも多いわけです．人の流れは官と民・第3セクターとしてのNPO，NGO間で横断的につながっています．NPOだからといって日本のように給料が極端に低くはなく，インターンシップの給料でも生活はできます．

　特に女性の人材育成には，企業とNPOとの関わりが大きいといえます．NPOの担い手は女性が圧倒的に多く，女性たちはNPOで組織運営スキルやリーダーシップをトレーニングされ，次のステップとして企業や政府でのリーダーに成長していくのです．

　この十数年間に女性がマネージメント能力やネットワーキング能力をそなえていった背景として，アメリカでもカナダでもまた欧州諸国でも，NPO・NGOでの人材育成効果は大きく，NPOから政・財界へ，特に女性リーダーを排出しているということではめざましいものがあるといえます．

　その国の女性リーダーが各分野にどれだけ多いかの測定値は，NPOの活動がどれほど充実しているかで測れるといわれるぐらい(注6)，NPOは多くの女性リーダーを育成してきたのです．

ネットワークの力

　日本のNPOの課題の1つは専門性が足りないことだといわれますが，米国のNPOは，彼らがもつ専門性とネットワークが評価されています．専門性をネットワークの力で補い合うという意味もあります．例えば政府の委員会などには必ずNPOのメンバーが入っており，NPOと米国政府，行政と企業が一体となって委員会をもち，事業を展開していくのです．NPOの豊富なネットワーク力や情報量を企業に生かし，企業はいずれの分野にも活躍できる多くの人材

を育成すると同時に，NPOを積極的にサポートしていく．この相互作用が，次代の人材育成にとって重要なのです．

2 NPOの活躍とアメリカ政府の人的資源開発

グラスシーリング委員会

既述のカタリストの第2期（1980年代後半から）の活動に深い関係をもつのが，アメリカ政府の人的資源開発政策です．クリントン政権は1991年，産業界と一致して超党派で，NPOを交えて，グラスシーリング委員会を設置しました．人口構成の変化に伴って経済が再編成されていく中で，アメリカの産業が世界的に長期に成功をおさめていくには，女性とマイノリティの完全活用など，もてる人的資源を十分に生かしきる戦略が必要だと判断した結果からでした．

グラスシーリング委員にはNPOカタリストのプレジデント，シーラ・ウエリントン（当時）が名を連ねていました．グラスシーリング委員会の報告のもとに事業を展開したカタリストが委員会へ提出した報告書は『企業の管理職と女性』の中では，回答者の大半が，女性は管理能力，技能の面で男性と対等であると答えています[注7]．

グラスシーリング委員会は，使命として第1に「女性やマイノリティの昇進に対する人為的障害の除去」，第2に「女性やマイノリティの企業の経営幹部や意思決定のポストへの昇進を促進するため，女性やマイノリティに対して機会を増やし，経験を広げていくこと」という目標を掲げました．

グラスシーリング委員会議長のライッシュさんは，「グラスシーリングとは，アメリカが最も大切にしている原則を裏切る概念であり，目には見えないが，資格や業績に関係なく女性やマイノリティが企業で昇進することを妨げている．この国は，懸命に働きルールに従って競争すれば誰にでも成功できる可能性があると約束して，何千万人もの移民を引きつけてきたが，グラスシーリングは何百万人ものアメリカ人に対し，経済的，個人的向上の機会を拒否している」といっています．

産業界への勧告

　1995年11月に最終報告書が提出され，以下のようなグラスシーリングの例示がなされました．
- 企業内で労働力の多様化について消極的であること．
- 昇進は伝統的な慣行やルール，基準で実施され，女性やマイノリティは排除されている．それらの人事管理について，上級管理職が積極的な関わりを持っていない．
- 職務評価において同等の場合でも，女性の場合は賃金が異なっている．
- 性や人種，民族に対してのステレオタイプ化された偏見，固定観念，さらにはハラスメント等が存在する．
- 公平さを欠いた募集や情報提供活動や採用での面接活動が行われている．
- 家庭を持ち，家族的責任を負っている労働者が働きやすくなるような施策が全く行われていない．
- 意思決定をする地位への昇進機会がきわめて制限され限られている．

　グラスシーング委員会では，徹底的な分析と対策研究の結果，産業界に対して次のような勧告を出しました．
　①組織のトップの政策的な取り組みをすすめる．
　②すべての戦略的な事業計画に，労働力活用の多様性を入れる．
　③道具としてアファーマティブ・アクションを活用する．
　④リーダー登用の有資格者の範囲を広げ，募集する．
　⑤女性リーダーの教育訓練，ネットワーク，メンタリング・プログラムの設置．
　⑥企業幹部に意識教育と監視義務を．
　⑦仕事と家庭の両立支援．
　⑧高い業績をあげる職場運営をしている企業は，伝統的な障壁や組織階層を打破し，女性やマイノリティにとってより大きな機会を得ることができる．

　職務遂行能力の十分にある女性やマイノリティがリーダーになれないのは，産業界や企業における伝統や慣行など，社会の構造的な問題であることが判明したことから，昇進を阻む壁を除去する策が打たれたわけです．

3 NPO がリーダーを育てる

ネットワーキングを本物に

　90年代初頭，J・リップナップとJ・スタンプスの『ネットワーキング－それはもう1つのアメリカ』という講演（翻訳者栗原彬氏による）を聞いた私は，「そうだ，今までの住民運動型の行き詰まりはここにあったのだ」と深く納得しつつ，新しい市民社会の到来というわくわくする感覚を受けたものでした．リップナップたちがいう「ネットワーキング」とは，「自立した個人や自主的なグループや団体が独立して，自発的・自主的に横並びで活動すること」であり，「われわれを結びつけ，活動・希望・理想の分かち合いを可能にするリング」であり，「他人とのつながりを形成するプロセス」であり，共通の目標や価値観に基づく自主的なグループや団体によって「もう1つのアメリカをつくり出す運動」でもあるのです．

　日本の従来の運動は，縦型社会を下からどう切り崩すのかという発想に基づくものでした．ところが，既存組織の理不尽なまでの非柔軟性，問題解決の回避にいらだたされ，運動自体が壁にぶつかって動かなくなっていました．だからこそ「ネットワーキング」，「ネットワーク」という言葉は未来を開くものとして瞬く間に日本中に広がり，グループ名に「ネットワーク」を冠する例も増大していったのです．しかし，「ネットワーキング」を本来の活動に築き直すことが，NPOの発展に最も重要なのではないかと思います．自立した個人と団体は汗も涙もともにし，エネルギーを変革に向けねばならないからです．

情報を市民のものに

　J・リップナップのいう「自立した自主的なグループや団体」とは，NPOを指しています．私はアメリカのNPOカタリストを初めて訪問した時（1989年），NPOとしての規模の大きさに驚く一方で，調査研究に力を入れている理由がよくわかりませんでした．数量的調査というのは政府や行政機関の仕事だと思っていたからです．しかし，「NPOの調査結果だから信頼性がある」とか，「女性登用の障害を明らかにするという目的をもった調査」という言葉を聞く

につれて，調査研究結果（情報）は，変革を求める者自身がたぐり寄せ，つくり上げなければならないということを実感できるようになりました．

知の発信，情報提供能力がNPOを中核に確立されてきたアメリカの市民社会では，NPOの情報発信力がネットワークを可能にしているのですから，NPOの力量はきわめて優れていると思われます．

政策提言力を

アメリカのNPOは地域に教育力を有する活動を行っており，地域市民との共感によって，経営資源（寄付，労働力，ボランティア理事など）の獲得を可能にしています．そしてNPOが政策提言力（アドボカシー）を持つことによって地域の問題を解決し，大胆な社会変革の力を発揮しています．アドボカシーの手法は社会の合意形成力を高め，社会全体の問題解決能力を高めていく効果をもたらします．このアドボカシーを社会的に高めるために決定的力を果たしているのがNPOのシンクタンクです．先進資本主義国の中で非営利・独立のシンクタンクを持たないのは日本だけだといわれています．NPOのためのシンクタンクが機能を果たせば，日本のNPOは今抱える最大の課題，「人材」と「資金」を教材に，有効な事業展開をするはずです．

NPO・NGOで女性リーダーを育てる―カナダの場合

アメリカと同様，カナダにおいてもNPO・NGOは力を持っています．カナダ人は権利意識が高く，政治的信念やイデオロギーも多岐にわたりますが，共通の価値観や信念も多く，民主主義および法の支配に対する信頼は強いといいます．カナダのNPO・NGOと女性リーダーについて具体例を見てみます．

カナダでは1972年に女性の地位大臣が定められ，さまざまな機関の創設に関わったグループが全国女性の地位向上行動委員会（Natonal Action Committee on the Status of Women, 略称NAC）として再編成され，さまざまな目的をもった民間の女性団体（約600団体）が加盟，活動しています．これらの組織では，発足当初は白人女性が活動の中心を占めており，人権問題について民族・人種等を考慮することはありませんでした．しかし東洋系・アフリカ系移民の増加とい

う背景もあり，政府が1971年にうたった「多文化主義 (the muti cuturalism)」政策を受け入れた後は，活動が変化しています．NAC の活動対象は，女性の人権・地位の向上だけでなく，連邦雇用衡平法に制定されている4つの指定グループ，女性・先住民・障害者及び人種・皮膚の色による少数民族を含みます．活動は，カナダ国内の各支部を通じてさまざまなコミュニティと連携して組織化され，4つの指定グループに含まれる人への教育・情報提供・啓蒙活動を実施，選挙にも大きな影響を与えています．

　政党も政府もNPO・NGOの政治的影響力を重要視しており，これらの組織に意見を求めることも少なくありません．NPO・NGO は政治を動かす社会的な圧力団体になっているのです．

　女性問題のNPO・NGOも，カナダ人の政治的成熟度の高さを背景に，選挙時にはドラマチックな活動を推進します．メディアの活用も，女性問題への世論を喚起，形成，指導する効果的な手段であり，NAC等は，日常的にメディアへの接触を図っています．カナダには「民主国家は，国家の安全にかかわる情報を除いて，政府が秘密にしたい情報や記録でも，それへのアクセスを保障しなければならない」と定めた情報公開法があり，政府の活動を国民の眼で監視できます．

　NACは，政党や政治家に対するロビー活動やメディア・集会等を通したキャンペーン活動を通じて，指定グループに関わる権利や環境整備を提唱し，国の社会政策を変えていく戦略としています．

マネージメントを学ぶ機会をNPO・NGOが提供

　意志決定レベルに参加していない女性たちは，リーダーシップの開発に関わる経験を持てないということになります．中間管理職や上級経営幹部職への登用についてはNPO・NGOがトレーニングの場になっているのが現状です．

　カナダでは中間管理職に4割の女性が存在している現在でも，経営幹部への昇進に関しては，やはりグラス・シーリングの存在が指摘されています．一般に職業上の教育は，女性の場合，特定の実務分野に集中して受けることが多く，補助的な事務労働や単純技能，看護，教育といういわゆる女性職務とされてい

る分野ではさまざまな訓練の機会がありますが，女性の進出に日の浅い職種の分野，あるいは女性の少ない階層の分野については，教育を受ける機会が不十分です．そこで，多くの女性たちが，リーダーの地位に就くようになり，権限と影響力を所有し，自らの指導能力を確立するためにはどうしたらいいのかというトレーニングを受けます．

　女性自身，経験の幅が狭く，情報や知識を充分に修得していないので，自分自身の能力の適性や資質を把握しきれていない場合も少なくありません．また，指導的立場につくためのリーダーシップ開発の訓練機会に恵まれない場合には，能力がなかなか顕在化しないことも多くあります．リーダーシップ能力は，経験の機会をふやすこと，仕事を任されることでしか養われません．その意味では，NPO・NGO は新しい人材が年功や経験を重ねるのを待っていられない仕事場なので，事務系の仕事だけではなく，いきなり営業や企画，財務や専門技能を求められ，試され，励まされながら力をつけることになります．未経験だったことがやれたことによって自信が生まれ，さらに大きく飛躍するというのが NPO・NGO の人材育成のいいところです．NPO・NGO が女性の参加を促し，その組織形態が新しい横並び型，ネットワーク型のリーダシップを醸成する基地になるのです．

　NPO・NGO は，よりよい社会をつくる孵化器であるといわれます．アメリカだけではなくカナダでも，NPO・NGO という孵化器から新しいリーダーが次々と育ち，自治体へ，企業へと進出しているのです．

日本は何を学ぶか—4つの提案

　アメリカの NPO は逆風の中にあるようですが，ある意味では成熟した段階に達しています．一方，日本の NPO は始まったばかりです．われわれがアメリカの現実から学ぶべきことは，少なくありません．

　まず第1に，政府と NPO のパートナーシップの確立です．日本では特に行政関係者の間で，政府の財政負担を軽減するための行政に代わる公共サービスの供給者として NPO を活用しようという考え方が，往々にして見られます．しかし肝心なのは，行政の下請けになるのではなく，政府と並ぶ独立したセク

ターとして，NPOを育てていくという発想です．政府とNPOの間に健全なパートナーシップを構築することが重要なのです．そして，その実現にはNPOに対する財政補助が不可欠なのであって，財政負担の軽減になるわけではないのです．パートナーシップのはじめは，政府・自治体の意識変革にあると思います．お上意識は減少してきていると思いますが，市民やNPOにへりくだった意識や態度を示していればトラブルは避けられるのだという態度も，対等なパートナーシップを築くものではありません．

　第2に，寄付税制について．現在，寄付税制のあり方が検討されていますが，日本では税額控除方式の寄付税制を設計すべきです．寄付者の税が控除されることと同時に，NPO団体への幅広い税控除の設計を期待したいところです．

　第3は，情報開示（ディスクロージャー）とアカウンタビリティー（説明責任，正当性の証明）に関してです．日本では従来，自治体の情報は「㊙」扱いが当たり前でしたので，NPO，非営利セクターへの情報提供は極めて限られていました．「知る人のみぞ知る」という風土では，NPOが情報を力にすることはできません．助成金をはじめとするさまざまな行政情報の取得が簡便になることが望まれます．政府・自治体からの情報を，簡潔で本質や内容がわかりやすい形に加工して提供してほしいということです．NPOが社会的な信頼性を高めるために，緊急に必要なことです．

　第4は，NPO規制の緩和です．日本では公益法人の設立許可をはじめ，非営利セクターに対しては役所の自由裁量による部分が多いのですが，いたずらにNPO活動を縛ろうとする傾向があるように思います．NPOが政府と対等な立場に立てるように，多すぎる書類主義や規制自体を再検討するべきです．

　超高齢社会，女性の時代を迎えた今，日本ではNPOに対する期待が高まっています．NPOの爆発的成長こそ，未来社会としての市民社会の成熟につながるといえるでしょう．

第4節 未来社会をつくるNPO

1 市民セクターとNPO

NPO法の成立

1998年3月,NPO法(特定非営利活動促進法)案が議員立法として成立しました.法案がまとめられていくプロセスでは,シーズ(市民活動を支える制度をつくる会)という市民団体が大きな役割を果たしました.わが国の立法過程としては異例のことで,その意味では法案の内容を象徴的に表しているといえます.NPO法をつくることを目的として1994年11月に発足したシーズは,活動推進センター,日本国際ボランティアセンター,市民フォーラム2001など,いろいろな分野の24の市民団体の連合プロジェクトで,政治家を招いてシンポジウムを開いたり市民団体の要望をまとめたりして,立法過程に市民の声を届けるため積極的に働きかけました.

阪神淡路大震災をきっかけに

シーズが結成された2カ月後,1995年1月17日に阪神淡路大震災が起こりました.阪神地域への支援のために全国から延べ130万人にのぼるボランティアが駆けつけ,炊き出しや風呂の設置など,被災者の生活や精神的な励ましに大きく貢献しました.震災はボランティアに対する社会的な関心を一挙に高め,被災地では市民のボランティアと労働組合が,ボランティア支援のために「市民・連合ボランティア・ネットワーク」を発足させました.このようなボランティア活動の具体的成果があって,ボランティアの環境整備の必要性が認識されるようになり,NPO法制定の気運が盛り上がったのです.シーズは市民団体が法人格を得て活動しやすくなるために要望事項を整理し,①準則主義(届け出制)で法人格が取得できる,②民法34条の特別法として立法化する.公益分野の法人ではなく,特殊な非営利法人として構成される,③法人の情報公開制度を整備する,など7項目にまとめました.

表4-1 特定非営利活動促進法に基づく申請受理数および認証数，不認証数等
<1998／12／01～2005／11／30累計>

所轄庁名	受理数(累計)	認証数(累計)	不認証数(累計)	解散数(累計)	認証取消数(累計)	所轄庁名	受理数(累計)	認証数(累計)	不認証数(累計)	解散数(累計)	認証取消数(累計)
北海道	967	922	0	22	3	京都府	653	618	0	14	0
青森県	180	170	0	3	0	大阪府	2025	1881	1	44	1
岩手県	226	220	0	3	0	兵庫県	890	836	3	19	0
宮城県	397	372	0	11	0	奈良県	195	187	0	3	0
秋田県	125	122	0	4	0	和歌山県	194	184	0	1	0
山形県	199	189	0	0	0	鳥取県	98	93	0	1	0
福島県	314	293	1	2	0	島根県	131	125	0	0	0
茨城県	307	297	0	8	0	岡山県	292	275	1	16	2
栃木県	281	264	0	7	0	広島県	391	369	2	10	0
群馬県	428	408	1	15	0	山口県	226	218	0	7	2
埼玉県	837	778	0	13	2	徳島県	131	122	0	0	0
千葉県	1005	954	0	17	0	香川県	148	143	2	1	0
東京都	4933	4600	94	109	0	愛媛県	189	183	0	4	0
神奈川県	1565	1466	0	36	6	高知県	160	152	0	5	0
新潟県	352	333	0	8	0	福岡県	821	762	1	37	7
富山県	145	138	0	2	0	佐賀県	169	159	0	3	0
石川県	185	173	0	1	0	長崎県	234	221	0	4	0
福井県	159	154	0	4	0	熊本県	300	279	2	5	0
山梨県	154	144	0	1	0	大分県	262	243	1	3	0
長野県	529	503	0	11	0	宮崎県	154	147	0	2	0
岐阜県	345	321	0	2	0	鹿児島県	258	237	0	1	0
静岡県	550	520	0	12	0	沖縄県	210	199	0	4	0
愛知県	816	784	0	14	0	都道府県計	23768	22364	110	510	24
三重県	371	353	1	12	1	内閣府	2205	2012	84	53	7
滋賀県	267	253	0	9	0	全国計	25973	24376	194	563	31

(注) 1．定款変更による所轄庁の変更があった場合は，申請数，認証数ともに新たな所轄庁の欄へ移動させています．また，解散の場合には申請数，認証数ともに減算しています．
2．認証取消数（累計）は解散数（累計）の内数です．
(出所) 内閣府NPOホームページ http://www.npo-homepage.go.jp/data/pref.html

法人格のない市民活動団体は，法人格がないために行政や企業と事業契約を結べないとか，事務所を開設できないなどの不利益を被っていました．法人格がないと電話の加入や事務機器のリース契約，車の購入も団体名では契約できず，代表者の個人名となります．私財をなげうって福祉施設を開設しても，土地や施設は個人所有のままなので，所有者が死亡すると遺産相続の問題が発生し，事業を継続することができなくなる可能性が出てきます．法人化されていればずっと団体のもので，信用もつき，助成財団などからの資金も集めやすくなります．

NPO法の内容

　NPO法が対象としているのは17の分野（後述）の活動で，営利を目的とせず，不特定かつ多数のものの利益を増進する活動をしている団体です．これは限定列挙された17の分野でのみ，非営利の公益活動を行っている団体に法人格を与えようとするものです．条件を満たすNPOが法人設立を申請すると，行政庁は実態調査をせず，書類審査によって4カ月以内に認証するかしないかを判断します．届け出制（準則主義）に極めて近い認可主義になっているのです．

　17の分野とは，①保健・医療または福祉の増進を図る活動，②社会教育の推進を図る活動，③まちづくりの推進を図る活動，④文化・芸術またはスポーツの振興を図る活動，⑤環境の保全を図る活動，⑥災害時の救助の活動，⑦地域安全活動，⑧人権の擁護または平和の推進を図る活動，⑨国際協力の活動，⑩男女共同参画社会の形成の促進を図る活動，⑪子どもの健全育成を図る活動，⑫情報化社会の発展を図る活動，⑬科学技術の振興を図る活動，⑭経済活動の活性化を図る活動，⑮職業能力の開発または雇用機会の拡充を支援する活動，⑯消費者の保護を図る活動，⑰①～⑯の活動を行う団体の運営または活動に関する連絡，助言または援助の活動です．

　17の分野の限定列挙は，この法律が民法34条の特別法として構成されたからであり，実質上は，いま活動しているNPOのほとんどが，17の分野のいずれかに該当するように配慮されています．なお，特定非営利活動法人の所轄庁は，事務所が1つの都道府県にあるときは都道府県知事，2つ以上の都道府県にあ

るときは内閣府とされています．

市民セクターとは

　市民セクターは，社団法人や財団法人などの公益法人や社会福祉法人，学校法人なども含めて，第3セクターといわれています．行政を第1セクター，私企業を第2セクター，NPOを第3セクターという場合もあります．従来の日本では，第3セクターといえば半官半民の事業体を指しました．行政の外郭団体，天下りの受け皿といったイメージを持つ人もあるでしょう．ところが欧米では，非営利セクターとか第3セクターというときには半官半民の事業体は含まれないのです．

　今後の第3セクターには，従来からの財団法人や社団法人などに加え，NPO法のもとでつくられた特定非営利活動法人や，ワーカーズ・コレクティブなど明確に非営利をうたっていない団体や生活協同組合，労働組合などの共益団体も含めるべきです．NPO法は市民セクターで活動するさまざまな事業体に法人格を認めることにより，市民セクターの地歩を確固たるものにしたのです．

　3つのセクターの相互関係を見ると，経営体だという点で共通しています．一定の人々や組織を対象として商品やサービスを提供するために何らかのかたちで収入を得るわけですが，そのサイクルを動かすための人として，従業員とか職員，スタッフ，ボランティアなどがいます．対象者やサービス・商品にかかるコストの負担者は，それぞれのセクターによって異なります．

　企業の場合，サービスや商品を提供する対象は顧客と呼ばれています．顧客の特徴は，企業がサービスや商品の生産から販売までに必要となるコストを自ら負担している点です．一方，行政が提供するさまざまなサービスは，国とか県，市町村など，特定の地域に限定されます．このための資金は，それぞれの地域の住民や法人から徴収された税金によって賄われます．納税者に各種のサービスとして還元されるのです．つまり，企業や行政がサービスや商品を提供する場合，企業の寄付，政府の海外援助などの例外はありますが，原則として，受益者とコストの負担者は同一なのです．

　これに対してNPOには，サービスの受益者とサービスの提供に伴うコスト

の負担者が同一でないという特徴があります．NPOのサービスが無料とは限りませんが，NPOの組織全体としてみれば，コストが100％利用者に転嫁されることはありません．特定の事業では，コストのすべてが利用者からの購入費によって賄われたり，剰余をもたらすものもあるかもしれません．しかし，多くの事業では寄付や助成金，補助金などを第3者が負担し，利用者はコストの一部のみを負担しています．

21世紀の公益をつくるNPO

20世紀はいずれの国においても，経済発展が至上目標とされました．しかしそろそろ経済発展一辺倒に別れを告げるときです．市場原理も競争も技術革新も，機械化や利便性がもたらす快適さも必要ではありますが，それらばかりを追求したことにより，市民社会は見る影もなく衰弱してしまいました．公共性や政治に対する信頼を破壊し，のびのびとした自己実現の機会を奪いました．私たちはその事実から目を背けてはなりません．

市民セクターの重要性は，まず福祉の分野において認知されました．例えばイギリスでは，1970年代に，公共セクター，民間営利セクター，市民セクターの3者によるサービスを目指すべきだとする福祉多元主義（Welfare pluralism）の思想が誕生しました．市民セクターが大きな役割を担う分野が出現してきたのです．資本主義的な企業が20世紀の「経済」発展を担ったとするならば，これからはNPOが社会発展の主要な担い手となって「社会」発展をめざさなければなりません．社会発展とは，具体的には福祉や教育や人々の自己実現の機会が高められることです．20世紀の経済が，大きな政府と営利企業との2つのセクターによって構成されていたとするならば，これからはこの2つに相当する規模の市民セクターが加わり，3つのセクターが存在しなければならないでしょう．政府の規模は相対的に縮小されますが，規制緩和や民営化で民間営利セクターが肥大化するのではなく，市民セクターが確立されるということです．

生活中心産業をNPOで

21世紀は産業自体が変化していきます．従来の高度成長・工業化社会では鉄

鋼，造船，機械，自動車，電子産業等が繁栄しましたが，今後は高齢者介護や住宅，医療，子育てなど，生活関連の需要が産業化していきます．これらのサービスを産業化するには女性の視点や感覚を生かすことが重要なので，女性や中高齢者に就業機会を提供することが前提となってきます．そして，女性が実力を発揮できるよう，事業のビジネスプランの指導やマーケティング，困ったときの相談などに対応できる支援が必要とされることから，地域でNPOが，女性とコミュニティビジネスをつなぐ役割を担うわけです．

女性が中心となって生活関連産業を運営していく社会は，経済効率だけを追い求めない社会でもあります．生活重視型事業の発展には女性事業家の役割が重要であり，その潜在能力を最大限に引き出すためのトレーニングシステムが不可欠です．また，地域で活躍する起業家同士の協力や横断的なネットワーク，各自治体の女性センター（男女共同参画センター）やNPO支援センターなどを基盤に，地域のビジネスネットワークを構築していくべきです．地域の公益に果たす女性起業家・NPO法人の連携が，国内だけでなく，国際的なネットワークづくりにつながっていくことでしょう．

介護福祉や医療の分野での対人サービスもますます増えていきます．すべてを「官（行政）」に任せる時代ではなくなってきています．財政上も到底まかないきれません．かといって，市場原理で動く営利優先の民間サービスだけに任せるわけにもいかないところがあります．双方の欠点を補い，地域に密着した公益を重視するセクターとして，NPOの出番なのです．

コラボレーションの重要性

コラボレーション，共生社会という概念は比較的新しいものです．歴史的に見れば黒人や女性，障害者など，さまざまな属性の人々の集団が自らの権利擁護のための運動を推進してきました．その後，社会的弱者全体の権利をさらに発展させるとともに，互いの権利を調和させる必要性が生まれてきたわけです．

コラボレート（協同）による共生社会とは，人種や民族，性別，性的志向，障害などさまざまな属性をもつ人々が互いに尊重しあいながら生活できる社会です．このような社会を実現するには，それぞれの属性の人々が自らの状況を

改善する手段を持たなければなりません．弱い立場に置かれたままでは，自らの立場や意見を表明することが困難だからです．手段に1つとして，自らの組織を持つことは極めて重要であり，その組織こそがNPOに他なりません．

2　NPO概論

NPOの定義

NPOは民間の団体ですが，私企業とは異なる原理で動いています．NPO研究の先駆者であるレスター・サラモンは，NPOを定義し，次の6つの特徴をあげています．

①公式性：団体として継続的活動を続けており，公式組織としての実態を備えている．
②民間性：制度的に政府から独立している．政府からの援助を受けていないということではない．
③非配分の原則：営利を追求せず，株主配当などない．
④自己管理性：自己管理する能力がある．
⑤自発性：活動や業務に自発性がある．
⑥公益性：公共の利益に奉仕し，寄与するものである．

設立手続き比較

欧米と比べると，日本ではNPOの設立がたいへん厳しいといえます．欧米の法人制度は国によってかなり違いますが，NPOが簡単に法人格を取得できる制度になっている点では共通しています．また税制では，日本は公益法人として許可されると団体に対する税制上の優遇措置を受けられますが，欧米では法人格取得とは別に，公益性を持つ団体として承認されれば税控除の対象となります．アメリカでは，NPOの設立手続きは州の法人委員会に法人登録税を添えて必要書類を提出するだけと，いたって簡単です．もちろん営利を目的としないことが要件です．税制上の優遇措置はこれとは別になっており，内国歳入庁に活動実績などを示して申請して認められれば，いくつかの特典が与えら

れます．一番大きいのは寄付控除資格で，寄付者は法人だと課税所得の10％，個人だと50％を上限に，課税所得から寄付金を控除されます．このことはアメリカでNPOが発達した大きな理由になっています．イギリス，フランス，ドイツでも届け出制であり，公益性は問われません．そのうえで団体の活動が公益に合致していると認定されれば（会計報告などの責任を負うことにはなりますが）税制上の優遇が与えられる仕組になっています．

非営利活動とNPO

　市民が参加型NPOで事業をする場合，ほとんどは非営利活動です．「非営利」とは，儲けないことではありません．

　ボランティアの本質は自発性，公益性，無償性といわれてきました．しかし，「無償性」を厳密に解釈すると，金銭の授受はもとより時間預託制（介護活動した時間を登録しておき，のちにその時間分の介護を受けること）もボランティア活動ではないということになってしまいます．そこで，最近は有償ボランティアを認める流れにあります．主たる目的を達成するためには，収益事業を行っても，相応の報酬を受け取ってもよいのです．ただ，営利企業と違うのは，収益が上がった場合，株式会社なら株主に利益を配当しますが，NPOの事業主体は利益を分配当してはならないという原則がある点です．よく「非分配の原則」といわれますが，それは仲間や会員，理事などに分配しないということであって，収益の上がる事業を行ってはいけないということではありません．

　どんなに意義ある活動でも，それを支えるには資金が必要です．事務所や電話だけでなく，活動の規模が大きくなれば有給の専従スタッフが必要になります．デイケアハウスや在宅給食サービスともなると，事業者は利用者から料金を受け取り，その収入によって生計をたてていくわけです．この程度の収入の事業は，ほとんどが非営利活動であり，住民参加型のNPOサービスです．

有償か無償か

　ボランティアの世界では，無償性と有償性をめぐって激しい議論が闘わされてきました．日本で有償ボランティアが受け入れられるようになったのは1980

年代のことです．活動が本格的になれば，事業としての性格が強くなっていきます．旧来型のボランティア団体には，補助金をもらって行政の仕事の一部を手伝うといった団体が少なくありません．ところがNPO型の事業であれば，活動内容を自主的に決定するので，有償か無償かをあらかじめ決めることはできません．有償か無償かでNPOとボランティアを区別するのは困難であり，どちらかというと無償から有償に移行するケースが一般的です．

公益か共益か

同窓会やPTAは非営利団体ですが，特定非営利活動法人にはなれません．特定非営利活動法人は「不特定かつ多数のものの利益」の増進に貢献するものでなければならないのですが，特定の学校の卒業生や生徒の親で組織される団体は，特定の人々の利益を増進するのであって，公益を増進するわけではないからです．

会員制の団体すべてが特定非営利活動法人になれないわけではありません．最近のNPOでは，会員制をとっていても不特定多数を対象として前述の17項目の事業をする場合には，特定非営利活動法人になれます．

3　ジェンダーの視点を持ったコミュニティビジネス

自立意識の確立と維持

労働・仕事の分野には構造的に，性差別が織物のように組み込まれています．それは「生物学的性（セックス）」に基づくものではなく，多くは歴史的文化的に社会構造として構築されてきた「社会的性（ジェンダー）」によるものだと理解することです．そして，「社会的性」に敏感になり，自立意識を持った人たちで社会構造を構築し直すことが重要だと自覚することです．それは男女共同参画社会を形成するということでもあります．

ジェンダーの視点がなければ，日本型雇用形態に内包する性差別構造（例えば1つの典型例としての「性差別賃金」や，女性により厳しい「年齢制限」など）に気づくこともなく，性差別を是正する方向にも向かわず，パートタイム就業

の性差別労働条件(低賃金・非課税限度額・社会保障の不充分さ・有期契約と解雇)の改革にも弱腰になってしまいます.事業の立ち上げに際して女性が融資を受けることは困難であったり,事業経営に必要な能力やスキル育成の機会が少ないという現実も見失いがちです.

女性の場合には特に,自己確立を促し,自己実現のためのトレーニング機会を頻繁に提供することが重要です.CR(コンシャスネス・レイジング:自己発見法)を常に実践し,自立意識の確立と維持,高度な職業スキルの開発が女性の仕事起こしには不可欠です.

女性の起業講座は増えていますが,女性の自立意識の確立や高度な職業能力の開発・向上に関する講座内容は不充分です.その背景として,労働行政の管轄部署にはジェンダーの視点が欠けていますし,女性問題担当部署には職業能力の開発・向上に対してのノウハウの蓄積が不足しています.

日本の学校教育は進んでいるといわれますが,職業教育の分野は遅れているといわざるを得ません.「女性差別撤廃条約」の第10条では,教育における男女平等がうたわれていますが,そのほとんどは職業教育に関するものです.就学前教育から生涯にわたって仕事と生きることが直結する教育が,特に女性に対して求められています.そのためには教師の研修や教育手法の改善だけでなく,地域にコミュニティカレッジのような職業教育専門の高等教育機関を設置することも必要です.職業教育とは,いつでも,どこでも,誰でも,何度でも,新たな職業にチャレンジできる基盤を提供するためにあるはずなのです.

3つの支援プログラム

ジェンダーの視点での支援プログラムには,3つの類型があります.これらのプログラムはNPOのスタートアップにおいてはもちろん,女性の起業家支援や再就職・転職,企業で継続して働く女性のキャリア・アップ,これから職業探索を始める女子学生にも必要です.

(1) 自立意識の確立プログラム

第1の類型は,ジェンダーの視点を持った自立意識の確立プログラムです.性別役割分業観を超えるためのCRやアウェアネス(気づき)を基盤に,国連

の定義による女性のエンパワメント（第2章第3節に既述）をプログラムにしたもので，少なくとも24～40時間程度の基礎訓練が必要です．教育手法も知識の詰め込み型ではなく，自発性・自主性を重視する参加型学習方法が効果的です．

(2) マネージメント能力プログラム

第2の類型は，ジェンダーの視点をもったマネージメント能力の確立プログラムです．これには第2章第3節に既述したフェミニン・リーダーシップ能力をつけるプログラムもあります．リーダーシップの基本をつくる個人の「力」は，3つの能力から構成されています．①仕事をする能力（どんな状況にも対応できる技能，知識，関連経験，学歴，経験など），②人間関係に対する能力（受容性，傾聴能力，感受性，説得力など），③人間的魅力を高める能力（熱意，ユーモア，活気，積極性，存在感など）です．

マネージメント能力とは，約7割の女性起業家自身が課題だと感じている「経営力の強化能力」ということです．

女性には，「自己の潜在的能力を達成したい」とか，「自己実現を事業で確立したい」という内面的な欲求から起業する傾向がありますが，女性の場合，すべての事項に決定を下し，責任を取れという姿勢は求められてきませんでした．だからこそ女性には「マネージメント能力」，「リーダーシップ能力」が重要なのです．

(3) 男性管理職・指導層に対する意識変革プログラム

第3は，男性管理職・指導層に対する意識変革プログラムです．男性管理職・指導層はジェンダーの視点を持って女性を教育することに慣れていませんし，そのための手法も開発されていないからです．これはもちろん，ジェンダーの視点を持つものでなければなりません．女性が頑張るだけでは，女性の自立意識やマネージメント能力は達成し得ません．女性たちがNPO法人やワーカーズ・コレクティブ，まちづくり事業，村おこし，コミュニティビジネス，福祉サービス事業などを展開しても，その女性たちを取り巻く企業や自治体の男性管理職・指導層に対する意識変革への教育がなければ，女性のエンパワメントの効果は現れないのです．それどころか，かえって女性の力を削ぐ結

果にだってなりかねません.

　これら3つのプログラムは,あらゆる職業教育機関（NPOの支援センターや学校,職業教育機関,労働組合,企業,女性センター等）の学習,生涯教育,女性起業の支援活動で実施されるべきです.しかし現行では各種職業技術の学校や大学におけるベンチャー研究等においてさえ男性中心のものが多く,いまだに終身雇用形態を前提として,男性が男性に向けた指導をすることが多いのです.歴史上新たに出現してきた女性たちに必要な職業技術指導を考慮する感覚が不足しているのでは,女性の指導には不適確だといわざるを得ません.

無担保資金融資制度

　2001年,世界29カ国でのベンチャービジネス（VB）調査が行われました（日経2002/2/6）.そこでは日本の立ち後れが目立ち,資金援助などの支援策から教育システムの整備も改革が求められるという注釈がありました.女性によるVBの割合が高い国ほど全体のVB活動も盛んであり,国家全体が活性化されている国であるともいえるのですが,わが国は特に女性が事業を起こすことに冷淡です.

　女性の方が起業に有利な事業が多くあるにもかかわらず,担保主義や経験主義で女性への融資を拒否するような金融制度では,女性の起業家は育ちません.まず女性起業家の育成を法的に宣言することが重要です.1995年の「北京宣言」に則ってアメリカやカナダ,韓国（1999）などでできている女性起業家への特別法（一種のポジティブ・アクション）の制定が,日本でも待たれます.

　女性と仕事研究所では2001年1月,バングラディッシュのグラミン銀行総裁ムハメド・ユヌスさんとカナダのバーンシティ銀行バイス・プレジデントのリディア・ジョンソンさんを招いて「女性のための融資制度を持つ金融機関を招聘した国際シンポジウム」を開催しました.そして,地球上の最貧国といわれたバングラディッシュで女性にのみ無担保で資金を提供して小さなビジネスを無数に成功させている「マイクロクレジット・プログラム」と,バングラディッシュを源流として75カ国に広がった中から,カナダのバーンシティの「ピアレンディング・プログラム」[注8]を紹介しました.この2つのプログラ

ムに学びながら，NPOの資金調達のために「支え合い融資」(ピア・プログラム) を実践し，女性の事業家を大きく増やしていきたいと思っています．

4　NPOの経営マネージメント

NPOの経営マネージメントの難しさ
(1) 新しい組織

NPOには，歴史の長い政府組織 (中央官庁や地方自治体) がある一方に，民間の企業組織があります．両者とも明確な組織体として存在感が大きいといえます．それらの中間的存在である第3セクターは，市民セクターともいわれます．市民セクターは歴史が浅く，基準や行動の枠組みはよく知られていませんが，官僚的な上下関係ではなく，緩やかなシステムで動くボランタリーな活動組織です．活動の主体は，志だけの素人といってもいい人たちによって担われていることも少なくありません．

(2) 孵化器としての融通無碍な集まり

NPOには，法人格のないまま小規模で活動を続けている集団も多くあります．互いに志だけを支えに活動を続けていたり，出入り自由ゆえに構成員を確定し得ないまま，融通無碍な集まりになっている場合もあります．自発的，意欲的，ボランタリーな集団の圧倒的多数は，このような組織以前の集団なのです．メンバーには常勤スタッフもいればボランティアもいます．そのボランティアにも有償，無償があります．スタッフとボランティアとの仕事に明確な線引きがなされないと，自由な活動だけをしたがるボランティアと，「やっぱり責任は持ってもらいたい」というスタッフの間に緊張関係が生じます．融通無碍な集まりであるNPOは，現状では混沌としていますが，新しい社会をつくる「孵化器」の役割を果たす未来形の組織なのです．

(3) ミッションの重要性

NPOを組織としてまとめるのはミッション (達成すべき使命) です．近年は企業においてもビジョンやミッションの重要性がいわれていますが，NPOはミッションが最優先される組織であり，ミッションの抽象性ゆえに経営戦略が

立てにくかったり，数量計算がしにくかったりします．ミッションが経営の邪魔をすることもあるのです．ミッションやビジョンによって統合されていないNPOは，目指す目標がないので活動もできません．すべての構成員が，外に向かっても自分の内面においてもミッションを明確に確立していなければならないのです．

(4) フラットな組織，現場主義，非官僚的システム

　NPOはフラットで背丈が低く横幅の大きい組織です．規模が大きくなれば，少しは官僚的なシステムと類似する部分が必要かもしれませんが，原則的にはヒエラルキーを持ちません．課長や部長などの役職を設けず，誰もが第1線の活動家であり，ボランタリーな動きをするのが当然ということになっています．情報や活動範囲の整理のために担当者はいても，企業でいう権限関係，命令と服従という関係ではありません．1人がまとめる仕事の範囲は相当広くなります．NPOはまた，現場重視であり，意思決定の権限がより下部に委譲されやすい組織です．現場では臨機応変に対応しなければならないことが多く，マニュアルがあったとしても，その通りにはいかないのが毎日の活動です．ルーティンとしての処理ができるような仕事が少ないともいえます．組織が大きくなれば規範や基準も必要ですが，日々の行動には経験やカン，誠意だけでことに当たる場合が少なくありません．問題ごとに無数の対応があり，一律の対応はできないという困難性があります．毎日すべての事象で解決策が違うのです．

(5) 独自の経営戦略が持ちにくい

　NPOを経営するには，周りの状況への気遣いが欠かせません．利得を内部留保して次の事業展開に生かすほど余力はないので，理事やスポンサーにもたえず気を配らなければ，資金源もなく，独自の主張や自主活動がほとんどできないことになります．他方，行政からの助成金の事業内容を行っていると活動が拘束され，本来自分たちのやりたいNPOとしてのミッションとはほど遠いことに力を入れざるを得ないことにもなります．さりとてミッションを強調すればするほど，コストは取れなくなってしまいます．それらに流されずに独自の経営戦略を持てるかどうかは，NPO組織に最も緊急で重要な，しかも困難な課題です．

私企業・政府自治体のマネージメントとの相違点

　自立した市民の民主主義によって運営される NPO は，従来常識とされてきた組織活動とは原理にかなりの違いがあるため，なじみの第1セクター，第2セクターを基準に NPO の経営のマネージメントを検討しようとすると，うまくいかないことばかりになります．

　表4-2に示すように，企業や自治体では官僚システムによって組織が運営されています．また組織化の原理は，企業では「利害・競争原理」，自治体では「統制・集権原理」ですが，NPO では「参加・分権原理」ということになります．制御の媒体は，企業では「貨幣」，自治体では「法権力」ですが，NPO では「対話（言葉）」です．このように，規範がまるで違うのですから，1つの規範で別の組織を計ろうとすると失敗するばかりです．相違点をどう統合するかという視点がなければ，それぞれのセクターのコラボレート（協同）は非常に難しくなります．

表4-2　経済社会セクターの3類型

セクター 組織特性	私的セクター	公的セクター	共的セクター
組織形態	企業官僚制	国家官僚制	アソシエーション
組織化原理	利害・競争	統制・集権	参加・分権
制御媒体	貨幣	法権力	対話（言葉）
社会関係	交換	贈与	互酬
基本的価値	自由	平等	連帯
利益形態	私益	公益	共益
経済・経営主体	私企業	公共団体	民間非営利協同組織
経済形態	市場経済	公共経済	社会経済
合理性	目的合理性	目的合理性	対話的合理性
問題点	市場の失敗	政府の失敗	ボランタリーの失敗

（出所）奥林康司・稲葉元吉・貫隆夫編著『NPO と経営学』中央経済社，2002年10月，13頁．

よりよい NPO の経営マネージメントのために

(1) ミッションを鮮明に掲げる

　ミッションは，簡潔・明瞭に語られなければなりません．P・F・ドラッカー

は著書『非営利組織の自己評価手法』で自己評価の基準として,「私たちは何を達成しようとしているのか」,「(私たちの組織は)何をなすべきなのか,どこへ向かうのか」を最初に掲げています.組織の内外に発せられては立ち戻るミッションの繰り返し作業が活動だといえます.そしてミッションの達成度は,その組織の評価基準にもなります.気心の通じる仲間だけでミッションを確証しあっていては活動が惰性に陥りかねないので,たえず内外からミッション達成度の審査を受けるようにすることが肝要です.

(2) 自らを評価する

　組織は目標を定め,それを達成し,判定しなければなりません.これは評価の問題です.理念を優先させるNPOでは,成果を評価するのは困難な面もありますが,計画・実行・検討・修正行動(Plan–Do–Check–Action)という通常のマネージメント・サイクルは必然です.NPOには,提供するサービス一般の評価が難しいことに加えて,評価を拒否しがちな傾向もあります.数値や量として測ることが困難であり,「よくやっているようである」とか,「まじめである」,「信頼できそうである」,「熱心そうである」などの風聞だけで評価されることも多くあります.組織の評価がうわさに左右されやすいのです.前向きの印象を与えると,根拠が希薄であっても良い評価を受けるようになりますが,悪い印象を与えると,真偽の評価をしないまま,良くない組織であるかのような扱いを受けるようになります.客観的な評価指標が少ないだけに,反論は容易ではありません.

(3) 信頼を得る

　信頼こそが資産となるので,まず信用を得ることが,組織の最大の課題です.先手を打ってマスコミを活用したり,広域活動,市民運動への参加などでイメージの向上を図ろうとします.それも資金をかけずにやらねばなりません.これは経営戦略には非常に重要です.第1印象として悪い印象を与えれば,凋落も速いということになります.現在のNPOのマネージメント力では,常に良い風評が創り出せるところにまでは至っていません.信頼は活動だけでは得られないことも多く,戦略として有力なスポンサーを得て経営基盤を強化することも,選択肢の1つです.実際,多くの組織は行政からの補助金や助成金な

どを得て活動しています．しかし，そのせいで経営の自立を少なからず失い，行政サービスの下請け機関化し，自らのミッションから外れてしまっているケースもあります．

信頼を得るには，「サービスの質が良い」，「信頼できる」，「誠意がある」などの地道な日常活動が基本になるのは確かです．サービスを拡大し，組織を拡大しようとすれば必ず，周囲からの支援が必要になります．その時こそ「信頼」が決め手になります．

(4) アカウンタビリティーをくどいほど果たすこと

アカウンタビリティー（説明責任）は，組織の評価における最も大きな基準となります．行政との連携が多くなるほど，組織としての活動の可視性と公的な監査が必要になります．成果を報告する責任です．これには，自治体の公共セクターで議論されてきたモデルをそのまま適用できます．そのためには情報公開が欠かせません．

独自のマネージメントの工夫

(1) スタッフやボランティアの資質の向上

NPOは労働集約型の組織なので，個々のスタッフやボランティアの熱心な活動は，そのまま組織の業績向上に直結します．質の高いサービスを提供するためには，専門性が高く人間性豊かなスタッフやボランティアが，効率の高い活動をしなければなりません．そのためには，スタッフやボランティアの資質とスキル向上のトレーニングが重要です．

(2) いくつもの顔で生きる

NPOのマネージメントの難しさは，関係者それぞれに相異なる顔を巧妙に使い分けて見せなければならないことにあります．サービスの顧客に対しては，有能なスタッフやボランティアが信念によって活動を展開しているという顔（どのセクターより良いサービス）を見せます．他方，サービス資源を提供する支援者やスポンサーに向けては，低廉な価格，節減を絶えず図っていることを説明する顔（どのセクターより低廉な価格）が必要です．サービス資源をできるだけ安く大量に仕入れ，できるだけ高く売り，その利ざやで生きていくわけで

すから，どの顔も真実なのです．NPOのマネージメントとは，コーディネーターの役割を果たすということでもあります．

(3) キーパーソンの役割が重要

活動の初期にはカリスマ的指導者によるマネージメントがあったとしても，組織として体系的に活動しカリスマが退場した後は，コーディネーターの役割を果たせるキーパーソンが適正に配置されなければなりません．支援者やスポンサーからだけでなく，最前線で活動しているボランティアからも信頼されるキーパーソンが，組織の中核には必要であり，その育成は焦眉の急ともいうべき課題です．

(4) 個人的人格重視

NPO活動には，仲間同士の信頼関係が欠かせません．時にはカリスマ的な権威への信奉に基づく信頼関係が中心になることもありますが，「信じる」，「信奉する」という個人対個人の関係が基本です．したがって，もし双方に亀裂の生じるようなことがあれば，その修復を最優先に考えることが大切です．

(5) 中間支援団体の役割強化

アメリカで実施されているように，中間支援団体（インターミディアリー）によるスタッフトレーニングの実施が望まれることから，中間支援団体の育成こそ急務だと思われます．トレーニング内容としては，理事会の強化，戦略計画策定，NPOマネージメント，プログラム評価，人事管理，ボランティアマネージメント，ファンドレイジング，財務管理，マーケティング，コンピューター関連，インターンシッププログラムなどがあげられます．さらに，組織運営全般，人事管理，NPOリーダー育成等のコンサルティングや，理事のための各種トレーニングは，個々の団体のニーズに応じるためにも，特に急がれるところです．

5　新しい組織の効率的なマネージメントのために

3つの特異性を生かす

NPOは組織の特異性を生かしながら効率的に活動するために，どのように

マネージメントを行うかを考えねばなりません．NPO 組織の特異性とは，第1に，対等な関係のもと，言葉・対話で合意形成が進む非官僚的組織であるということ，第2に，プロフェッショナルな集団であり，育ち合える組織であるということ，第3に，ミッションの旗のもとに集まってきたボランタリーな集団だということです．この3つの特異性が充足しているか，プラスに生かされているかを絶えず評価，チェックしながら活動しなければならないと思います．3つが充足し生かされている状態が，1人ひとりのエンパワメントと組織のエンパワメントが確立されている状態です．

新しい働き方の可能性

　NPO は，働き方として組織のために個人を強制するようなことはなく，その点で企業，政府組織とは全く違う面が多くあります．組織としては作業条件，労働条件を明確に提示しなければならないのですが，NPO の活動では明文化しきれない点も多くあります．労働条件の整備が重要なのはもとよりですが，労働条件最優先では成り立たない職場でもあります．そこで，NPO の職業紹介や斡旋が充実するには，以下のような基準が必要です．第1は，対等な関係の下，言葉・対話で合意形成できる能力があるか．第2は，専門性や，育ちあえる能力があるか．第3はどんなミッションのもとに活動しようとしているのかなどを判断できる能力があるか，ということです．NPO でインターンシップが重要になるのも，労働条件最優先ではない NPO の働き方の特徴に起因するのだと思います．上記3つの能力を持ったスタッフのいる NPO にこそ，新しい働き方の可能性があるといえるでしょう．

　NPO にはまた，ネットワーク型組織として，企業や自治体の官僚制組織モデルに替わり得る可能性があります．官僚制の硬直，あるいは病理現象に対して，新しい組織論の構築を可能にする期待もあります．NPO は少なくともヒエラルキーの原理を極力抑制した組織です．ここからフラット組織，対話と協調性を基本とする新しい組織の構築が可能になるのです．中枢に女性を含んだ新たな組織類型として，NPO は近い将来，きっと大きな活躍をすることになるでしょう．

注

(注1) 金谷千慧子「第5章-3行政政策への参画の運動と国際交流」中岡哲郎・竹中恵美子・熊沢誠監修『大阪社会労働運動史』第8巻転換期（財）大阪社会運動協会発行，発売有斐閣，1999，459～61頁．

(注2) Catalyst: 120 Wall Street, 5th floor New York, NY 10005
phone: 212-514-7600; fax: 212-514-8470 www.catalystwomen.org

(注3) 2000年1月18～24日，東京（品川プリンスホテル），大阪（大阪国際会議場・大阪府立女性総合センター）にて，WI（Women's Initiative for Advancementin Japan）の設立を祝ってCatalystから来日したvice president J. M. Wice氏の特別講演記録である．WIは2002年4月NPO法人女性と仕事研究所と組織統合した．

(注4) カタリスト統計データ（2000年度）：ビジネスにおける女性の実情より
米国労働力の46％／管理職・専門職の49.3％／会社役員の11.9％／取締役の11.2％／高位役職者の5.1％／高額所得者の3.3％／フォーチュン500社の最高経営責任者（CEO）3人．

(注5) 柏木宏・斉藤文栄『アメリカで仕事体験－NPOインターンシップの魅力』によると，「インターンシップの最大の受け皿はNPOであり，特に学生が参加するのは『就業機会』『労働体験』としてが最も多く，生活できない給料ではないことからスキルの修得やスタッフトレーニングも受けられるというメリットがある」という記述がある．

(注6) 江上節子著『リーダーシップの未来－男性のリーダー・女性のリーダー』より．

(注7) Catalyst発行『Perspective』1990年，4.6.7.
女性が管理能力がないとは思わないが，経営のトップに上昇するには障害がある．その障害とは，「①女性に対するステレオタイプと偏見がある．女性は仕事に対する貢献度が低い，イニシアティブをとらない，②企業幹部はリスクを冒してまで女性を中枢のポストに配置しない，③企業がキャリア・プランニングあるいは職場配置プランを欠いている」と報告している．

(注8) （「ピア・プログラム」ガイドブックを作成 2002年1月）立ち上げ時に信用力がまだついていないメンバーが4～7人程度グループを作り，互いに保証人になりあいながら資金融資を受ける制度．ピアレンディング・プログラムという名称は，カナダのバーンシティの命名である．

第4章 ワークシート

①NPO活動プロフィール

1	記載者【　　　　　】活動団体での役割【　　　　　】記載日　年　月　日	
2	団体名称 （略称も）	
3	代表者や 事務局	代表者氏名 事務局（長）氏名
4	事務所 （連絡先）	住所　〒　　　　県 TEL　　　　　　FAX　　　　　　携帯 E-mail　　　　　　　　http://
5	法人格を とってい るか	1　取得している（　　　年　　月　　日） 2　申請している（　　　年　　月　　日） 　　17のどの分野の申請か（　　　　　　　　　　　） 3　取得も申請もしていない（a　将来申請したい　b　申請するつもりはない） 理由（　　　　　　　　　　　　　　　　　　　　　　　　　　）
6	活動団体 のミッシ ョン(目的)	
7	今の活動 の前身や 動機	
8	どんな事 業をして いますか 活動頻度	年度 最も重点的な活動 その他の活動 　　　年度 最も重点的な活動 その他の活動 1）毎日　　2）週2・3日　　3）事業の都度　　4）その他
9	活動・事 業の対象 や範囲	1 2 3 4 5
10	組織（事 務局や理 事会・会 議）	1　事務局主導型　2　理事会主導型　3　運営委員会主導型型　4　その他（　） 2　会議 　　1）事務局会議（年　　回, 月　　回, 週　　回, その他　　　　　） 　　2）理事会　　（年　　回, 月　　回, 週　　回, その他　　　　　） 　　3）その他の会議【　　　　　】（年　　回, 月　　回, 週　　回） 3　専従者がいるか（・いる　　　人　・半専従　　　人・いない）

©女性と仕事研究所

11	組織（会員） 会　費	会員数　　　　人（男性　　　　人　女性　　　　人） （10代　人，20代　人，30代　人，40代　人，50代　人，60以上　人） （年間・半年・その他　　　　　　　　　円）
12	活動の担い手（○を）	1　どちらかといえば専従者中心 2　どちらかといえば有償のボランティア中心 3　どちらかといえば無償のボランティア中心 4　その他
13	財政（予算規模）	年度 　　　年度
	固定費(家賃人件費)	全予算の（　　　）割ぐらい 　　人件費（　　　　　）その他の固定費（　　　　　）
	事業費(事業経費)	全予算の（　　　）割ぐらい 　　印刷費など（　　　　　）会場費・講師料など（　　　　　）
	助成金・委託金	全予算の（　　　）割ぐらい 　　種類（　　　　　　　　　　　　　　　　　　　　　）
	会費	全予算の（　　　）割ぐらい
14	現在の組織や財政上の課題	1 2 3
15	行政・自治体との関わり	1 2 3
16	他組織との関わり（ネットワーキング）	1 2 3 4 5
17	NPOへの期待や疑問や悩みなど，身近な課題をどうぞ	（事務所・雇用・人材・人間関係・運転資金・行政，地域社会との関わりなど）

Ⓒ女性と仕事研究所

②ネットワークチェックシート

自分がどのようなネットワークをもっているのか名前と所属，強い分野を書き出してみよう．

・仕事のネットワーク　　　　　　　　　　　　　計　　　人

	強い分野
例：山田太郎　株）○△印刷	編集，印刷，web制作

・家庭，血縁のネットワーク　　　　　　　　　　計　　　人

・地域のネットワーク　　　　　　　　　　　　　計　　　人

・趣味のネットワーク　　　　　　　　　　　　　計　　　人

・学生時代のネットワーク　　　　　　　　　　　計　　　人

・その他のネットワーク

顔の広い人，面倒見のいい人，法律に詳しい人，英語が得意な人，物知りな人，運動神経のいい人，パソコンに強い人など

Ⓒ女性と仕事研究所

③多様な人生と仕事図
―あなたはどの道へ―

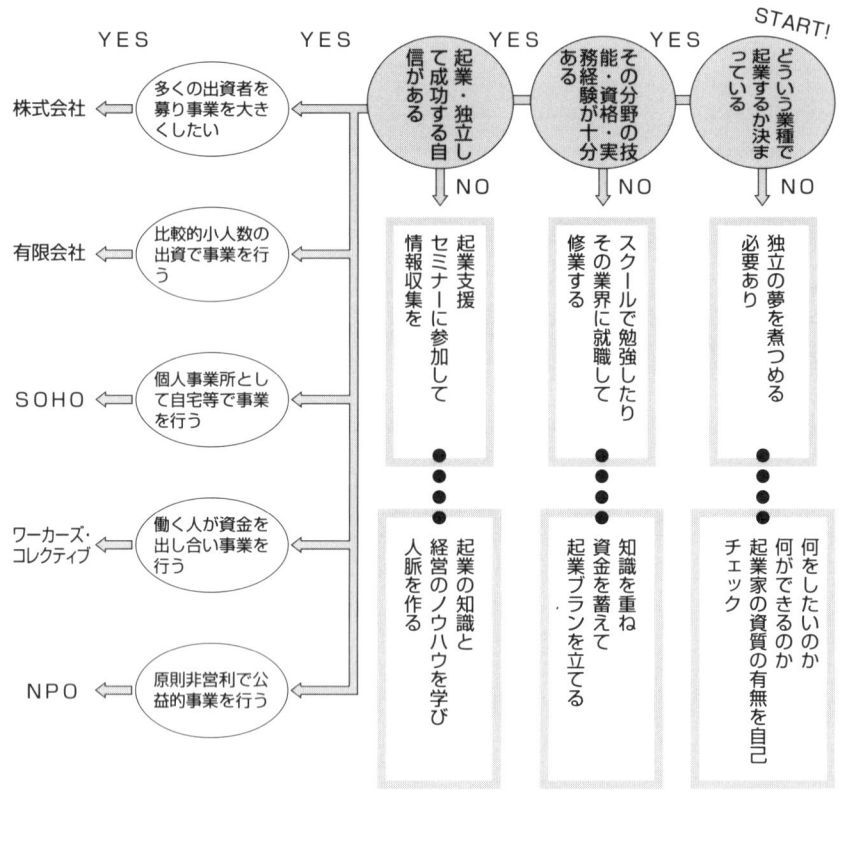

START！

どういう業種で起業するか決まっている → YES → その分野の技能・資格・実務経験が十分ある → YES → 起業・独立して成功する自信がある → YES →

- 多くの出資者を募り事業を大きくしたい → YES → 株式会社
- 比較的小人数の出資で事業を行う → YES → 有限会社
- 個人事業所として自宅等で事業を行う → SOHO
- 働く人が資金を出し合い事業を行う → ワーカーズ・コレクティブ
- 原則非営利で公益的事業を行う → NPO

NO（どういう業種で起業するか決まっている）: 独立の夢を煮つめる必要あり → 何をしたいのか 何ができるのか 起業家の資質の有無を自己チェック

NO（その分野の技能・資格・実務経験が十分ある）: スクールで勉強したりその業界に就職して修業する → 知識を重ね資金を蓄えて起業プランを立てる

NO（起業・独立して成功する自信がある）: 起業支援セミナーに参加して情報収集を → 起業の知識と経営のノウハウを学び人脈を作る

あなたはどこへたどり着きましたか．

Ⓒ女性と仕事研究所

④私のアクションプラン

氏　名　_____

私の目標とする生き方（仕事上で理想とする姿）

3年後のキャリア目標（伸ばしたいスキル，身につけたいスキル，知識，技術など）

アクションプラン（そのために行うこと）
1年後 _____
2年後 _____
3年後 _____
そのための行動として 1
2
3
4
5

Ⓒ女性と仕事研究所

おわりに

　本書の執筆に当たってはビジネス界に多大な影響を与えた経営学者 P・F・ドラッカー (1909-2005) の『ネクスト・ソサエティ』(上田惇生訳, ダイヤモンド社, 2002年) をはじめとする数々の著作や新聞で述べられた (日経新聞連載「私の履歴書」欄など) 女性と仕事観に感化を受けています.『ドラッカーの遺言』(窪田恭子訳, 講談社, 2006年) では,「日本が今すぐ取り組まねばならない課題——それは, 時代が変わったことを認め, その変化に対応していくための意識変革だ」と明言されています.「知識社会としての21世紀こそ, NPO の時代, 女性の時代だ」という言葉を大切にしたいと思います.

　本書は連続2部作の完結編です.
　第1部である『企業を変える女性のキャリア・マネージメント』(中央大学出版部, 2003年) では, 企業社会に遅れて参加した女性たちが, 21世紀を迎えて個性とビジネス能力を磨き, 企業という組織の中で力を発揮するための理論やノウハウ, トレーニング手法を述べています. アメリカの1970年代からの理論 (カンター理論やフェミニン・リーダーシップ論) や, 女性が活躍する企業の評価活動 (NPO のカタリストなど) に触発されてまとめたものです.
　第2部である本書は, 企業以外の組織, スモールビジネスや NPO・NGO における女性の経営面での活躍に焦点を当てています.
　第1章・第2章では, 少子高齢化, 市場の個性化と多様化, 消費市場の変化, 知識社会 (知的成熟社会) の到来などに伴い, 女性が活躍する社会構造になってきたことを考察しています.
　世界的な動きを見ると, 女たちは「静かな革命」を起こし続けてきたといえます. 革命といっても女が男と闘うのではなく,「女性も仕事をしたいし, 子

どもも持ちたい」という単純な願いの成就です．グローバル経済社会を迎えたわが国においては，ようやくポジティブ・アクション（積極的平等施策）の必然性が認められる時期に入り，新しい第3次産業での女性の増加や女性管理職の微増などの現象が現れています．また，男女共同参画社会基本法が制定され，「女性のチャレンジ支援」施策がスタートしています．

　今後の課題としては，M字型就業形態からの脱却やパートタイム労働の処遇，地域社会・市民社会づくりにおける「生活者としての女性の活躍」があげられます．これらの決め手となるのは女性リーダーの大量輩出です．女性リーダーには，自らをマネージメントできる能力が必要とされますが，その点，NPO・NGOは，女性リーダーの輩出に大きな役割を果たしています．

　日本は今，江戸時代末期以来の人口増に終止符を打ち，初めて人口減に転じる時代を迎えたようです．2006年の元旦には，「民族としての歴史的な節目といえるだろう」（毎日新聞元旦）とか，「日本はいま明治以来の分岐点に立っている」（日本経済新聞元旦）などと報じられました．人口の減少は，ネクスト・ソサエティ（未来社会）の戦略を練る際，最も重要な要因でしょう．もっとも，時代の変化に対応しなければならないからといって，人口減を恐れる必要はありません．人口減社会と女性の生き方にどんな関わりがあるのかについても述べています．

　第3章・第4章では，女性起業家やNPO・NGO活動の経営革新に関して考察しています．1998年の特定非営利活動促進法の制定以来，NPO法人の数は飛躍的に増加しました．事業型のNPOも増え，女性にも経営マネージメントが求められる時代になってきていますが，経営面では多くのNPOが多難な道のりをたどっているのです．

　NPOは女性の参加が比較的多いのですが，キャリアとして確立できるシステムは整えられているとはいいがたい現状です．事業と組織のマネージメントは，働く人1人ひとりにとって欠かせないものです．次の社会で主人公に躍り

出る女性のためには，特に重要です．新たな主人公の活躍によって柔軟性に富む新しい組織が誕生し，そのエネルギーの波及で産業組織が変われば，本当の意味での新しい市民社会が創成されます．従来のヒエラルキー型社会が，横並び型，まんだら型（アメーバー状）組織の未来社会に変わるのです．

「マネージメント」は従来，企業経営の理論でした．しかし，21世紀のマネージメントは個人の生き方の理論をも意味します．生き生きと働き，社会的責任を果たすためには，自らのマネージメントが極めて重要となります．女性が自らをマネージメントする能力を身につけ，エンパワメントし，リーダーシップを獲得することが，本書の最大の願意です．

最後に．この2部作を仕上げるに当たっては，中央大学出版部の柴崎郁子さんに根気強く支えていただきました．ありがとうございました．

2006年3月　　金谷　千慧子

参考文献

Catalyst『Women in Corporate Leadership; Progress and Prospects』『The CEO View; Women on Corporate Boards』1996 年.

National Network of Women's Fund, Changing The Face Of Philanthropy: 1985-1992 report.

P・F・ドラッカー著／上田敦生，田代正美訳『非営利組織の経営』ダイヤモンド社，1991年.

P・F・ドラッカー著／田中弥生訳『非営利組織の自己評価手法』ダイヤモンド社，1995年.

P・F・ドラッカー著／上田敦生訳『ネクスト・ソサエティ』ダイヤモンド社，2002年.

『Perspective』（4・6・7号）Catalyst, 1990年.

青井倫一監修『通信大学 MBA 1 マネジメント』通信大学文庫，2002年.

石原信行，石井伸弘，寺田康生，泉館朋子編集『NPO 全国フォーラム2001東海会議報告書』日本 NPO センター，2001年.

石渡秋著『起業・独立ガイド』実務教育出版，1998年.

伊勢崎賢治『NGO とはなにか』藤原書店，1997年.

岩男寿美子他編『女性学キーワード』有斐閣，1997年.

岩崎由美子，宮城道子編『成功する農村女性起業』家の光協会，2000年.

上田義郎・兼重智恵美「日本企業における女性経営者の一般的属性と企業理念―その予備的考察（上）（下）」（『流通科学大学論集　流通・経営編』7(2)・25～42；95，8(1)・27, 1995年.

上野勝代，川越潔子，小伊藤亜希子，宮崎生子著『女性の仕事おこし、まちづくり』学芸出版社，2000年.

上野千鶴子，電通ネットワーク研究会編『「女縁」が世の中を変える』日本経済新聞社，1988年.

宇津木朋子『仲間とはじめる「会社」プラン―ワーカーズ・コレクティブ入門』緑風社，1994年.

江上節子著『リーダーシップの未来―男性のリーダー・女性のリーダー』同友館，1998年.

『NPO 全国フォーラム東海会議報告書』日本 NPO センター・市民フォーラム21，2001年.

奥林康司，稲葉元吉，貫隆夫編著『NPO と経営学』中央経済社，2002年.

岡部守編著『農村女性による起業と法人化』筑波書房，2000年.

「Catalyst 報告書―アメリカの大企業のトップ経営陣への女性の進出」（『日米女性ジャーナル』No.22）日米女性センター，1997年.

キャタリスト著／神立景子訳『女性に開かれた雇用モデル―米国トップ企業のベスト・プラクティス』ピアソン・エデュケーション，1999年.

柏木宏，斉藤文栄編著／日本太平洋資料ネットワーク監修『アメリカで仕事体験―NPO インターンシップの魅力』アルク，1998年.

神奈川ワーカーズコレクティブ連合会編『新版はたらきづくりまちづくりガイドブック』，1995年．

金谷千慧子「行政政策への参画の運動と草の根の国際交流―女性センターと行政への参画1985年から2000年へ」（『大阪社会運動史転換期』第7巻第5章）（財）大阪社会運動協会，1997年．

金谷千慧子「社会運動の諸相（1985～90年）」（中岡哲郎，竹中恵美子，熊沢誠監修『大阪社会運動史転換期』第8巻第5章）財団法人大阪社会運動協会，1999年．

金谷千慧子著『わたし・仕事・みらい』嵯峨野書院，1995年．

金平輝子編『男女協働社会の創造』ぎょうせい，1993年．

「ガラスの天井はまだ破られていない」（『日米女性ジャーナル』No.8）日米女性センター，1990年10月．

「ガラスの天井をなくすために―アメリカ政府『ガラスの天井委員会報告書』」（『日米女性ジャーナル』No.20）日米女性センター，1996年5月．

川口清史『非営利セクターと協同組合』日本経済評論社，1993年．

京極高宣監修『ボランティア新世紀』第一法規，1996年．

京谷栄二「転換期の地域と企業」社会政策学会編『社会変動と労働問題』社会政策学会誌第4号，2000年．

経済企画庁国民生活局編『市民活動レポート』大蔵省印刷局，1997年．

厚生労働省雇用均等児童家庭局編『女性労働白書（平成8年～16年版）』21世紀職業財団，1997－2005年．

行動する会記録集編集委員会編『行動する女たちが拓いた道』未来社，1999年．

国際交流基金編『女の起業が世界をかえる』啓文社，1997年．

国際交流基金編『ドイツ・ベルギー・ハンガリーの民間非営利組織』日本NPOセンター，1998年．

国際女性学会・中小企業の女性を研究する分科会編『中小企業の女性たち』未来社，1987年．

国際女性の地位協会編『女性の権利ハンドブック　女性差別撤廃条約』岩波書店，1998年．

国部克彦・森下研監修／監査法人太田昭和センチュリー編集『環境報告書ガイドブック』東洋経済新報社，2000年．

国民金融公庫調査部編『明日を拓く女性経営者たち』中小企業リサーチセンター，1986年．

国民金融公庫調査部編『女性経営者に学ぶ―企業経営の新たな視点』中小企業リサーチセンター，1997年．

国立婦人教育会館編『女性学教育／学習ハンドブック』有斐閣，1997年．

小松満貴子編著『女性経営者の時代』ミネルヴァ書房，1988年．

（財）婦人少年協会『アメリカにおけるグラスシーリング　1995年度グラスシーリング解消のための国際交流事業　アメリカからの招聘事業実施報告書』婦人少年協会，1996年．

斎藤毅憲，幸田浩文編著『女性のための経営学』中央経済社，1994年．

五月女光弘著『日本の国際ボランティア』丸善，1997年．

佐藤厚「ニュービジネスの経営と労働―雇用管理にみる特質」（『労働研究所報』No.11，3

⑾, 43−51頁) 東京都立労働研究所, 1990年.
佐藤慶幸編著『女性たちのネットワーク』文真堂, 1968年.
佐野陽子／島根政充, 志野澄人編著『ジェンダー・マネジメント—21世紀型男女共創企業に向けて』東洋経済新報社, 2001年.
シーズ著『よくわかる市民活動促進法案1』シーズ・市民活動を支える制度をつくる会, 1997年.
清水澄子, 北沢洋子著『女性たちがつくる21世紀—私たちの北京「行動綱領」』女性政策研究会発行, ユック社刊, 1996年.
『市民公益活動の促進に開する法と制度のあり方』総合研究開発機構, 1996年.
社会保障研究会『社会福祉における市民参加』東京大学出版会, 1996年.
「ジュリスト特集NPO法の検討」(『ジュリスト』205号) 有斐閣, 1997年.
女性と健康ネットワーク『'94カイロ国際人口・開発会議 女性と健康ネットワーク報告集』, 1995年.
女性と仕事研究所『カタリスト招聘—アメリカ勝ち組企業に学ぶシンポジウム報告書』女性と仕事研究所, 2001年.
女性と仕事研究所[「女性が経営する企業における『女性が働きやすい職場環境』に向けた取組について—メンター (mentor) の視点から」調査報告書] 女性と仕事研究所, 2004年.
『女性と仕事ジャーナル』No.4 (1996年), No.8 (2000年), No.9 (2001年), No.10 (2002年), 女性と仕事研究所.
田尾雅夫『ボランタリー組織の経営管理』有斐閣, 1999年.
田尾雅夫『ボランティアを支える思想』すずさわ書店, 2001年.
高橋勇悦・高萩盾男著『高齢化とボランティア社会』弘文堂, 1996年.
田中尚輝, 浅川澄一, 安立清史著『介護系NPOの最前線』ミネルヴァ書房, 2003年.
田中尚輝著『NPOマネジメント』NPO法人子ども劇場全国センター発行／学陽書房, 2002年.
田中尚輝著『高齢化時代のボランティア』岩波書店, 1994年.
田村真理子著『女性起業家たち』日経新書, 1992年.
田村真理子著『女性起業家たち—ビジネス社会を変えるニューパワー』日本経済新聞社, 1995年.
D・コーテン著／渡辺常也訳『NGOとボランティアの21世紀』学陽書房, 1995年.
東京都政策報道室調査部著『行政と民間非営利団体 (NPO)』東京都政策報道室都民の声部情報公開課, 1996年.
東京都立労働研究所編『自営業者のキャリアと就労—最近の独立開業』東京都立労働研究所, 1992年.
富沢賢治・川口清史著『非営利・共同セクターの理論と現実』日本経済評鵨牡, 1997年.
中村陽一＋日本NPOセンター『日本のNPO／2000』日本評論社, 1999年.
日経産業消費研究所, 日経WOMAN編集部編『「女性起業家に関する実態調査」研究報告

書』日経産業消費研究所，1993年．
日本生協連女性評議会『生協の意思決定の場における女性の参画の現状と今後の方向について』日本生活協同組合連合会，1993年．
野口道彦，柏木宏編著『共生社会の創造とNPO』明石書店，2003年．
野村秀和編『生協21世紀への挑戦―日本型モデルの実験』大月書店，1992年．
ハウジングアンドコミュニティ財団著『NPO教書』風土社，1997年．
萩原なつ子「女性市民活動のあゆみ」（中村陽一＋日本NPOセンター『日本のNPO／2000』）日本評論社，1999年．
服部正中，馬場房子，上村祐一，小野公一著「女性のトップマネジメント研究(1)(2)」（『経営論集』第21巻第2号23-46頁，第22巻第1号41-660頁）亜細亜大学，1986年．
パトリシア・ハリソン著／金井美智子・金井壽宏訳『夢を射とめた女―アメリカの女性企業家32人のサクセス・ストーリー』白桃書房，1987年．
馬場房子著『働く女性の心理学』白桃書房，1996年．
パブリックリソース研究会編『パブリックリソースハンドブック―市民社会を拓くガイド』ぎょうせい，2002年．
廣岡守穂著『福祉と女性』中央大学通信教育部，1998年．
藤原千賀著『事例にみる女性の市民活動と生活』弘学出版，1998年．
平成15年度大阪府ジャンプ基金選定事業
細野助博著『スマートコミュニティ』中央大学出版部，2000年．
馬橋憲男，斎藤千尋編著『ハンドブックNGO』明石書店，1998年．
真弓敦子「アメリカの女性起業支援制度を研究して」『あごら』239号，あごら，1998年．
村松泰子他編『エンパワーメントの女性学』有斐閣，1995年．
山内直人著『ノンプロフィット・エコノミー』日本評論社，1997年．
山岡義典『日本NPOセンター設立に関わる訪米調査報告書―アメリカの非営利セクターを支えるインフラストラクチャー・オーガニゼーション』日本NPOセンター，1997年．
山岡義典編『NPO基礎講座　市民社会の創造のために』ぎょうせい，1997年．
山岸秀雄編『アメリカのNPO―日本社会へのメッセージ』第一書林，2000年．
横浜市女性協会編『女のグループ情動資金づくりの本』学陽書房，1993年．
レスター・サラモン著／入山映訳『米国の非営利セクター入門』ダイヤモンド社，1994年．
レスター・サラモン，H・K・アンハイヤー著／今田忠監訳『台頭する非営利セクター』ダイヤモンド社，1996年．
労働省職業安定局編『新たな雇用創出に向けて―ベンチャー企業等の人材面の現状と課題について』社団法人雇用問題研究会，1998年．

Index

[あ-お]

アカウンタビリティー（説明責任）……193，221
新しい働き方の可能性 ………………………223
アドボカシー …………………………………201
アファーマティブ・アクション
　…64，98-101，106，117，160-162，193，199
アントレプレナー（entrepreneur）
　………………………………123，156，159
インターミディアリー ……………184，195，222
ウィーン人権宣言 ………………………………88
ウォールストリート・ジャーナル………187，188
NGO ……………25，27，42，85，86，136
　　　178，179，181-184，196，197，201-203
NPOの定義 ……………………………………211
NPO法 …………………129，205，207，208
NPOマネージメント ………………195，222
MBA（経営学修士号）……………………………78
エンパワメント
　………24，25，50，51，85-87，108，215，223
黄金の3割 ………………………………………95
OWBO ………………………………………165
女たちの静かな革命……………………………27

[か-こ]

改正男女雇用機会均等法……………………26，64
カタリスト…………………184-194，198，200，224
カンター，ロザベス・モス …………96，97，108
キーパーソン ………………………………222
キャリア …11，34，47，51，101-106，126，146
　　　150，157，158，187，195，196，214，224
キャリア開発 ……………………102，187，192

キャリア・パス ………………………………121
行政セクター …………………………………128
グラスシーリング（ガラスの天井）
　…………………………………158，198，199
グラミン銀行 …………………………………216
ゴーン，カルロス ……………………95，108
公民権法第7篇…………………………160，161
声なき声の会……………………………………37
国連女性の10年…………………86，177，182
個人に属する3つの力…………………91，92
コミュニティセクター …………………………128
コミュニティビジネス
　………………127，181，210，213，215
コラボレーション ……………………………210
コンシャスネス・レイジング …………51，214

[さ-そ]

サラモン，レスター ……………………………211
CR………………………………………………214
シーズ（市民活動を支える制度をつくる会）…205
ジェンダー……25，28，39，65，102，103，105-
　　　108，150，167，182-184，187，193，213-215
ジェンダーの視点 ………………………213-215
持続可能な社会 ……………………………25，124
市民運動 …………………………………36-38
市民セクター …………………205，208，209，217
17項目 …………………………………………213
少子高齢化………………………………………3
女性起業家法 …………………………161，163
女性差別撤廃条約 …24，86，87，177，183，214
女性社員 ………51，65，89，100，106-108，120
　　　125，133，135，136，143-145，147，148，189

239

女性のチャレンジ支援…………………27，180，181
女性ビジネス・オーナーシップ・オフィス
　（OWBO）………………………………163-165
女性ビジネス・オーナー法……………………117
女性への暴力撤廃宣言……………………………88
女性リーダー………………………………40，51，71
　79，93，94，100，101，156，197，199，201
人権………………………24-26，37，38，85，87
　88，108，124，160，161，201，202，207
生活重視型事業……………………………………210
世界女性会議…………………24，50，123，178
セクシュアル・ハラスメント………88，103，179

[た-と]

ダイバーシティ………………………………17，193
第3セクター……40，129，196，197，208，217
男女共同参画基本法……………………26，182
男女共同参画ビジョン………………………………26
男性的企業文化………………………………66，67
男性のリーダーシップ…………………74，83，90
中間支援団体（インターミディアリー）
　………………………………………184，195，222
テイラー，F・W……………………………………42
適応への3段階………………………………………78
トークニズム……………………………97，99，106
トークン…………………………………………97-99
特定非営利活動促進法（NPO法）
　………………………………………129，205，206
ドラッカー，P・F…3，28，30，34，39，44，219

[な-の]

ナレッジ・ソサエティ………………………………3
2種類の力…………………………………………88
日本的雇用慣行………………………………6，68
ニュービジネス……………………………………122
ネットワーキング………………165，178，197，200
農婦哀史……………………………………………130

[は-ほ]

パートナーシップ
　………………24，26，39，50，165，182，203，204
阪神淡路大震災……………………………………205
ビジネスプラン……………………………………210
ビジョン……………………26，123，196，217，218
非政府組織…………………………………………42
平塚雷鳥…………………………………………19，52
ファンドレイジング……………………195，222
ファミリー・フレンドリー（ファミフレ）施策
　………………………………………………135，141
ファヨール…………………………………………42
フェミニズム…………22，23，39，44，80，179
フェミニン・リーダーシップ
　……………………72-78，80-85，91，92，215
フリーダン，ベティ……………………23，24，185
プログラム評価……………………………195，222
北京会議……………………………26，85，86
ベンチマーク……………………………………189
ベンチャービジネス（VB）…………………216
ボーボワール，シモーヌ・ド………………22
ポジティブ・アクション
　………72，98，100，106，107，135，181，216
ボランティア………………………………………47
　128，129，136，146，165，181，184，194
　201，205，208，212，213，217，221，222
ボランティア・マネージメント……………195

[ま-も]

魔女裁判……………………………………………20
マイクロクレジット・プログラム……………216
自らをマネージメントする……………………47
ミッション…………………17，217-221，223
未来社会………………………………39，204，205
無担保資金融資制度……………………………216
メンター…………101-108，133，143，165，195

メンタリング
　……102-108，142，161，163，165，192，199
メンティ　………………………………104，105，107

[　や-よ　]

融資機会均等法………………………117，160-162
有償ボランティア　………………………………212
与謝野晶子…………………………………19，28，52

[　ら-ろ　]

リーダーシップ　………………………………40-42
　　44，50，51，67，72-78，80-85，88-92，95
　　100，101，104，108，133，141，143，159
　　182，187，193，197，202，203，215，224
リップナップ，J………………………………200
ローデン，マリリン………………………73，74，78

[　わ　]

ワーカーズ・コレクティブ…126，127，208，215
ワークライフバランス
　……101，135，136，138，140，142，144，145

著者略歴　　　　　　　金谷　千慧子（かなたに　ちえこ）

　大阪市出身．大阪市立大学法学部，同大学院修士課程・大阪市立大学経済学部大学院前期博士課程修了．1986年に主婦の再就職センターを設立，1993年より「女性と仕事研究所（2000年特定非営利活動法人格を取得）」として活動を広げる．京都府女性政策推進専門家委員，東大阪市立男女共同参画センターディレクター，中央大学研究開発機構教授を歴任．
　現在「女性と仕事研究所」代表理事の他，中央大学・関西大学非常勤講師，兵庫県川西市労働問題審議会委員（座長），三重県生活部女性活躍推進委員会委員（会長）等も務めている．『企業を変える女性のキャリア・マネージメント』（中央大学出版部），『わたし・仕事・みらい』（嵯峨野書院），『新・女子労働論』（共著：竹中恵美子編，有斐閣），『女の起業が世界をかえる』（国際交流基金編，啓文社）等，著書・共著書多数．

未来社会をつくる 女性の経営マネージメント

2006年3月30日　初版第1刷発行

著者　　　　　金谷千慧子

発行者　　　　福田孝志
発行所　　　　中央大学出版部
　　　　　　　東京都八王子市東中野742-1　〒192-0393
　　　　　　　電話042(674)2351　FAX042(674)2354
　　　　　　　http://www2.chuo-u.ac.jp/up/
装幀　　　　　清水淳子
印刷・製本　　藤原印刷株式会社

© Chieko Kanatani, 2006 Printed in Japan　＜検印廃止＞
　ISBN 4-8057-3129-X
＊定価はカバーに表示してあります．
＊本書の無断複写は，著作権上での例外を除き禁じられています．
　本書を複写される場合は，その都度当発行所の許諾を得てください．